国家出版基金项目
绿色制造丛书
组织单位 | 中国机械工程学会

国家出版基金项目
NATIONAL PUBLICATION FOUNDATION

供应链上制造型企业
绿色技术选择与升级策略

王兆华　张　斌　何森雨　著

机械工业出版社
CHINA MACHINE PRESS

本书主要探讨供应链上的企业如何在不同的减排政策约束下选择最优的绿色技术和升级方案，并探讨了企业间应该如何基于技术升级的方式开展合作减排。第一，利用"多 Agent 系统–遗传算法"方法，构建了一套综合考虑生产技术升级和原料供应商选择的优化模型，研究了企业在行政管制政策约束下的绿色技术选择和升级策略。第二，探讨碳税政策下企业技术升级策略的优化，分析碳税税率和企业的期望成本对企业绿色技术选择和升级决策的影响。第三，研究碳税政策下供应链中非对等企业间绿色技术合作策略的优化，探讨如何协调上下游企业间绿色生产技术升级策略的选择，使得在不损害合作企业利益的基础上，核心企业的利润最大化。第四，研究碳交易政策下供应链中非对等企业间绿色技术合作策略的优化，比较和分析了碳税政策和碳交易政策对企业技术升级决策的影响。

本书主要成果可为供应链上企业绿色技术选择与升级提供决策依据，同时为政府深入实施绿色制造相关政策提供理论参考。

图书在版编目（CIP）数据

供应链上制造型企业绿色技术选择与升级策略／王兆华，张斌，何森雨著 . —北京：机械工业出版社，2021. 11

（绿色制造丛书）

国家出版基金项目

ISBN 978- 7- 111- 69574- 5

Ⅰ．①供⋯　Ⅱ．①王⋯②张⋯③何⋯　Ⅲ．①制造工业–技术革新–研究–中国　Ⅳ.①F426. 4

中国版本图书馆 CIP 数据核字（2021）第 230791 号

机械工业出版社（北京市百万庄大街 22 号　邮政编码 100037）
策划编辑：李　楠　　　　　　责任编辑：李　楠　何　洋　刘　静
责任校对：张　薇　刘雅娜　　责任印制：李　娜
北京宝昌彩色印刷有限公司印刷
2022 年 2 月第 1 版第 1 次印刷
169mm×239mm · 15. 25 印张 · 266 千字
标准书号：ISBN 978- 7- 111- 69574- 5
定价：78. 00 元

电话服务　　　　　　　　　　网络服务
客服电话：010- 88361066　　机　工　官　网：www. cmpbook. com
　　　　　010- 88379833　　机　工　官　博：weibo. com/cmp1952
　　　　　010- 68326294　　金　书　网：www. golden- book. com
封底无防伪标均为盗版　　机工教育服务网：www. cmpedu. com

"绿色制造丛书"编撰委员会

主　任
宋天虎　中国机械工程学会
刘　飞　重庆大学

副主任（排名不分先后）
陈学东　中国工程院院士，中国机械工业集团有限公司
单忠德　中国工程院院士，南京航空航天大学
李　奇　机械工业信息研究院，机械工业出版社
陈超志　中国机械工程学会
曹华军　重庆大学

委　员（排名不分先后）
李培根　中国工程院院士，华中科技大学
徐滨士　中国工程院院士，中国人民解放军陆军装甲兵学院
卢秉恒　中国工程院院士，西安交通大学
王玉明　中国工程院院士，清华大学
黄庆学　中国工程院院士，太原理工大学
段广洪　清华大学
刘光复　合肥工业大学
陆大明　中国机械工程学会
方　杰　中国机械工业联合会绿色制造分会
郭　锐　机械工业信息研究院，机械工业出版社
徐格宁　太原科技大学
向　东　北京科技大学
石　勇　机械工业信息研究院，机械工业出版社
王兆华　北京理工大学
左晓卫　中国机械工程学会
朱　胜　再制造技术国家重点实验室
刘志峰　合肥工业大学
朱庆华　上海交通大学

张洪潮　大连理工大学
李方义　山东大学
刘红旗　中机生产力促进中心
李聪波　重庆大学
邱　城　中机生产力促进中心
何　彦　重庆大学
宋守许　合肥工业大学
张超勇　华中科技大学
陈　铭　上海交通大学
姜　涛　工业和信息化部电子第五研究所
姚建华　浙江工业大学
袁松梅　北京航空航天大学
夏绪辉　武汉科技大学
顾新建　浙江大学
黄海鸿　合肥工业大学
符永高　中国电器科学研究院股份有限公司
范志超　合肥通用机械研究院有限公司
张　华　武汉科技大学
张钦红　上海交通大学
江志刚　武汉科技大学
李　涛　大连理工大学
王　蕾　武汉科技大学
邓业林　苏州大学
姚巨坤　再制造技术国家重点实验室
王禹林　南京理工大学
李洪丞　重庆邮电大学

"绿色制造丛书"编撰委员会办公室

主　任
刘成忠　陈超志

成　员（排名不分先后）
王淑芹　曹　军　孙　翠　郑小光　罗晓琪　罗丹青　张　强　赵范心　李　楠
郭英玲　权淑静　钟永刚　张　辉　金　程

制造是改善人类生活质量的重要途径，制造也创造了人类灿烂的物质文明。

也许在远古时代，人类从工具的制作中体会到生存的不易，生命和生活似乎注定就是要和劳作联系在一起的。工具的制作大概真正开启了人类的文明。但即便在农业时代，古代先贤也认识到在某些情况下要慎用工具，如孟子言："数罟不入洿池，鱼鳖不可胜食也；斧斤以时入山林，材木不可胜用也。"可是，我们没能记住古训，直到 20 世纪后期我国乱砍滥伐的现象比较突出。

到工业时代，制造所产生的丰富物质使人们感受到的更多是愉悦，似乎自然界的一切都可以为人的目的服务。恩格斯告诫过：我们统治自然界，决不像征服者统治异民族一样，决不像站在自然以外的人一样，相反地，我们同我们的肉、血和头脑一起都是属于自然界，存在于自然界的；我们对自然界的整个统治，仅是我们胜于其他一切生物，能够认识和正确运用自然规律而已（《劳动在从猿到人转变过程中的作用》）。遗憾的是，很长时期内我们并没有听从恩格斯的告诫，却陶醉在"人定胜天"的臆想中。

信息时代乃至即将进入的数字智能时代，人们惊叹欣喜，日益增长的自动化、数字化以及智能化将人从本是其生命动力的劳作中逐步解放出来。可是蓦然回首，倏地发现环境退化、气候变化又大大降低了我们不得不依存的自然生态系统的承载力。

不得不承认，人类显然是对地球生态破坏力最大的物种。好在人类毕竟是理性的物种，诚如海德格尔所言：我们就是除了其他可能的存在方式以外还能够对存在发问的存在者。人类存在的本性是要考虑"去存在"，要面向未来的存在。人类必须对自己未来的存在方式、自己依赖的存在环境发问！

1987 年，以挪威首相布伦特兰夫人为主席的联合国世界环境与发展委员会发表报告《我们共同的未来》，将可持续发展定义为：既满足当代人的需要，又不对后代人满足其需要的能力构成危害的发展。1991 年，由世界自然保护联盟、联合国环境规划署和世界自然基金会出版的《保护地球——可持续生存战略》一书，将可持续发展定义为：在不超出支持它的生态系统承载能力的情况下改

V

善人类的生活质量。很容易看出，可持续发展的理念之要在于环境保护、人的生存和发展。

世界各国正逐步形成应对气候变化的国际共识，绿色低碳转型成为各国实现可持续发展的必由之路。

中国面临的可持续发展的压力尤甚。经过数十年来的发展，2020年我国制造业增加值突破26万亿元，约占国民生产总值的26%，已连续多年成为世界第一制造大国。但我国制造业资源消耗大、污染排放量高的局面并未发生根本性改变。2020年我国碳排放总量惊人，约占全球总碳排放量30%，已经接近排名第2~5位的美国、印度、俄罗斯、日本4个国家的总和。

工业中最重要的部分是制造，而制造施加于自然之上的压力似乎在接近临界点。那么，为了可持续发展，难道舍弃先进的制造？非也！想想庄子笔下的圃畦丈人，宁愿抱瓮舀水，也不愿意使用桔槔那种杠杆装置来灌溉。他曾教训子贡："有机械者必有机事，有机事者必有机心。机心存于胸中，则纯白不备；纯白不备，则神生不定；神生不定者，道之所不载也。"（《庄子·外篇·天地》）单纯守纯朴而弃先进技术，显然不是当代人应守之道。怀旧在现代世界中没有存在价值，只能被当作追逐幻境。

既要保护环境，又要先进的制造，从而维系人类的可持续发展。这才是制造之道！绿色制造之理念如是。

在应对国际金融危机和气候变化的背景下，世界各国无论是发达国家还是新型经济体，都把发展绿色制造作为赢得未来产业竞争的关键领域，纷纷出台国家战略和计划，强化实施手段。欧盟的"未来十年能源绿色战略"、美国的"先进制造伙伴计划2.0"、日本的"绿色发展战略总体规划"、韩国的"低碳绿色增长基本法"、印度的"气候变化国家行动计划"等，都将绿色制造列为国家的发展战略，计划实施绿色发展，打造绿色制造竞争力。我国也高度重视绿色制造，《中国制造2025》中将绿色制造列为五大工程之一。中国承诺在2030年前实现碳达峰，2060年前实现碳中和，国家战略将进一步推动绿色制造科技创新和产业绿色转型发展。

为了助力我国制造业绿色低碳转型升级，推动我国新一代绿色制造技术发展，解决我国长久以来对绿色制造科技创新成果及产业应用总结、凝练和推广不足的问题，中国机械工程学会和机械工业出版社组织国内知名院士和专家编写了"绿色制造丛书"。我很荣幸为本丛书作序，更乐意向广大读者推荐这套丛书。

编委会遴选了国内从事绿色制造研究的权威科研单位、学术带头人及其团队参与编著工作。丛书包含了作者们对绿色制造前沿探索的思考与体会，以及对绿色制造技术创新实践与应用的经验总结，非常具有前沿性、前瞻性和实用性，值得一读。

丛书的作者们不仅是中国制造领域中对人类未来存在方式、人类可持续发展的发问者，更是先行者。希望中国制造业的管理者和技术人员跟随他们的足迹，通过阅读丛书，深入推进绿色制造！

华中科技大学　李培根
2021 年 9 月 9 日于武汉

丛书序二

在全球碳排放量激增、气候加速变暖的背景下，资源与环境问题成为人类面临的共同挑战，可持续发展日益成为全球共识。发展绿色经济、抢占未来全球竞争的制高点，通过技术创新、制度创新促进产业结构调整，降低能耗物耗、减少环境压力、促进经济绿色发展，已成为国家重要战略。我国明确将绿色制造列为《中国制造 2025》五大工程之一，制造业的"绿色特性"对整个国民经济的可持续发展具有重大意义。

随着科技的发展和人们对绿色制造研究的深入，绿色制造的内涵不断丰富，绿色制造是一种综合考虑环境影响和资源消耗的现代制造业可持续发展模式，涉及整个制造业，涵盖产品整个生命周期，是制造、环境、资源三大领域的交叉与集成，正成为全球新一轮工业革命和科技竞争的重要新兴领域。

在绿色制造技术研究与应用方面，围绕量大面广的汽车、工程机械、机床、家电产品、石化装备、大型矿山机械、大型流体机械、船用柴油机等领域，重点开展绿色设计、绿色生产工艺、高耗能产品节能技术、工业废弃物回收拆解与资源化等共性关键技术研究，开发出成套工艺装备以及相关试验平台，制定了一批绿色制造国家和行业技术标准，开展了行业与区域示范应用。

在绿色产业推进方面，开发绿色产品，推行生态设计，提升产品节能环保低碳水平，引导绿色生产和绿色消费。建设绿色工厂，实现厂房集约化、原料无害化、生产洁净化、废物资源化、能源低碳化。打造绿色供应链，建立以资源节约、环境友好为导向的采购、生产、营销、回收及物流体系，落实生产者责任延伸制度。壮大绿色企业，引导企业实施绿色战略、绿色标准、绿色管理和绿色生产。强化绿色监管，健全节能环保法规、标准体系，加强节能环保监察，推行企业社会责任报告制度。制定绿色产品、绿色工厂、绿色园区标准，构建企业绿色发展标准体系，开展绿色评价。一批重要企业实施了绿色制造系统集成项目，以绿色产品、绿色工厂、绿色园区、绿色供应链为代表的绿色制造工业体系基本建立。我国在绿色制造基础与共性技术研究、离散制造业传统工艺绿色生产技术、流程工业新型绿色制造工艺技术与设备、典型机电产品节能减排技术、退役机电产品拆解与再制造技术等方面取得了较好的成果。

但是作为制造大国，我国仍未摆脱高投入、高消耗、高排放的发展方式，资源能源消耗和污染排放与国际先进水平仍存在差距，制造业绿色发展的目标尚未完成，社会技术创新仍以政府投入主导为主；人们虽然就绿色制造理念形成共识，但绿色制造技术创新与我国制造业绿色发展战略需求还有很大差距，一些亟待解决的主要问题依然突出。绿色制造基础理论研究仍主要以跟踪为主，原创性的基础研究仍较少；在先进绿色新工艺、新材料研究方面部分研究领域有一定进展，但颠覆性和引领性绿色制造技术创新不足；绿色制造的相关产业还处于孕育和初期发展阶段。制造业绿色发展仍然任重道远。

本丛书面向构建未来经济竞争优势，进一步阐述了深化绿色制造前沿技术研究，全面推动绿色制造基础理论、共性关键技术与智能制造、大数据等技术深度融合，构建我国绿色制造先发优势，培育持续创新能力。加强基础原材料的绿色制备和加工技术研究，推动实现功能材料特性的调控与设计和绿色制造工艺，大幅度地提高资源生产率水平，提高关键基础件的寿命、高分子材料回收利用率以及可再生材料利用率。加强基础制造工艺和过程绿色化技术研究，形成一批高效、节能、环保和可循环的新型制造工艺，降低生产过程的资源能源消耗强度，加速主要污染排放总量与经济增长脱钩。加强机械制造系统能量效率研究，攻克离散制造系统的能量效率建模、产品能耗预测、能量效率精细评价、产品能耗定额的科学制定以及高能效多目标优化等关键技术问题，在机械制造系统能量效率研究方面率先取得突破，实现国际领先。开展以提高装备运行能效为目标的大数据支撑设计平台，基于环境的材料数据库、工业装备与过程匹配自适应设计技术、工业性试验技术与验证技术研究，夯实绿色制造技术发展基础。

在服务当前产业动力转换方面，持续深入细致地开展基础制造工艺和过程的绿色优化技术、绿色产品技术、再制造关键技术和资源化技术核心研究，研究开发一批经济性好的绿色制造技术，服务经济建设主战场，为绿色发展做出应有的贡献。开展铸造、锻压、焊接、表面处理、切削等基础制造工艺和生产过程绿色优化技术研究，大幅降低能耗、物耗和污染物排放水平，为实现绿色生产方式提供技术支撑。开展在役再设计再制造技术关键技术研究，掌握重大装备与生产过程匹配的核心技术，提高其健康、能效和智能化水平，降低生产过程的资源能源消耗强度，助推传统制造业转型升级。积极发展绿色产品技术，研究开发轻量化、低功耗、易回收等技术工艺，研究开发高效能电机、锅炉、内燃机及电器等终端用能产品，研究开发绿色电子信息产品，引导绿色消费。开展新型过程绿色化技术研究，全面推进钢铁、化工、建材、轻工、印染等行业绿色制造流程技术创新，新型化工过程强化技术节能环保集成优化技术创新。开展再制造与资源化技术研究，研究开发新一代再制造技术与装备，深入推进废旧汽车（含新能源汽车）零部件和退役机电产品回收逆向物流系统、拆解/破碎/分离、高附加值资源化等关键技术与装备研究并应用示范，实现机电、汽车等产品的可拆卸和易回收。研究开发钢铁、冶金、石化、轻工等制造流程副产品绿色协同处理与循环利用技术，提高流程制造资源高效利用绿色产业链技术创新能力。

在培育绿色新兴产业过程中，加强绿色制造基础共性技术研究，提升绿色制造科技创新与保障能力，培育形成新的经济增长点。持续开展绿色设计、产品全生命周期评价方法与工具的研究开发，加强绿色制造标准法规和合格评判程序与范式研究，针对不同行业形成方法体系。建设绿色数据中心、绿色基站、绿色制造技术服务平台，建立健全绿色制造技术创新服务体系。探索绿色材料制备技术，培育形成新的经济增长点。开展战略新兴产业市场需求的绿色评价研究，积极引领新兴产业高起点绿色发展，大力促进新材料、新能源、高端装备、生物产业绿色低碳发展。推动绿色制造技术与信息的深度融合，积极发展绿色车间、绿色工厂系统、绿色制造技术服务业。

非常高兴为本丛书作序。我们既面临赶超跨越的难得历史机遇，也面临差距拉大的严峻挑战，唯有勇立世界技术创新潮头，才能赢得发展主动权，为人类文明进步做出更大贡献。相信这套丛书的出版能够推动我国绿色科技创新，实现绿色产业引领式发展。绿色制造从概念提出至今，取得了长足进步，希望未来有更多青年人才积极参与到国家制造业绿色发展与转型中，推动国家绿色制造产业发展，实现制造强国战略。

中国机械工业集团有限公司　陈学东

2021 年 7 月 5 日于北京

绿色制造是绿色科技创新与制造业转型发展深度融合而形成的新技术、新产业、新业态、新模式，是绿色发展理念在制造业的具体体现，是全球新一轮工业革命和科技竞争的重要新兴领域。

我国自 20 世纪 90 年代正式提出绿色制造以来，科学技术部、工业和信息化部、国家自然科学基金委员会等在"十一五""十二五""十三五"期间先后对绿色制造给予了大力支持，绿色制造已经成为我国制造业科技创新的一面重要旗帜。多年来我国在绿色制造模式、绿色制造共性基础理论与技术、绿色设计、绿色制造工艺与装备、绿色工厂和绿色再制造等关键技术方面形成了大量优秀的科技创新成果，建立了一批绿色制造科技创新研发机构，培育了一批绿色制造创新企业，推动了全国绿色产品、绿色工厂、绿色示范园区的蓬勃发展。

为促进我国绿色制造科技创新发展，加快我国制造企业绿色转型及绿色产业进步，中国机械工程学会和机械工业出版社联合中国机械工程学会环境保护与绿色制造技术分会、中国机械工业联合会绿色制造分会，组织高校、科研院所及企业共同策划了"绿色制造丛书"。

丛书成立了包括李培根院士、徐滨士院士、卢秉恒院士、王玉明院士、黄庆学院士等 50 多位顶级专家在内的编委会团队，他们确定选题方向，规划丛书内容，审核学术质量，为丛书的高水平出版发挥了重要作用。作者团队由国内绿色制造重要创导者与开拓者刘飞教授牵头，陈学东院士、单忠德院士等 100 余位专家学者参与编写，涉及 20 多家科研单位。

丛书共计 32 册，分三大部分：① 总论，1 册；② 绿色制造专题技术系列，25 册，包括绿色制造基础共性技术、绿色设计理论与方法、绿色制造工艺与装备、绿色供应链管理、绿色再制造工程 5 大专题技术；③ 绿色制造典型行业系列，6 册，涉及压力容器行业、电子电器行业、汽车行业、机床行业、工程机械行业、冶金设备行业等 6 大典型行业应用案例。

丛书获得了 2020 年度国家出版基金项目资助。

丛书系统总结了"十一五""十二五""十三五"期间，绿色制造关键技术与装备、国家绿色制造科技重点专项等重大项目取得的基础理论、关键技术和装备成果，凝结了广大绿色制造科技创新研究人员的心血，也包含了作者对绿色制造前沿探索的思考与体会，为我国绿色制造发展提供了一套具有前瞻性、系统性、实用性、引领性的高品质专著。丛书可为广大高等院校师生、科研院所研发人员以及企业工程技术人员提供参考，对加快绿色制造创新科技在制造业中的推广、应用，促进制造业绿色、高质量发展具有重要意义。

当前我国提出了 2030 年前碳排放达峰目标以及 2060 年前实现碳中和的目标，绿色制造是实现碳达峰和碳中和的重要抓手，可以驱动我国制造产业升级、工艺装备升级、重大技术革新等。因此，丛书的出版非常及时。

绿色制造是一个需要持续实现的目标。相信未来在绿色制造领域我国会形成更多具有颠覆性、突破性、全球引领性的科技创新成果，丛书也将持续更新，不断完善，及时为产业绿色发展建言献策，为实现我国制造强国目标贡献力量。

中国机械工程学会　宋天虎

2021 年 6 月 23 日于北京

气候变化问题是全球关注的热点问题之一。我国作为一个负责任的大国，在气候谈判中主动承担减排责任，做出了到 2030 年单位国内生产总值二氧化碳排放比 2005 年下降 60%~65% 的承诺。制造型企业作为重要的能源消耗和二氧化碳排放主体，将因此受到行政管制政策、碳税政策和碳交易政策等一系列政府减排政策的约束。企业在面对这些减排政策时，通过绿色技术升级从源头上减少能源使用及二氧化碳排放，是一种最根本和最有效的应对方式。然而，由于消费者需求的日益多样化，企业在设计和生产产品时日益精细化和复杂化，产品的生产涉及越来越多的环节，因此企业在进行技术升级时面临越来越多的选择，如何从中选择最优的技术升级策略已日益成为企业亟待解决的现实问题。

本书的主要工作和创新之处如下：

（1）改进了"多 Agent 系统-遗传算法"（Multi-agent System Combined with Genetic Algorithm，MASGA），构建了一套综合考虑生产技术升级和原料供应商选择的优化模型，研究了企业在行政管制政策约束下的绿色技术升级策略。本书探讨了企业应该如何选择最优的绿色生产技术及其供应商，使得企业在政府制定的碳排放刚性约束下生产成本最低。本书构建了 0-1 型整数规划模型用于刻画该问题，并改进了"多 Agent 系统-遗传算法"用于该模型的求解。通过随机算例的验证表明，本书对 MASGA 的改进是有效的，不仅进一步减少了计算时间，而且在一定程度上提高了计算的准确度。

（2）构建了一套综合考虑短期技术升级成本和长期碳税成本的优化模型，通过算例求得了企业在碳税政策约束下的绿色技术升级路径的最优解。本书探讨了企业应该如何选择最优的生产环节、使用最合理的绿色技术进行技术升级，以在技术升级成本和碳税成本之间取得平衡。本书使用 0-1 型整数规划模型构建了该优化模型，并提出了 IMASGA+ 方法用于优化模型的求解。研究发现：碳税税率增加时，企业需要支付更多的技术升级成本，在企业对期望成本控制更为严格的情景中，企业对碳税税率的变化更为敏感，过高的碳税税率可能会导致企业放弃它的技术升级计划；企业的期望成本增加时，企业将减少技术升级成本的投入，在低碳税税率情景中，企业对期望成本的变化更为敏感，过高的期望成本将使得企业满足现状，不计划进行技术升级。

（3）将模型的决策单元从企业整体层面细化到企业内部的生产环节，并将参与合作的企业细分为核心企业和合作企业两类，构建了一套综合考虑资金合作和技术合作的优化模型，揭示了碳税政策约束下企业基于绿色技术升级的合作减排策略的优化模式。本书先构建了独立减排模型，用于分析企业独立减排时的总成本、利润等信息；然后，基于这些基准利益，将企业细分为核心企业和合作企业两类，并通过引入资金合作和技术合作，构建了合作减排模型；最后，通过引入多 Agent 系统，提出了基于多 Agent 系统的求解方法——MASE（Multi-agent System for Enterprises）方法，用于模拟各企业之间协商，以实现合作模型的优化求解。研究发现：企业间的绿色技术合作能小幅提升各合作企业的利润，较大幅度地提升核心企业的利润，使得所有企业的整体利润大致恢复到征收碳税前的水平；在总减排资金不变的情况下，企业间的绿色技术合作能优化减排资金的分配，进一步优化企业间的减排结构，使得所有企业的整体减排量进一步下降。因此，在碳税政策下，企业间的绿色技术合作比单个企业的独立减排更具优势。

（4）将碳价预测和减排决策之间的双向影响机制纳入企业的决策模型中，构建了一套综合考虑资金合作、技术合作和减排信息共享的优化模型，揭示了企业在碳交易政策约束下基于企业间技术合作的绿色技术升级策略。本书通过构建独立减排模型，分析了各企业合作减排时的基准利益（包括利润、碳价、交易配额等信息）；通过引入资金合作、技术合作和减排信息共享，构建了合作减排模式；通过引入多 Agent 系统，提出了 MASE+方法，用于合作模型的优化求解。研究发现，企业间的绿色技术合作能够提升各企业的利润，并使各企业均有一定额度的碳配额可以出售。在碳税政策下，企业投入的减排资金多，企业决策时将选择减排效果更好的绿色技术，使得实际的减排效果更好；但在碳交易政策下，企业的决策将受到减排资金和碳价预测值的双重影响，企业投入的减排资金多，不一定会选择减排效果更好的绿色技术。

（5）针对企业所处供应链位置和行业特征的差异，本书分别从供应链上游、中游、下游以及物流仓储层面遴选了典型企业开展案例研究，识别了碳排放行政管制政策、碳税政策和碳交易政策三类政策情景下，不同类型企业绿色技术选择与升级的措施和策略，从实践角度描述了供应链上企业应对碳减排政策约束的行为特征。

本书的出版得到了国家杰出青年科学基金（No.71625003）、国家自然科学基金（No.91746208，No.71774014，No.71573016，No.71403021，No.71521002）、国家重点研发计划（No.2016YFA0602504，No.2016YFA0602502）、国家出版基金的支持。本书撰写过程中得到了上海交通大学朱庆华教授、北京理工大学魏一鸣教授等专家的鼓励、指导、支持和无私帮助，在此向他们表示衷心的感谢和崇高的敬意！同时感谢研究生辛清瑶、唐敏、杨志颖、苏敏利、刘蔷、李通、师涵对本书文字校对和资料采集等工作的贡献，感谢他们的辛勤劳动和付出！

限于我们的知识修养和学术水平，书稿中难免存在诸多缺陷和不足，恳请读者批评指正！

作　者
2020 年 12 月

目录 CONTENTS

第 1 章

——

绪　　论

1.1 研究背景

▶ 1.1.1 绿色制造和绿色技术升级是制造型企业应对减排压力的必然选择

为了减缓气候变化问题及其带来的不利影响，世界主要国家于 1992 年签署了《联合国气候变化框架公约》（United Nations Framework Convention on Climate Change，UNFCCC），其中载明了签署国家的历史责任，确立了应对气候变化的共同但有区别的责任原则、公平原则和基于各自能力的原则。我国作为一个负责任的大国，在气候谈判中主动承担减排责任，分别于 2009 年在哥本哈根气候变化大会上做出 2020 年单位国内生产总值二氧化碳排放量比 2005 年下降 40%～45% 的承诺，于 2014 年在亚太经合组织领导人非正式会议上做出二氧化碳排放量在 2030 年左右达到峰值的承诺，于 2015 年在巴黎气候变化大会上做出 2030 年单位国内生产总值二氧化碳排放量比 2005 年下降 60%～65% 的承诺。在国民经济体系中，企业不仅是经济生产的主体，更是二氧化碳排放的主体。据联合国政府间气候变化专门委员会（Intergovernmental Panel on Climate Change，IPCC）的评估，1970—2010 年，由于工业过程和化石燃料燃烧产生的二氧化碳排放量约占温室气体总排放增量的 78%。因此，为了完成这些减排承诺，我国政府需要通过一系列的减排政策来促使企业进行节能减排，实现低碳生产。

制造业是国民经济的主体，是立国之本、兴国之器、强国之基。制造业的绿色发展和绿色技术升级是实现碳减排目标的关键。绿色技术又称环境友好技术或生态技术，根据系统论的观点，系统之间是动态开放的，绿色技术就是用于实现减少污染、提高资源利用率、实现环境与社会发展动态平衡的低耗能可持续的技术。绿色技术的推广，需要产学研用多方优势的结合，政府部门制定相关绿色技术政策，各高等院校和科研机构应积极展开合作，为绿色技术的发展提供创新源泉与创造动力，而企业是绿色技术生产和使用的重要践行者。通过多方合作，实现绿色技术的创新型推动和跨越式发展，从而实现经济生产过程的低消耗和低碳生产过程的连续性。技术升级，蕴含着技术从有到优、从优到强的技术发展路线。绿色技术升级，即企业通过企业技术的转型和创新型发展，淘汰落后的高耗能技术，发展低消耗、节能环保的清洁技术，实现企业技术发展的绿色导向和低碳方向。国家发展和改革委员会（以下简称国家发展改革委）和科学技术部（以下简称科技部）发布的《关于构建市场导向的绿色技术创新体系的指导意见》中明确提出，强化企业的绿色技术创新主体地位，进行绿色技术创新，采用绿色技术进行升级改造。

我国制造型企业绿色技术的选择与升级，是提高企业自身的环保能力和生产制造过程的绿色智能化的重要一步。通过使用与推广绿色技术，可以促进我国各产业的低碳可持续发展，提高我国制造业的国际竞争水平，实现经济社会发展的绿色化和健康化。

从国家层面来看，制造型企业实施绿色制造与绿色技术升级是建设制造强国的内在要求。实业兴邦，先进的制造业是国民经济发展的支柱，因此，建设制造强国是国家富强、民族振兴、人民幸福的重要基础。《中国制造2025》明确提出要全面推行绿色制造。在《中国制造2025》行动纲领的指引下，我国制造行业实施技术升级和转型，建设绿色工厂，开发绿色产品，打造绿色供应链，这既是制造业走向绿色化、智能化的重大战略选择，又是我国从制造大国走向制造强国的内在要求。

从社会层面来看，制造型企业实施绿色制造与绿色技术升级是承担社会责任的必由之路。"加快生态文明体制改革，建设美丽中国"是党的十九大报告明确提出的生态文明发展方向。绿色智能制造是生态文明建设的重要内容，也是贯彻新发展理念的重要端口。在把握国家发展的大势下，企业作为国家经济活动的主要参与者，不仅要对盈利负责，还要对环境负责，在生产经营过程中求得发展不能以牺牲环境为代价，这是现阶段各企业所需承担的最基础的社会责任。而企业技术升级和转型是建设生产绿色化和环境友好型企业的重要支撑，是企业承担环境责任的必由之路。

从企业自身层面来看，制造型企业实施绿色制造与绿色技术升级是实现企业可持续发展的不二法门。随着经济社会的发展，当今社会对现阶段我国企业的发展又提出了新的要求。企业发展应由粗放型向集约型发展，由注重效率向注重效益发展，由用绿水青山换取金山银山式的发展向绿水青山就是金山银山式发展。这一切都需要企业转变发展方式，提高技术，走向绿色，才能在激烈的市场竞争中立足高点，占据不败之地。因此，制造型企业只有通过技术上的升级和转型，才能够实现发展的可持续性，从而提高企业和企业产品的话语权。

1.1.2 绿色制造与低碳发展是国际制造业未来发展的必然趋势

1. 美国：重振制造业，谋求绿色发展模式

2008年世界金融危机爆发后，全球经济发展低迷，美国政府为突破经济滞

胀重围，重振国家制造业和新能源产业，先后颁布多条法案引导。如：2009 年颁布《2009 年美国复苏与再投资法案》和《美国清洁能源安全法》，2010 年颁布《制造业促进法案》，2011 年颁布《先进制造伙伴计划》，2012 年发布报告《获取先进制造业国内竞争优势》，2014 年发布报告《提速美国先进制造业》等。

制造业投入高，回报低，使得大量资金抽离制造业流入金融互联网等行业，美国经济社会日益虚拟化，最终导致了 2008 年的美国次贷危机。次贷危机爆发后，美国政府出台了一系列政策措施，大力发展先进制造业。《重振美国制造业政策框架》提出将制造业确定为美国的核心产业，并提出七项措施大力发展美国的制造业。《美国国家创新战略》提出，要优先发展清洁能源、生物技术、纳米技术、先进制造业技术和空间技术。美国将绿色制造技术列为《先进制造伙伴计划 2.0》中的 11 项振兴制造业的关键技术之一，绿色制造技术水平直接体现制造业的可持续发展能力。

这些措施，让美国制造业产值和产能出现回升趋势，巩固了美国在全球先进制造业和制造业绿色智能化领域的领先地位。

▶▶ 2. 欧盟：减少碳排放，发展循环经济

欧盟是发展绿色循环经济的主要倡导者和践行者。自 2005 年起，欧盟正式启动了"欧盟碳排放交易机制"，欧盟范围内的重点用能企业具有相关许可证才可以排放二氧化碳或进行二氧化碳排放权的交易。2010 年，欧盟发布《未来十年能源绿色战略》，计划向能源基础设施建设投资 1 万亿欧元，旨在减少各行业的碳排放水平，提高能源的利用效率和发展绿色经济。

2020 年 3 月，欧盟通过新版《循环经济行动计划》，拟于 2023 年年底前推出 35 项政策立法建议，全面推进循环经济发展。该计划将减排范围面向产品的全生命周期，在设计、制造和消费环节构造可持续发展框架，改变产品的制造方式，提高产品的绿色化和智能化。

欧盟将发展绿色循环经济视为新的经济增长点，积极推动产业结构调整，旨在通过减少碳排放，促进欧盟区内企业的绿色转型，提升自身的全球竞争力。

▶▶ 3. 日本：节能环保，绿色发展

先进制造业是日本雄厚经济实力的重要助力，制造业的集约化和低碳化是日本先进制造业竞争力的重要体现。日本政府高度重视制造水平的绿色化和制造过程的低碳化，通过颁布多项政策来推动建设资源集约型社会，探索绿色经济发展模式，打造绿色制造竞争力。

2009 年 4 月，日本公布《绿色经济与社会变革》政策草案，计划通过实行减少温室气体排放等措施，强化日本的"绿色经济"。2012 年 7 月颁布的《绿色发展战略总体规划》，将新型装备制造、机械加工等作为发展重点，围绕制造过程中可再生能源的应用和能源利用效率提升，实施战略规划，计划通过 5~10 年的努力，将节能环保汽车、大型蓄电池、海洋风力发电培育和发展成为落实绿色发展战略的三大支柱产业。

在经济绿色发展相关政策的指导下，日本制造企业将能源管理与绿色制造实践融入企业生产的方方面面，造就了日本强大的制造业。

▷▷ 1.1.3　我国绿色制造和低碳发展的进程

改革开放以来，我国赢来了高速发展的四十多年，但随着发展的深化，一味地追求发展的高速度，已经无法满足人们对于美好生活的向往了，因此，应该立足于贯彻落实创新、协调、绿色、开放、共享的新发展理念，把推动绿色低碳发展、积极应对气候变化纳入生态文明建设工程中。

深入推进产业结构调整，构建绿色工业体系。我国加大政策支持力度，积极鼓励和推动绿色新兴产业的发展。2015 年 5 月，国务院正式印发的《中国制造 2025》，是推进绿色制造实现低碳发展的重要政策蓝本，它把全面推进绿色制造视为战略任务和重点之一；2016 年 3 月"十三五"规划提出建设制造强国，大力推进制造业向智能化、绿色化和服务化发展；2017 年 10 月，工业和信息化部（以下简称工信部）发布《关于加快推进环保装备制造业发展的指导意见》，提出要全面推进绿色制造，提升先进环保装备的有效供给；同月，十九大报告明确提出了建设"美丽中国"和"制造强国"的目标。

此外，我国还积极开展绿色项目、绿色工厂和绿色园区试点工程，坚持打造"生态文明先行示范区""中国制造 2025"试点示范城市和"绿色制造系统集成项目""绿色制造示范企业"，通过试点工程获取经验谋求发展，以点带面地探索适合我国国情的绿色低碳发展的新法子、新路子。2014 年，浙江省政府批准衢州市成为浙江省绿色金融综合改革试点地区，以此为代表探索金融业支持传统产业绿色改造的有效途径和方式。2015 年，长沙经济开发区成为湖南省首个国家级生态工业示范园区，也成为湖南省摸索绿色制造产业集群发展新模式的关键点。

我国还积极推动多方力量的协同，发挥协会作用，鼓励金融支持，汇集科研成果，强化企业管理，形成推进绿色发展战略的产学研用多方结合的机制体制。为大力推动绿色低碳发展，在各项政策的引领下，通过试点工程的经验总结以及产学研用的科研科技成果转化机制，我国的未来必定是绿色低碳、清洁美丽的。

《中国制造2025》是党中央、国务院把握我国发展大势，着眼我国现阶段发展实情与未来发展方向，为提高我国综合国力和国际竞争力做出的重大战略部署。《中国制造2025》是全面推进实施制造强国的战略文件，对于制造业创新能力、智能制造、绿色技术升级和绿色发展提出了政策规划的布局。

制造业是我国国民经济的支柱产业，也是国家安全和人民幸福的物质保障。实施《中国制造2025》，是推动制造业由大变强以及实现经济稳增长、调结构、提质增效的客观要求。《中国制造2025》是我国实施制造强国战略第一个十年的行动纲领。该纲领明确把创新驱动、质量为先、绿色发展、结构优化、人才为本作为发展的基本方针，重点围绕制造业创新中心建设工程、智能制造工程、工业强基工程、绿色制造工程、高端装备创新工程五大工程推动制造业重点领域实现突破发展。立足于实现提高国家制造业创新能力，推进信息化与工业化深度融合，强化工业基础能力，加强质量品牌建设，全面推行绿色制造，大力推动重点领域突破发展，深入推进制造业结构调整，积极发展服务型制造和生产性服务业，提高制造业国际化发展水平九大战略任务。

《中国制造2025》的基本方针是：①创新驱动。坚持把创新摆在制造业发展全局的核心位置，完善有利于创新的制度环境，推动跨领域跨行业协同创新，突破一批重点领域关键共性技术，促进制造业数字化网络化智能化，走创新驱动的发展道路。②质量为先。坚持把质量作为建设制造强国的生命线，强化企业质量主体责任，加强质量技术攻关、自主品牌培育。建设法规标准体系、质量监管体系、先进质量文化，营造诚信经营的市场环境，走以质取胜的发展道路。③绿色发展。坚持把可持续发展作为建设制造强国的重要着力点，加强节能环保技术、工艺、装备推广应用，全面推行清洁生产。发展循环经济，提高资源回收利用效率，构建绿色制造体系，走生态文明的发展道路。④结构优化。坚持把结构调整作为建设制造强国的关键环节，大力发展先进制造业，改造提升传统产业，推动生产型制造向服务型制造转变。优化产业空间布局，培育一批具有核心竞争力的产业集群和企业群体，走提质增效的发展道路。⑤人才为本。坚持把人才作为建设制造强国的根本，建立健全科学合理的选人、用人、育人机制，加快培养制造业发展急需的专业技术人才、经营管理人才、技能人才。营造大众创业、万众创新的氛围，建设一支素质优良、结构合理的制造业人才队伍，走人才引领的发展道路。

基本原则是：①市场主导，政府引导。全面深化改革，充分发挥市场在资源配置中的决定性作用，强化企业主体地位，激发企业活力和创造力。积极转变政府职能，加强战略研究和规划引导，完善相关支持政策，为企业发展创造良好环境。②立足当前，着眼长远。针对制约制造业发展的瓶颈和薄弱环节，加快转型升级和提质增效，切实提高制造业的核心竞争力和可持续发展能力。准确把握新一轮科技革命和产业变革趋势，加强战略谋划和前瞻部署，扎扎实实打基础，在未来竞争中占据制高点。③整体推进，重点突破。坚持制造业发展全国一盘棋和分类指导相结合，统筹规划，合理布局，明确创新发展方向，促进军民融合深度发展，加快推动制造业整体水平提升。围绕经济社会发展和国家安全重大需求，整合资源，突出重点，实施若干重大工程，实现率先突破。④自主发展，开放合作。在关系国计民生和产业安全的基础性、战略性、全局性领域，着力掌握关键核心技术，完善产业链条，形成自主发展能力。继续扩大开放，积极利用全球资源和市场，加强产业全球布局和国际交流合作，形成新的比较优势，提升制造业开放发展水平。

立足国情，立足现实，力争通过"三步走"实现制造强国的战略目标：①第一步力争用十年时间，迈入制造强国行列。②第二步实现到2035年，我国制造业整体达到世界制造强国阵营中等水平。创新能力大幅提升，重点领域发展取得重大突破，整体竞争力明显增强，优势行业形成全球创新引领能力，全面实现工业化。③第三步，在新中国成立100年时，制造业大国地位更加巩固，综合实力进入世界制造强国前列。制造业主要领域具有创新引领能力和明显竞争优势，建成全球领先的技术体系和产业体系。

《中国制造2025》作为我国实施制造强国战略第一个十年的行动纲领，明确提出了"创新驱动、质量为先、绿色发展、结构优化、人才为本"的基本方针，强调坚持把可持续发展作为建设制造强国的重要着力点，走生态文明的发展道路。同时把"绿色制造工程"作为重点实施的五大工程之一，部署并全面推行绿色制造，努力构建高效、清洁、低碳、循环的绿色制造体系。

1.2　研究思路与脉络

▷1.2.1　研究问题与基本内容

在国民经济体系中，企业不仅是经济生产的主体，还是二氧化碳排放的主体。为了遏制企业在追求自身经济发展的同时以牺牲环境为代价，控制企业生产过程的高能耗和高碳排放量，我国政府通过一系列的减排政策来促使企业进行节能减排，实现低碳生产。其中，已经实施或即将实施的一些主要减排政策包括：

（1）行政管制，即通过行政命令来限制企业的能源使用或二氧化碳排放。政府管制是我国目前正在实施的主要减排政策。早在"十一五"期间，政府就开始实施节能减排措施，提出单位国内生产总值能源消耗（以下简称单产能耗）降低 20% 左右的目标。然而，截至 2010 年，全国单产能耗仅累计下降了 14.38%。为了突击完成节能减排目标，部分地区激进地采取了限电限产的方式，严重干扰了企业正常的生产生活秩序，使得国家发展改革委等部门不得不专门下发通知，明令禁止这种做法。最终，"十一五"期间全国单产能耗实际下降了 19.1%。在"十二五"规划中，政府在吸取"十一五"期间经验教训的基础上，制定了更为科学合理的节能减排目标，即单产能耗降低 16%，单产二氧化碳排放下降 17%。"十二五"期间，两者分别实际下降了 18.2% 和 20%。而"十三五"规划中，两者的减排目标分别为 15% 和 18%；"十四五"规划中，两者的减排目标分别为 13.5% 和 18%。政府管制虽然在具体实施上可能存在诸多不足，但作为一种有效控制碳排放的方式，仍将在未来一段时间内作为主要减排政策来促使企业减排。

（2）碳税，即根据企业的碳排放按一定比率征税。碳税政策相当于给碳排放明确了一个价格，使得企业的低碳投资可以得到一个明确的回报，有利于企业开展相应的投资规划，从而促进企业的节能减排行为。目前，已有一些国家和地区实施了碳税政策，如丹麦、芬兰等北欧国家，以及加拿大的魁北克省、不列颠哥伦比亚省等。我国在 2010 年通过多部门课题组的调研，发布了《中国碳税税制框架设计》专题报告，指出我国碳税比较合适的推出时间是 2012 年，且应先征企业而暂不征个人。碳税的税率方案有两种：①2012 年为 10 元/t，2020 年提高到 40 元/t；②2012 年为 20 元/t，2020 年提高到 50 元/t。但是，由于实施条件不足等原因，目前已推迟征收，未来具体实施时仍有一定的不确定性。

（3）碳排放权交易机制。碳排放权是指企业生产过程中或能源消耗过程中可以向大气中排放的二氧化碳数量，也称作碳配额。碳排放权交易（简称碳交易）的主要过程是：①政府有关机构评估一定时期一定区域内，可以排放的二氧化碳总量；②在开始阶段，政府通过免费分配或竞价拍卖的方式将碳配额公平地发放给各个企业；③企业根据自身的实际情况，在碳交易市场上有偿买入或卖出部分碳配额；④在结束阶段，政府核算企业的实际碳排放是否超过其持有的碳配额，如果超过则进行高额处罚。目前，世界范围内已建立的碳排放权交易机制有欧盟的碳排放交易体系（European Union Emissions Trading Scheme，EU-ETS），美国的区域温室气体减排行动（Regional Greenhouse Gas Initiative，RGGI），澳大利亚新南威尔士州的温室气体减排体系（New South Wales Greenhouse Gas Abatement Scheme，NSW GGAS）等。我国在 2011 年启动了北京、天津、上海、重庆、湖北、广东和深圳七省市的碳排放权交易试点工作。与欧盟较为成熟的碳排放权交易市场相比，我国试点的碳排放权交易市场还存在一些不足，正在逐步完善之中。因此，政府尚未将全面实施碳市场政策提上日程，使得未来实施的碳排放权交易机制可能还存在一定的不确定性和可变性。

政府在未来的不同阶段可能会采取不同的减排政策，且政策强度尚未确定，这使得企业在进行减排规划时，需要考虑多种可能的减排约束情景。在不同的情景下，企业减排的关注点可能会不同，将会采取不同的减排策略，以实现企业利益的最大化。因此，企业在不同减排政策下的最优减排方案是一个值得研究和探讨的问题。

另外，减少碳排放量也是企业长远发展的内在需求。随着消费者绿色意识的加强，产品的碳排放量将在一定程度上影响消费者的购买意愿，消费者将更倾向于购买碳排放量低的产品，甚至为此支付一定的额外费用。因此，企业主动减少碳排放量能在应对政府减排政策的同时，为企业树立良好的形象与口碑，增强消费者对企业的认可度，从而提升企业的业绩。

企业在考虑减排问题时，主要的措施有淘汰落后产能、优化能源使用结构、优化产品结构、绿色技术升级等。其中，通过绿色技术升级从源头上减少能源使用及二氧化碳排放，是一种最根本和最有效的途径。据国家发展改革委 2016 年年底公布的《国家重点节能低碳技术推广目录》，我国有 296 项重点推广的低碳技术（即绿色技术）。其中，约 190 项技术的推广使用比例不到 5%。这表明，企业尚有很大的潜力通过绿色技术升级的方式来实现碳减排。企业如何合理地选择绿色技术升级策略是本书研究的主要切入点。

随着消费者需求日益多样化，企业生产的产品包含越来越多的功能。企业在设计和生产产品时日益精细化和复杂化，使得产品的生产涉及越来越多的生产环节。如果对这些生产环节全部进行绿色技术升级，使用最先进的绿色技术，将在大幅减少碳排放的同时给企业带来较大的技术升级成本压力。企业本质上是追求利益的，而这种全面升级的方式不符合企业的根本利益。因此，企业需要从中选择一些合适的生产环节来进行技术升级，使二氧化碳减排量和技术升级成本均在可接受的范围内。此外，由于每个生产环节中可能存在若干个备选的绿色新技术，而不同绿色技术之间的生产成本、二氧化碳排放、技术升级成本等因素不尽相同。因此，这些因素也使得企业面临大量的选择。生产环节和绿色技术的选择构成了企业的"技术升级策略"，如何合理地优化技术升级策略已成为企业应对减排政策时所需考虑的一个重要问题。

由于单个企业的减排潜力往往是有限的，企业间通过合作的方式进行深入减排是企业间共同应对减排政策的压力的必然选择。一方面，合作减排能使产业链上的减排总成本下降，通过一定的机制分配后，上下游企业均能获得一定的经济利益。另一方面，合作减排也是上下游企业的共同需求。对于上游企业来说，如果下游企业减排失利，将导致产品价格上涨，会在一定程度上影响产品的销量，进而影响下游企业的生产，使得上游企业产品的销售量减少。对于下游企业来说，如果上游企业减排失利，将导致上游企业产品的价格过度上涨，从而影响下游企业的生产成本，不利于下游企业的市场竞争。因此，企业之间如何展开合作减排是一个值得研究的问题。

总之，在当前碳减排压力日益增大的背景下，研究企业如何在不同的减排约束政策情景下选择最优的绿色技术升级方案，并探讨企业间应该如何基于技术升级的方式开展合作减排以提高减排效率，不管是在理论研究方面还是实践应用方面，都具有重要的研究价值和现实意义。

▶ 1.2.2　研究思路及技术路线

本书综合运用运筹学理论、多 Agent[⊖] 系统理论、遗传算法理论、绿色供应链理论等，对减排政策下企业技术升级的优化策略进行了系统的、规范化的研究。在研究过程中，将定性分析与定量研究有机结合起来，科学分析企业技术升级策略优化过程中的关键问题，为企业应对不同减排政策开展减排活动提供有力的科学依据。

本书的技术路线图如图 1-1 所示。由于"碳税"和"碳交易"尚未全面实施，因此未来的减排政策短期内仍将以"行政管制"为主，中长期将逐渐过渡到"碳税"政策和"碳交易"政策。因此，从图 1-1 中可以看到，本书写作的逻辑主线将围绕"减排政策对企业有何影响——短期内单个企业如何独立减排——中长期单个企业如何独立减排——中长期多个企业如何合作减排"展开。首先，本书讨论和分析了"行政管制""碳税"和"碳交易"对企业的影响，企业减排管理的主要研究结果及其使用的方法论，为构建相应的减排模型做好理论上的准备。其次，在短期"行政管制"政策的背景下，从单个企业独立减

　　⊖　Agent 中文可译为主体、智能体。

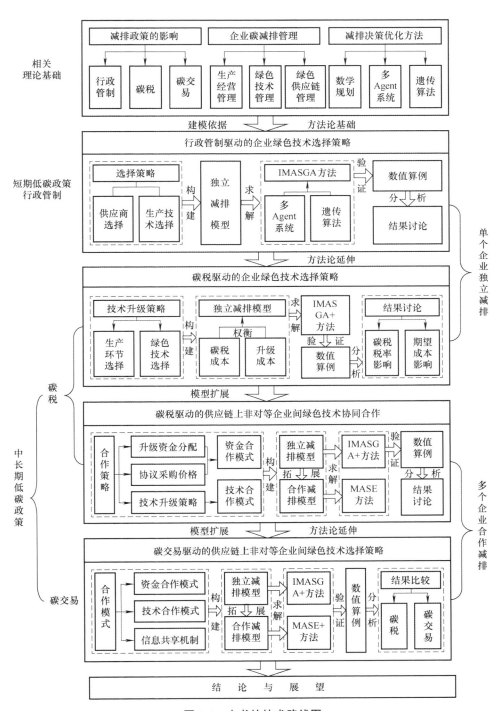

图 1-1　本书的技术路线图

排的角度出发，构建了企业绿色技术升级策略的优化模型，讨论了企业如何选择合理的绿色生产技术和绿色原料供应商，以实现自己的预期减排目标。然后，在中长期"碳税"政策的背景下，从单个企业独立减排的角度出发，构建了企业技术升级策略的优化模型，讨论了企业如何选择合理的生产环节和绿色新技术进行技术升级，以使碳税成本和技术升级成本均在可接受的范围内。最后，分别在中长期"碳税"和"碳交易"政策的背景下，从多个企业合作减排的角度出发，构建了相应的合作减排模型，讨论了核心企业如何通过多种合作机制在合作企业之间合理地分配减排资源，以实现核心企业和合作企业之间的双赢。

具体地，每部分内容的研究思路和方法如下：

（1）行政管制驱动的企业绿色技术选择策略。首先，运用运筹学理论，构建企业在行政管制政策背景下独立减排的绿色技术升级策略的优化模型；其次，运用多 Agent 系统理论，构建多 Agent 系统，用于模拟企业及其内部各生产部门的决策过程；最后，运用遗传算法理论，对多 Agent 系统进行控制与优化，得到企业优化后的技术升级策略。

（2）碳税驱动的企业绿色技术选择策略。首先，通过文献回顾，界定企业生产网络的典型结构和研究的基本假设。其次，运用运筹学理论，构建企业在碳税政策背景下独立减排的技术升级策略优化模型。再次，综合运用多 Agent 系统理论和遗传算法理论，构建模型的求解算法。最后，通过算例验证模型和算法的可行性。

（3）碳税驱动的供应链上非对等企业间绿色协同合作。首先，通过文献回顾界定典型合作策略和研究的系统边界及基本假设。其次，运用运筹学理论，先对企业独立减排情况下的技术升级策略构建决策模型。再次，在此基础之上，通过分析合作减排的特点，将模型扩展成合作减排情况下的决策模型。最后，基于多 Agent 系统构建模型的求解算法，以获取企业之间绿色技术的合作策略。

（4）碳交易驱动的供应链上非对等企业间绿色技术选择策略。首先，界定研究的系统边界和基本假设。其次，根据碳交易政策的特点，运用运筹学理论，分别构建企业的独立减排模型和合作减排模型。再次，使用 Agent 模拟合作企业、核心企业和碳市场的行为特点，构建模型的求解算法。最后，通过算例验证模型和算法的可行性，并比较碳税政策和碳交易政策的不同。

1.3   本书基本框架与结构安排

本书的章节安排如下：

第 1 章讲述了制造型企业绿色技术选择与升级策略研究背景、研究思路与脉络等；第 2 章为企业绿色技术升级相关理论基础，包括减排政策对制造型企业的影响、制造型企业碳减排管理策略、企业碳减排决策的优化方法、企业绿色技术创新和文献述评五部分；第 3 章探讨了行政管制驱动的企业绿色技术选择策略；第 4 章探讨了碳税驱动的企业绿色技术选择策略；第 5 章探讨了碳税驱动的供应链上非对等企业间绿色技术协同合作；第 6 章探讨了碳交易驱动的供应链上非对等企业间绿色技术选择策略；第 7 章内容为供应链上企业绿色技术选择与升级典型案例，包括河钢集团、挪威国家石油公司、中国远洋海运集团、海尔集团、中国华电集团和万科集团的相关碳减排实践；第 8 章总结了本书研究的主要结论，并对以后的工作提出了展望等。

以上就是本书各章的行文安排，通过对本书的阅读，希望能使大家对供应链上制造型企业绿色技术升级与升级的策略研究有一定的了解，受到一定的启发。

第 2 章

———

相关理论基础

近年来，随着全球气候变化问题的加剧，减少碳排放已成为全球关注的热点话题之一。其中，工业制造型企业由于在生产过程中消耗大量的能源，产生大量的碳排放，正在被各种减排政策所约束。在这种背景下，工业制造型企业通过绿色技术升级来实现绿色转型势在必行。然而，企业的绿色转型是一个复杂的系统工程，涉及管理学、环境学、经济学等众多学科的知识和方法。

因此，为了清晰掌握本书的研究脉络，本章在把握企业碳减排相关研究整体脉络的基础上，以企业的绿色技术为切入点，试图从减排政策对制造型企业的影响、制造型企业碳减排管理策略、制造型企业碳减排决策的优化方法和企业绿色技术创新这四个方面对国内外现有的相关文献加以梳理，为后续章节的研究奠定理论基础。

2.1 减排政策对制造型企业的影响

减排政策是政府实现碳减排目标的主要手段。我国已经实施或可能实施的一些主要减排政策包括碳税、碳交易、行政管制等。企业在面对不同的减排政策时，减排的关注点可能会不同，可能会采取不同的减排策略来实现企业利益的最大化。因此，本节通过回顾相关文献，分析不同减排政策对企业的影响，为构建企业的碳减排决策模型奠定基础。

2.1.1 碳税对制造型企业的影响

碳税是一种根据企业产生的二氧化碳排放量，按照一定比率征收的税种。它将二氧化碳排放看作一种环境污染，通过将环境污染所造成的损失转化成为环境污染者的内部成本，来达到减少二氧化碳排放、减缓全球变暖的目的（王倩等，2015）。碳税是两种基于市场的减排方式之一，与另一减排方式（"碳交易"）相比，碳税具有以下优势：①交易成本较低；②投机和寻租的可能性小；③价格信号清晰稳定；④实施较容易，更适合发展中国家等（Kahn 等，2006；Wittneben，2009）。

20 世纪 90 年代初期，碳税最先在芬兰、挪威、瑞典、丹麦和荷兰这五个欧洲国家实施，随后在欧盟内推广（Lin 等，2011；Hartikainen 等，2014；周剑等，2008）。目前，还有英国、意大利、瑞士、德国、捷克、爱沙尼亚、美国、加拿大、日本、新加坡、阿尔巴尼亚等诸多国家（或地区）开始实施碳税或相关环境税（周剑等，2008；Elgie 等，2013；Rhodes 等，2013；付慧姝，2012）。我国原计划于 2012 年起开始征收碳税（肖明和朱亚梅，2009），但由于实施条件不成熟等原因，已经推迟征收（王璐，2016）。

征收碳税会在一定程度上促使企业通过各种途径来减少二氧化碳排放。于维生等（2013）发现，统一碳税形式和差异化碳税形式都能够促进企业绿色技术的研发，但差异化碳税形式更为有效，它能够扩大绿色产品的市场份额，促进绿色企业的发展，同时还将促使消费者选择绿色产品。Greaker 等（2009）也发现，碳税将促使企业进行绿色技术升级来减少碳排放。李媛等（2013）指出，碳税能够有效激励制造型企业减排，但对企业产品的价格影响较小，价格随税率变化的波动程度较低。骆瑞玲等（2016）发现，提高碳税税率可以促使生产企业降低碳排放，但是碳税税率过高会导致供应链总体成本上升，从而影响供应链收益。

然而，征收碳税也会在一定程度上对企业的市场竞争力产生负面影响。Liang 等（2007）发现，征收碳税会导致化石能源价格上涨，从而导致企业的生产成本上涨，进而影响企业的国际竞争力，特别是能源或贸易密集型企业。Liang 等（2016）进一步指出，一国单边征收碳税时，可能会导致该国产品的价格相对于国际上的同类产品有一定程度的增加，从而可能会对该国企业在国内和国外市场上的竞争力造成冲击。赵玉焕等（2012）也发现，碳税对能源密集型企业的国际竞争力有显著的负面影响，特别是对区位比较敏感的企业。

此外，Al-Amin 等（2010）则发现，过高的碳税会在一定程度上减少企业的储蓄与投资。而 Zhang 等（2013）发现，实施碳税将增强大型企业在行业中的竞争优势，并压缩中小型企业的生存空间。

▶▶ 2.1.2　碳交易对制造型企业的影响

碳交易的理论基础是外部性理论（Pigou，1920；Meade，1952）和产权理论（Coase，1960；Hardin，1968），是联合国为应对全球气候变化问题、减少温室气体排放而设计的一种新型国际贸易机制（宋海云等，2013）。1997 年，世界主要国家签署了《京都议定书》，确定了 3 种灵活的碳减排方式，即排放贸易（Emission Trading，ET）机制、清洁发展机制（Clean Development Mechanism，CDM）和联合履约（Joint Implement，JI）机制。基于《京都议定书》的有关规章制度，目前国际上形成了两类碳交易市场：一类是强制减排市场，包括基于配额的交易和基于项目的交易两种，比较著名的有 EU-ETS、NSW GGAS、RGGI 等；另一类是自愿减排市场，但尚未形成统一的国际标准，其中比较有代表性的有新加坡亚洲碳交易所等（宋海云等，2013）。

EU-ETS 是目前世界上最为成熟的碳交易市场，它于 2005 年 1 月 1 日成立，覆盖了欧洲 31 个国家、11 000 多个排放企业及欧盟 45% 的温室气体排放。因此，不少学者研究了它对企业（行业）竞争力的影响。其中，大部分学者发现 EU-ETS 对企业的影响不大，EU-ETS 的一些配套政策会对企业带来一定的正面影响（Chan 等，2013；Demailly 等，2008；Smale 等，2006；Tomas 等，2010），例如：Chan 等（2013）通过分析 2001—2009 年欧洲 10 个国家 5873 家企业的面板数据，从成本、就业、收入三个维度研究了 EU-ETS 对水泥、钢铁、电力行业的竞争力影响。研究结果发现，EU-ETS 对水泥和钢铁行业没有影响，对电力行业的成本和收入有积极影响。Demailly 等（2008）分析了 EU-ETS 对钢铁行业竞争力的影响，发现 EU-ETS 不会过多地造成钢铁行业竞争力的损失。Smale 等（2006）分析了 EU-ETS 对水泥、新闻纸、钢铁、电解铝、石油五大能源密集行业的竞争力影响。总体而言，大部分行业的利润会有所增加，而水泥和钢铁行业的市场份额会有所下降，电解铝行业则可能会出现企业倒闭。Tomas 等（2010）从成本结构、碳排放量、电力消费和碳配额量四个方面评估了 EU-ETS 对葡萄牙化工行业的影响，发现额外购买碳排放权对化工企业造成的影响是有限的，且略低于其他工业部门。

我国在 2011 年启动了北京、天津、上海、重庆、湖北、广东和深圳七省市的碳交易试点工作。一些学者通过研究发现，碳交易对部分企业（行业）影响较小或者有正面影响，如许小虎等（2016）定量测算了上海、广东碳交易试点对三类典型新建火力发电厂的影响，发现碳交易对火力发电企业产生的影响比较小，但会在不同程度上增加火力发电企业的成本。贺胜兵等（2015）发现，碳交易将提高水泥企业和火电企业的绩效。但是，大部分学者的研究结果表明，碳市场会对企业造成一定程度的负面影响。例如，李继峰等（2013）发现，碳市场会在短期内导致相应企业（行业）的生产成本上升，竞争力受到影响，特别是黑色金属冶炼及压延加工业、化学原料及化学制品制造业，以及石油加工、炼焦及核燃料加工业等。王琛（2017）的研究结果显示，在碳交易体系下，过高的碳强度将导致企业的碳成本难以承受，从而大幅度减少产品产量，甚至被挤出市场。

▷▷ 2.1.3　行政管制对制造型企业的影响

行政管制是指政府通过行政命令的方式来限制企业能源的使用或者二氧化碳的排放，是目前我国正在实施的主要减排政策。早在"十一五"期间，我国政府就开始实施行政管制了，提出单产能耗下降 20% 左右的目标，而实际的完成率很接近这个目标值，为 19.1%。"十二五"期间，除了提出单产能耗下降

16%的目标外，政府还进一步提出了单产二氧化碳排放下降17%的目标，最终均超额完成目标，两者分别下降了18.2%和20%。而"十三五"规划中，两者的减排目标分别为15%和18%；"十四五"规划中分别为13.5%和18%。

这些宏观统计数据表明，行政管制是实现碳减排的有效手段。同时，微观层面基于企业的一些研究也印证了这个观点。例如，邓学衷（2016）以我国2008—2011年重污染行业A股上市公司的数据为样本，研究了政府减排管制强度对企业减排投资行为的影响。研究结果发现，管制强度能够激励企业增加投资，促进绿色技术的创新，且没有"挤占"企业的生产设备投资。王帆等（2016）通过分析浙江企业调研数据，发现加大碳排放管制强度能够起到减少企业碳排放的作用。

然而，由于我国先后提出将在未来实施"碳税"和"碳交易"这两种市场化的减排政策，学术界对"行政管制"这一政策的关注度不是很高，相应的研究结果较少。因此，关于"行政管制"对企业影响的讨论，主要通过"环境管制"来从侧面进行反映。一些学者探讨了"波特假说"在我国企业中是否成立，即环境管制是否会促使企业寻求管理创新和技术创新，从而增强企业的竞争力，实现企业和政府之间的"双赢"。侯伟丽等（2012）发现，环境管制能提高企业的市场占有率并降低亏损率，但对企业利润率的影响不显著，"波特假说"部分成立。许士春（2007）也指出，"波特假说"不具有一般性，环境管制对企业的影响主要体现在生产成本、产品的差异化等方面，企业处境的不同，会使环境管制对企业竞争力的影响也不同。陈艳莹等（2009）则认为，"波特假说"不一定成立，环境管制虽然能够提高企业效率，但并不一定能够增强企业的竞争优势。另一些学者研究了环境管制对企业绩效的影响。李钢等（2015）发现，在环境管制初期，管制标准的提高能使企业的环境绩效发生较大幅度的改善，但随着管制标准的进一步提高，环境绩效的改善程度将逐渐减弱。罗素清（2016）也指出，企业绩效随环境管制力度的加大而先递增后递减。

2.2 制造型企业碳减排管理策略

企业进行碳减排管理时，短期内可以通过优化生产流程、调整生产策略等手段来尽量减少生产活动中不必要的碳排放。但从长期的角度来看，通过绿色技术的升级，实现低碳化生产，从源头上减少生产活动中产生的碳排放，才是根本途径。此外，由于供应链是企业生产活动中的一个重要环节，因此绿色供应链管理也能在一定程度上减少企业的碳排放。因此，本节主要从企业的生产经营管理、绿色技术管理、绿色供应链管理等角度回顾现有文献的研究成果。

▶ 2.2.1 生产经营管理

生产活动是工业制造型企业的核心业务，通过合理地优化生产流程，调整企业的生产策略，可以在一定程度上减少不必要的碳排放，帮助企业减缓减排政策带来的压力。所以，一些学者探讨了企业生产策略的优化问题，包括优化产品的种类、产品的数量、生产的效率、生产的持续时间等。例如，Letmathe 等（2005）研究了在不同减排政策下，企业生产的最优产品组合和产品数量。杜少甫等（2009）在碳交易体系背景下，分析了企业在碳排放配额限定、碳排放权自由交易情况下的最优生产决策问题，包括产品的产量、碳排放的净化量、净化水平等。Zhang 等（2013）讨论了企业多产品生产的规划问题，分析了最佳的生产策略和碳交易策略，并讨论了碳价和碳排放上限对影子价格、生产决策、碳排放、企业利润的影响。Ma 等（2014）将企业的碳排放分为生产中产生的碳排放和库存管理时产生的碳排放两部分，分析了企业的动态生产策略问题，包括产品的生产率、生产的持续时间等。Zhang 等（2011）以碳交易体系为背景，研究了随机需求条件下，企业的最优生产策略问题，研究的目的是实现企业期望利润的最大化。

经营活动是制造型企业的另一核心业务，企业接收订单数量的多少和生产周期的长短会在一定程度上影响企业的库存管理行为，进而影响企业的碳排放。因此，另一些学者重点研究了企业库存管理时的优化问题，包括优化企业的订货数量、订货周期、库存水平等，例如，Chen 等（2013）使用经济订货批量（Economic Order Quantity，EOQ）模型，分析了如何通过调整订货数量来减少企业的碳排放，并讨论了在不同减排政策下实施该策略的可行性。基于此研究，Hovelaque 等（2015）进一步将碳排放总量、产品价格等因素纳入到 EOQ 模型中，分析了使企业利润最大化和碳排放最小化的最优订货数量。Hua 等（2011）研究了碳交易体系下库存管理中的碳足迹问题，分析了最优订货数量的计算方式，并讨论了碳价和碳排放配额等对订单决策、碳排放和总成本的影响。此后，Hua 等（2016）又探讨了碳约束下生鲜产品的库存控制策略，同时也综合分析了碳税、碳排放配额和碳价对企业库存决策、碳排放和利润的影响。ABSI 等（2013）讨论了碳约束下的多供应商多周期的最优订货策略问题，综合考虑了碳排放周期性约束、累积性约束、全局性约束和周期滚动性约束等四种约束情景。随后，ABSI 等（2016）就碳排放周期性约束情景展开了深入讨论，把每期的碳排放上限设置成不同值，探讨了企业每期应如何选择最优订货模式，使得企业在满足各期碳排放限制的同时，在给定时间范围内的总成本最小。

　　企业之间的合作策略是企业经营策略的另一个重要组成部分。由于单个企业的减排潜力往往是有限的，企业间通过合作的方式进行深入减排是企业间共同应对减排政策的压力的必然选择。因此，不少学者讨论了企业之间的合作减排问题。例如：谢鑫鹏等（2013）比较了上、下游企业在完全不合作、半合作、完全合作三种不同合作情况下的利润和减排效果，研究结果发现，定价和利润均合作时，各企业的利润和减排效果均最优；黄守军等（2014）在研究双发电公司和单电网公司之间的减排合作策略时，建立了由发电公司投资减排、电网公司投资消纳的优势互补的随机微分对策模型，并讨论了合作利润的分配模式；赵道致等（2016）分析了由单个供应商和单个制造商组成的两级供应链中纵向合作减排问题，并讨论了供应链上下游企业合作减排效果的跨期性；刘名武等（2015）探讨了由单个供应商和多个零售商组成的两级供应链中的横向合作减排问题，研究结果表明，提高碳价对横向减排合作有激励作用，横向减排合作能降低总排放和总成本。

▶▶ 2.2.2　绿色技术管理

　　生产技术水平是影响企业碳排放的关键因素，使用高效率的绿色技术能在很大程度上减少企业的碳排放。从长远发展的角度来看，企业通过技术升级，使用低碳节能的新技术来替换高碳耗能的落后技术，是企业实现碳减排的根本途径。然而，企业的减排资金是有限的，如何合理地进行绿色技术升级已成为企业关注的一个热点问题。因此，很多学者从不同角度探讨了企业的绿色技术管理问题。

　　一些学者讨论了企业绿色技术的选择问题，通过成本收益分析、技术排名分析、选择标准分析等手段，为企业选择最适合用于升级的绿色技术。Shittu 等（2010）研究了如何从一系列可选的技术中找到最优的对象进行研发投资，以应对日益增长的碳税。Thoma（2012）研究了在碳税价格、电网价格等因素不确定的情况下，碳税对电厂投资决策的影响。研究结果表明，碳税会改变有关绿色技术的收益排名，将影响企业的战略行为和投资模式。陈涛（2013）研究了碳排放约束下，发电企业在不同发电技术之间的选择问题，包括粉煤发电技术、整体煤气化联合循环发电技术等。熊中楷等（2014）在考虑碳税影响的基础上，引入了消费者低碳意识的影响，分析了双重因素影响下制造商的绿色技术升级问题。Gharaie 等（2015）研究了如何通过技术升级来实现企业的碳减排。他们首先使用系统研究法评估了各个减排选项之间的利弊关系，包括减排成本和减排效果等。然后，通过一种分层的概念设计方法确定了最终的技术升级方案。

另一些学者分析了企业对绿色技术研发的投资策略问题，例如如何在不同的潜在绿色技术之间分配投资额度，以使企业获得的利益最大化。Baker 等（2006）研究了在碳税不确定的情况下，企业利润最大化的研发投资策略。Wang 等（2012）先分析了企业各阶段的生产过程中的减排量，然后基于成本最小化的思路提出了一个计算各阶段投资量的方法。Khalilpour（2014）研究了电厂在应对政府的碳排放管制时，如何进行绿色技术的投资，使得企业的经济利益在规划期内最大。他使用一个多期的混合整数规划模型，用于寻找最优的投资决策，例如是进行绿色技术投资还是缴纳碳税。黄帝等（2016）在碳交易机制的背景下，基于一个多周期模型讨论了企业最优减排技术投资策略、最优碳排放权交易量和最优动态批量生产的联合决策问题。骆瑞玲等（2014）构建了分散式决策、集中式决策和协同式决策三种博弈模型，探讨了碳配额限制、碳减排成本系数等因素对供应链成员减排技术投资决策和减排效果的影响。Zhou 等（2014）研究了在高度不确定的情况下不同环境政策对绿色技术投资者的影响，发现碳税政策是一个强烈的投资信号。

此外，也有部分学者研究了企业研发绿色技术时的合作问题，包括是否要进行合作、和谁合作、合作到哪种程度等。赖苹等（2013）分析了企业研发节能减排技术时，对不联盟合作模式、半联盟合作模式和全联盟合作模式这三种合作模式的选择问题。通过综合比较三种模式下的生产工艺研发水平、污染减排研发水平、均衡产量、利润和社会福利，他们发现全联盟合作模式是企业的最佳选择。在此基础之上，张汉江等（2015）将合作范围扩展到供应链上，在分析供应链上的最优减排问题时，考虑无减排研发、单独减排研发和合作减排研发三种情景，结果表明合作研发的最优减排量大于单独研发最优减排量。而魏守道等（2016）进一步考虑了同行业企业之间的研发合作问题，将企业的合作研发策略细分为水平合作、垂直合作和全面合作三种。研究结果显示，从净碳排放总量来看，全面合作是各企业的最优选择；从企业利润来看，全面合作是上游企业的最优选择，而水平合作或垂直合作是下游企业的最佳选择。孟卫军（2010）比较了碳税背景下补贴政策和鼓励合作政策对企业绿色技术研发的影响。研究结果表明：在碳税税率较高的情况下，鼓励合作政策下的绿色技术研发水平高于补贴政策；在碳税税率适中时，鼓励合作政策下的社会福利比较高。

▷▷ 2.2.3 绿色供应链管理

供应链管理是企业管理中的一个重要环节，因此很多学者以低碳供应链管理为切入点，从不同角度出发研究了企业的碳减排问题：

（1）碳足迹分析，即通过全生命周期评估等方法，研究一个产品"从原料到生产再到废弃"整个周期中的碳排放，从而在产品层面上寻找最优的减排方案。例如，Giurco 等（2007）基于全生命周期评估方法构建了动态原料流向模型，用于识别金属供应链中影响环境表现的关键环节，并评估了不同减排方案的实现效果。Trappey 等（2012）研究了企业在设计和生产绿色产品时，如何在控制制造成本的情况下最小化产品碳足迹。Lee 等（2011）以一个韩国汽车公司为例，研究了供应链中的碳足迹管理问题。研究结果表明，企业测算供应链中产品及其生产过程中产生的碳足迹是实施碳管理的关键；通过监测和评估供应商的碳排放情况，企业可以避免与碳排放相关的风险，并在供应链层面上保持竞争力。

（2）成本管理，即通过运筹学模型，分析企业在考虑碳排放因素后，如何通过合理配置供应链资源，保持生产成本、运营成本等的最优。例如，侯玉梅等（2014）以总运营成本最小为目标，提出了一个混合整数规划模型，用于研究包含多个供应商、制造商、消费者市场和回收中心的供应链网络中的资源配置问题，该模型综合考虑了废旧产品回收和碳减排等因素。戴卓等（2014）以成本最低和碳排放最小为目标，构建了一个混合整数线性规划模型，用于分析企业供应链网络的优化配置问题。Su 等（2012）开发了一个评估系统，用以测算产品的碳排放和生产成本，分析并优化了供应链的配置。吴义生等（2015）以碳排放成本、配送中心固定成本、物流成本之和最小为目标，研究了绿色供应链的网络设计问题。

（3）合作伙伴选择，即通过层次分析法等方法，对供应商、减排合作企业等潜在合作伙伴进行评价，从而选择有利于企业进行碳减排的合作伙伴。例如，Theissen 等（2014）通过网络层次分析法，评估并选择了最合适的供应商，用于实施企业二氧化碳的合作减排管理。Zhang 等（2013）在考虑企业合作伙伴选择问题时，引入了合作企业生产过程中的碳排放和铅含量等绿色指标。Choi（2013）提出了一个两阶段最优供应商选择方法，用于研究碳税压力下时装供应链中最优供应商的选择问题。其中，第一阶段用于过滤劣质供应商，而第二阶段则通过多阶段随机动态规划从非劣质供应商中选择最佳供应商。

绿色供应链是低碳供应链的进一步延伸，因此一些学者在研究绿色供应链时也对企业的减排问题进行了探讨。

早期的研究多通过问卷调研的方式，试图分析影响企业合作减排行为的主要因素。例如，Vachon 等（2008）通过对北美制造商的调研，分析了上下游企业间的环境合作活动对制造效益的影响。其研究结果表明，与上游企业的合作主要基于生产过程中的效益，而与下游企业的合作主要基于产品产生的效益。Zhu 等（2010）通过调研分析了供应链上 4 种不同类型的环境合作方式，并指出加强和上下游伙伴企业的合作是取得环境合作成功的关键。Chiou 等（2011）基于我国台湾地区的 124 家公司的问卷数据，分析了供应链绿色化、绿色创新、环境表现和竞争优势之间的关系。其研究结果表明，供应商的绿色化比绿色创新更有利于企业的环境表现和竞争优势。Zhang 等（2014）基于针对中国能源密集型企业的问卷调研，分析了影响企业合作减排的主要因素。其研究结果表明，供应链上其他企业的碳减排需求是促进合作减排的主要驱动因素，而基础设施和相关机制的缺失是阻碍合作减排的主要原因。

随着研究的深入，一些学者通过构建数理模型进一步分析了绿色供应链管理中的碳排放问题，包括碳排放带来的成本问题和环境影响等。例如：Diabat 等（2010）在研究绿色供应链时，建立了一个混合整数规划模型，用于帮助企业计算最优生产策略，使企业在满足碳排放限制的情况下，机会成本最小；Zhao 等（2012）在绿色供应链的背景下，使用博弈论分析了制造商选择的策略，以此来减少它使用材料过程中的碳排放和环境风险；Fahimnia 等（2015）提出了一个绿色供应链规划的权衡模型，用于权衡成本和环境之间的关系，包括碳排放、能源消费和废弃物等因素；Hsu 等（2013）使用一种 DEMATEL 方法识别了绿色供应链中碳管理方面的有影响力的评价准则，以提高供应商在碳管理方面的整体表现。

此外，还有一些学者在研究绿色供应链的网络设计问题时考虑了碳排放在其中的影响。例如，方健等（2012）在设计考虑碳排放的供应链网络时，借鉴了绿色供应链及可持续供应链的网络设计的相关成果，并分析了碳排放对供应链网络成本的影响。吕品（2013）提出了一个考虑碳排放成本的绿色供应链网络设计模型，并以多个厂商、多个配送中心和多个客户情况下的三层供应链网络为例进行了算例分析。曹翠珍等（2014）构建了一个绿色供应链网络设计决策模型，通过碳足迹来分析碳排放对供应链总成本的影响，并借助罚函数系数来平衡碳排放、成本、响应时间这三者之间相互制约的关系，使整个网络在经济效益和环境质量的效率边界实现帕累托最优。

2.3　制造型企业碳减排决策的优化方法

制造型企业的碳减排决策问题本质上是一类优化问题，适合通过数学规划理论来进行建模分析。然而，由于企业内部结构和外部环境的日益复杂化，单纯的数学规划模型很难完全模拟企业的决策机理，同时模型的求解难度一般较大。在现实生活中，企业遇到复杂问题时，首先将该问题分解成若干个子问题，交给各个部门进行分析讨论，以降低该问题的复杂程度；各个部门分析后给出子问题的解决方案；企业汇总后，或提出新的要求交由各个部门继续讨论，或通过合理整合得到该问题的解决方案。类似地，多 Agent 系统理论可以把一个复杂问题分解为若干个相互联系的局部问题进行求解（Roche 等，2013），由每个 Agent 负责其中一个局部问题的求解。构建多 Agent 系统能在降低问题的求解难度的同时，更好地模拟企业的决策机理。此外，为了加速多 Agent 系统求解时的收敛速度，本书引入了适用范围较广的遗传算法。

总的来说，本书的研究过程有机地结合了数学规划理论、多 Agent 系统理论和遗传算法理论。首先，通过数学规划理论建立企业的优化模型及各 Agent 的决策模型。其次，通过引入多 Agent 系统对企业的决策行为进行模拟。最后，通过遗传算法对多 Agent 系统进行优化，得到企业的碳减排决策。

▶ 2.3.1 数学规划理论

数学规划理论主要研究人类对于各种资源的筹划及运用，以期发挥有限资源的最大效益，达到总体最"优"的目标（胡晓东等，2012）。然而，在实际运用中，最优只能是一种理想状态；受到问题的复杂性及各种不确定因素的影响，数学规划理论目标的准确定位应该是通过研究避免更坏的结果（吴祈宗，2003）。由于研究对象的客观普遍性，以及强调研究过程完整性的重要特点（胡晓东等，2012），数学规划理论被广泛应用于诸多学科领域，如工业工程（胡严，2012；吴育华等，1999）、经济管理（杜玉琴，2013；伍学滨等，2005）、国防安全等（张最良，1995）。

数学规划理论包含模型、理论和算法三大部分，它的基本研究思路如下（胡晓东等，2012；吴祈宗，2002）：①制定研究目标，即决策者希望从方案中获得什么；②收集问题的相关信息，包括问题的本质、历史及未来、问题中各变量之间的关系、数据来源等；③构建数学模型，将现实问题转换为相应的数理方程；④根据问题和模型的特点，寻找合适的求解方法；⑤基于求解方法，设计模型的求解算法，并通过计算机实现；⑥判断模型和求解算法的有效性，并提出原始问题的解决方案。

在企业的碳减排管理中，可能用到的数学规划理论有：

（1）混合整数规划，主要用于优化企业的生产规划。例如，Ren 等（2010）

建立了一个混合整数规划模型，用于分布式能源系统的规划和评价，包括能源单位的选择、运行时间表的制定等。Wakui 等（2014）开发了一个混合整数规划模型，用于住宅热电联产系统的结构优化，包括分析多期运营问题等。Benjaafar 等（2013）通过构建多个混合整数规划模型，探讨了供应链上企业间的合作对它们的生产成本和碳排放的影响，并分析了提高企业间合作可能性的激励因素。

（2）组合优化，主要用于优化企业生产的运营策略。例如，Caro 等（2013）研究了工厂组合对碳排放的影响，他们将供应链上的碳足迹分解到各个生产环节，每个生产环节的碳排放受到不同工厂组合的影响，以此来分析碳税和碳交易对减排效果的影响。Yokoyama 等（2015）提出了一个组合优化方法，分析了能源供应系统的优化问题。Almansoori 等（2015）研究了阿拉伯联合酋长国电力系统的优化问题，分析了寻找最优发电厂组合的方法。

2.3.2 多 Agent 系统理论

Agent 是组成多 Agent 系统的基本单元，它是由美国学者 Minsky（1988）在他的专著《心智社会》中首先提出的（李海刚等，2003）。目前，虽然还没有对 Agent 形成统一定义，但 Wooldridge 等（1995）提出的定义广为接受（李海刚等，2003；张林等，2008；张少苹等，2011），即 Agent 是一个基于软件或硬件的计算机系统，具有自治性、社会能力、反应性、能动性等特点。

Agent 的理论结构一般分为慎思型（Deliberative Architecture）、反应型（Reactive Architecture）和混合型（Hybrid Architecture）三种（李海刚等，2003；张林等，2008；张少苹等，2011；Wooldridge 等，1995）。慎思型 Agent 基于 Newell 等（1976）提出的物理符号系统假设，用一个明确的符号系统模型代替真实世界，通过逻辑推理进行决策。与慎思型 Agent 相反，反应型 Agent 不包含任何重要的符号系统模型，不使用复杂的推理模型，它起源于 Brooks 提出的"行为语言"（Behaviour Language）思想（Brooks，1990；Brooks，1991a；Brooks，1991b）。慎思型 Agent 智能程度较高，但其执行效率较低，且不能快速响应外部环境的变化；而反应型 Agent 能快速响应外来信息和外部环境的变化，但其智能度低，缺乏灵活性（张林等，2008；张少苹等，2011）。因此，一些学者结合两者的优势，提出了混合型 Agent，它具有较强的灵活性和快速响应性（Wooldridge 等，1995），比较典型的实例有过程推理系统（Procedure Reasoning System，PRS）（Georgeff 等，1987）、Touring Machine（Ferguson，1992）、InteRRaP（Müller 等，1994）等。

在实际使用过程中，一种典型 Agent 的基本框架如图 2-1 所示。

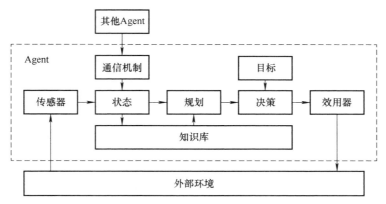

图 2-1　一种典型 Agent 的基本框架

图 2-1 中的典型 Agent 由 3 大组件构成：①交互组件，包括传感器、效用器、通信机制等，用于和外部环境及其他相关联的 Agent 交换信息和数据；②存储组件，包括状态、目标、知识库等，用于存储推理过程中所需的临时信息和固有数据；③推理组件，包括规划、决策等，用于求解该 Agent 负责的子问题。

Agent 的工作原理如下：①Agent 通过"传感器"从外部环境获取推理所需的相关信息，将其作为临时数据存放到"状态"中。②若该 Agent 和其他 Agent 存在联系，通过"通信机制"和其他 Agent 交换相关信息，并存放到"状态"中。③Agent 基于当前的"状态"中的临时信息和"知识库"中存储的固有数据，做出"规划"，即子问题在当前情景下的可行解。④Agent 根据自身的"目标"，从"规划"中进行选择，做出最优的"决策"，即子问题在当前情景下的最优解。⑤Agent 通过"效用器"将决策结果反馈给外部环境。

多 Agent 系统（Multi-agent System，MAS）是由多个 Agent 组成的松散网络（张少苹等，2011），是一种分布式的人工智能（李海刚等，2003）。它具有以下特点（张林等，2008；张少苹等，2011）：①每个子 Agent 仅具有部分信息和问题求解能力；②数据是分布式存储的；③多 Agent 系统不存在全局控制；④多 Agent 系统的计算是可以异步、并发进行的；⑤具有可靠性、可扩展性及容错性。

多 Agent 系统的常见体系结构分为集中式、分布式和混合式三种（张林等，2008；张少苹等，2011）。"集中式"结构将 Agent 分成若干组，每个分组中由一个控制 Agent 来负责协调与控制，各分组之间通过一个总控制 Agent 来进行协调，多 Agent 系统整体呈星形结构，如图 2-2a 所示。在"分布式"结构中，各分组之间无主次之分，分组内各 Agent 之间也无主次之分，Agent 的决策行为只取决于外部环境和自身知识库中存储的固有数据，如图 2-2b 所示。"混合式"结构是两者的结合，在分组内采用"分布式"结构，通过控制 Agent 进行信息的发送与收集，分组之间采用"集中式"结构，通过协作 Agent 对各分组进行协调，如图 2-2c 所示。

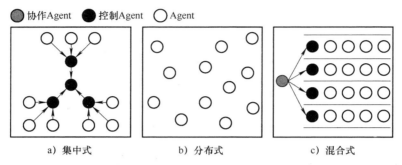

图 2-2　多 Agent 系统常见体系结构示意图

多 Agent 系统能将一个整体问题分解为若干个相互联系的局部问题进行求解（Roche 等，2013）。每个 Agent 具有一定的自主权，负责其中一个局部问题的求解；Agent 之间可以互相沟通，通过协作或竞争的方式完成总目标（Wang 等，2012）。多 Agent 系统适用于集中求解方法无效的问题（Kremers 等，2013），被广泛应用于股票市场模拟（Lebaron 等，1999；刘文财等，2003）、企业组织管理（Akanle 等，2008；Warfield，1999）、能源管理系统（Kyriakarakos 等，2013；Zhao 等，2015）、智能电网系统（Broeer 等，2014；Valenzuela 等，2012）等诸多学科领域。

2.3.3　遗传算法理论

遗传算法（Genetic Algorithm，GA）是一种通过模拟自然界的进化过程，以搜索问题最优解的全局随机寻优方法（《数学辞海》编辑委员会，2002；李进良等，2001）。它是由美国学者 Holland（1975）教授在他的专著《自然系统和人工系统的适应性》中首先提出的（李进良等，2001；马永杰等，2012）。目前，遗传算法已经被应用于众多的学科领域中，如函数优化、组合优化、自动控制、生产调度、数据挖掘等。

"基因" G_i 是遗传算法的最小单位，用以代表所求问题中的某一变量 X_i 或者某一维度 V_i；"染色体"，也称"个体"，是由一系列的基因按照一定的顺序排列而成的组合（例如 $\{G_1, G_2, \cdots, G_n\}$），用以表示所求问题的一个可能解，是遗传算法操作的基本对象；"种群"是由一定数量的个体组成的集合，代表着遗传算法当前的搜索空间（李进良等，2001）。"适应度"用于代表个体所对应解的优劣性，一般通过构造"适应度函数"来计算。个体的适应度越高，个体被淘汰的概率就越低。

遗传算法的基本操作包括：

（1）交叉。交叉是指将"父代"个体按照一定的概率随机地交换部分基因形成新的"子代"个体。交叉操作能够产生新的基因组合，有机会将"有益"基因组合在一起，从而促进问题的优化求解。常见的交叉方式有单点交叉、双点交叉、多点交叉等。"单点交叉"是指随机生成 1 个交叉点后，2 个父代个体交换交叉点右侧的基因，如图 2-3a 所示。"双点交叉"是指随机生成 2 个交叉点后，2 个父代个体交换 2 个交叉点之间的基因，如图 2-3b 所示。"多点交叉"是指交叉时，随机生成的交叉点的个数 $m \geq 3$；m 为偶数时，2 个父代个体交换第 $2n$ 和 $2n+1$ 交叉点之间的基因；m 为奇数时，2 个父代个体交换第 $2n$ 和 $2n+1$ 个交叉点之间的基因，及第 m 个交叉点右侧的基因，如图 2-3c 所示。

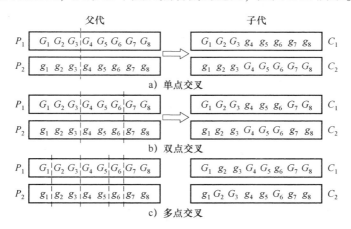

图 2-3　常见交叉方式

以本书使用的单点交叉为例，其操作流程如下：①从种群中随机抽取 2 个未交叉过的个体 P_1、P_2 作为父代；②按照交叉率（Cross Rate），确定是否进行交叉操作，若不交叉，将父代 P_1 的基因直接复制给子代 C_1，将父代 P_2 的基因直接复制给子代 C_2，跳到第⑤步；③随机生成交叉点，如图 2-3a 中的交叉点为第 3、4 个基因之间；④交换交叉点右边的基因，并复制给子代，如图 2-3a 中由父代 P_1 的 $\{G_1, G_2, G_3, G_4, G_5, G_6, G_7, G_8\}$ 变为子代 C_1 的 $\{G_1, G_2, G_3, g_4, g_5, g_6, g_7, g_8\}$；⑤将子代 C_1、C_2 放到新的子代种群中，同时对父代 P_1、P_2 进行标记；

⑥回到第①步继续下一轮交叉操作，直到所有父代均被标记。

（2）变异。变异是指按照一定的概率随机地改变某些个体的部分基因值（李进良等，2001）。通过变异操作，一方面可以通过遗传算法的局部随机搜索能力加速优化结果向最优解收敛（葛继科等，2008）；另一方面可以维持群体多样性，以防止出现未成熟收敛的现象。常见的变异操作有数值变异、位置变异等。"数值变异"是指改变个体中某一个或某几个基因的值，如图 2-4a 所示。"位置变异"是指改变个体中某一个或某几个基因的位置，如图 2-4b 所示。

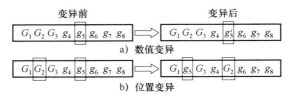

图 2-4 常见变异方式

以本书使用的单点数值变异为例，其操作流程如下：①从子代种群中随机抽取一个未被标记的个体 C；②按照变异率（Mutate Rate），确定是否进行变异操作，若不变异，跳到第⑤步；③随机生成变异点 i，如图 2-4a 中的变异点为5；④在变量 X_i 的取值范围内，随机生成变异点 i 的新基因值 g'_5，并替换该个体变异前的基因值 g_5，如图 2-4a 中子代 C 由 $\{G_1, G_2, G_3, g_4, g_5, g_6, g_7, g_8\}$ 变异为 $\{G_1, G_2, G_3, g_4, g'_5, g_6, g_7, g_8\}$；⑤将个体 C 放回子代种群中，并进行标记；⑥回到第①步继续下一轮变异操作，直到种群中的所有个体均被标记。

（3）选择。选择是指根据个体适应度的高低，在种群中按照一定的概率选择作为下一次遗传操作"父代"的个体，适应度越大的个体被选中的概率越高（李进良，2001）。选择操作的主要目的是选择优质个体而抛弃劣质个体，以提高全局收敛性和计算效率。它体现了"适者生存，优胜劣汰"的进化规则。常见的选择策略有精英策略、锦标赛策略、轮盘法等。精英策略是指选取适应度最高的 N 个个体直接作为新的种群。锦标赛策略是指将种群分成 N 组，每组随机抽取 n 个个体进行比较，每组选择适应度最高的 1 个个体组成新的种群。轮盘法是指各个体的选中概率与其适应度成正比，所有个体都有被选中的可能。精英策略可以保证遗传算法的全局收敛性，但可能会导致种群多样性的下降；而锦标赛策略和轮盘法由于抽取的随机性，可以在一定程度上维持种群的多样性。因此，通过两者相结合的方式可以对选择操作进行优化。

以本书使用的精英策略和 $n=2$ 的锦标赛策略相结合的选择操作为例，其流程如下：①将子代种群和父代种群进行合并，得到 $2N$ 个个体；②直接淘汰新种群中包含不可行解的 M 个个体；③通过适应度函数，计算每个个体的适应度；④通过精英策略，直接选取适应度最高的 M 个个体（M 一般设置一个下限值 m，当 $M<m$ 时，令 $M=m$）；⑤通过 $n=2$ 的锦标赛策略，在剩下的个体中随机不重复地抽取 2 个个体分为 1 组，共抽取 $N-M$ 组，选取每组中适应度较高的个体作为新种群的个体。最终，新种群的个体数仍为 N（$M+N-M$）个，种群大小维持不变。

遗传算法的工作原理如图 2-5 所示。首先，通过种群初始化获得原始种群。其次，按照交叉率对种群进行交叉操作。再次，按照变异率对种群进行变异操作。然后，计算种群中每个个体的适应度。最后，根据个体的适应度对种群进行选择操作，得到新的种群。在新种群中，首先判断优化结果是否达到求解精度。如果达到，则输出优化结果，遗传算法结束；反之，遗传算法继续。然后判断遗传算法是否达到迭代代数限制。如果达到，则遗传算法优化失败，需要调整参数；反之，对新种群进行下一轮的交叉、变异与选择操作。

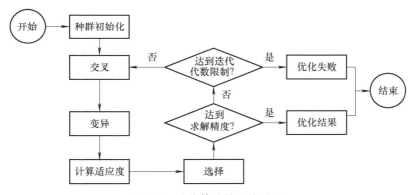

图 2-5　遗传算法的工作原理

2.4　企业绿色技术创新

目前，国内外学者关于绿色技术创新概念与内涵的理解还处于探索阶段。Braun 等（1994）最早将低碳技术（即绿色技术）创新理解为控制环境污染、提高资源利用率等工艺和技术的总称。也有学者认为，绿色技术创新还应包括企业绿色管理手段及产品设计等。虽然基于不同视角的研究给出的定义有所差别，但可以看出绿色技术创新的目标就是使用这种技术，能使产品在设计、制造、包装、运输、使用到报废处理的整个产品生命周期中，对环境的负面影响最小，资源利用效率最高（尹思敏，2019）。技术创新是促进经济增长的原动力之一，而绿色技术创新是有利于环境质量改善的技术创新，它不仅能提高资源综合利用效率，实现提质增效，还对企业节能降耗和绿色发展具有重要意义。国家发展改革委、科技部联合出台的构建市场导向的绿色技术创新体系的相关政策中也提出：到 2022 年，基本建成市场导向的绿色技术创新体系。由此，企业绿色技术创新主体地位得到空前强化。本节主要从绿色技术创新的产业层次、绿色技术创新的效率及影响因素角度出发，回顾已有的研究成果。

2.4.1　绿色技术创新的产业层次

可以将涉及绿色技术创新的产业分为三个层次：核心层、相关层和外围层。核心层包括能源供给领域的产业、碳汇产业和碳交易及其相关衍生产业；相关层包括能源需求领域中直接与能源消费相关的产业，包括工业、交通、建筑业等；外围层包括除此之外的所有需要消费能源的其他产业（王军，2011）。

1）核心层产业的绿色技术创新主要包括开发太阳能、风能、核能等可再生资源的绿色技术，煤等化石资源的绿色开采技术，以及化石资源燃烧的绿色技术。其中，我国煤炭占一次能源消费的比例接近 60%，煤炭资源的绿色开发意义显著。钱鸣高等（2003）研究指出，煤矿绿色开采技术有：保水开采、建筑物下采煤与离层注浆减沉、条带与充填开采、煤与瓦斯共采、煤巷支护与部分矸石的井下处理、煤炭地下气化等。也有学者认为，努力建立低成本的技术体系和低成本的管理体系，开发非常规天然气（包含致密砂岩气、煤层气、页岩气和天然气水合物等）是利用低碳资源的现实最佳选择（胡文瑞，2010）。关于化石能源燃烧的绿色技术主要有：针对煤炭燃烧，有大推力多通道燃烧节能技术、锅炉富氧燃烧技术、卧式循环流化床锅炉技术等；针对油气燃烧，有预混式二次燃烧节能技术、引风机无换向阀蓄热燃烧节能技术、隧道窑高温助燃节能新技术等（王文堂等，2017）。电力行业是二氧化碳减排的主战场，几乎占据全国二氧化碳总排放量的"半壁江山"，因此，电力行业的绿色技术创新对于企业减排的实施与发展具有重要影响。在发电环节，主要绿色技术有微型发电、整体煤气化联合循环（Integrated Gasification Combined Cycle，IGCC）发电系统等；电能传输环节的绿色技术主要有超导输电、电能储存、分布式电源等。至于碳汇产业，最简易、最有效的绿色技术创新途径就是植树造林。

2）相关层产业的绿色技术创新主要包括钢铁、有色金属、化工、建材等重点能耗工业领域的绿色技术创新，以电动汽车为代表的新能源汽车的技术研发，交通运输网络优化以及建筑产业的绿色技术创新等。石油化工产业的绿色技术有顶置多喷嘴粉煤加压气化炉技术、模块化梯级回热式清洁燃煤气化技术、两段法变压吸附脱碳技术等（王文堂等，2017）。水泥行业和钢铁行业作为我国两大主要的二氧化碳排放产业，钢铁产业的绿色技术有高炉浓相高效喷煤技术、球团废热循环利用技术、焦炉烟道废气余热煤调湿分级技术等（王文堂等，2017）。佟庆等（2020）研究指出，碳捕获与封存（Carbon Capture and Storage，CCS）技术对水泥行业的减排效果显著。刘虹等（2010）研究推算表明，估计我国 2020—2030 年水泥行业利用 CCS 技术捕获二氧化碳的市场潜力在 3 亿~4 亿 t 左右。建筑行业的节能减排是一项综合类绿色技术，主要途径包括提高不可再生能源的使用效率，减少建筑围护结构的能量损失，降低建筑设施运行的能耗。而建筑节能的重点是，提高建筑物外围护结构的保温隔热性能来减少能量损失。建筑物外围护结构主要包括屋顶、门窗、外墙、楼板等，其中外墙所占比例最大，是能量耗散的主要部位，因此建筑行业绿色技术创新的主要方向就是墙体保温，目前主要有外墙内保温技术、外墙外保温技术和墙体自保温技术。墙体自保温的绿色材料主要有加气混凝土砌块、轻集料混凝土空心砌块、陶粒自保温砌块、泡沫混凝土砌块（殷文等，2010）。

3）外围层产业的绿色技术创新涉及领域较为广泛。Jamasb 等（2008）提到电能消费终端的绿色技术创新主要有低碳燃料、低碳电器、智能电表等。王艳等（2010）提到物流行业的绿色技术创新既包括硬技术，如分拣机、绿色运输车等设备的使用；又包括软技术、先进的作业标准及业务流程。

总体来说，火电、钢铁、化工、建材等核心层产业与相关层产业是我国二氧化碳排放的主要来源，绿色技术创新也主要集中在这些领域。与此同时，这些产业也急需绿色技术的驱动来实现减排。

2.4.2 绿色技术创新的效率及其影响因素

1. 绿色技术创新的效率

绿色技术创新的效率也可以称作绿色技术创新的绩效，是用来衡量绿色技术创新水平和对环境影响效果的一种变量。科学、客观地评价绿色技术创新效率是十分必要的，它是衡量企业绿色技术创新能力、减少创新过程中所产生问题和调整创新政策来实现减排的重要工具。绿色技术创新效率的测度方式备受学者关注，许多学者对如何建立一个绿色技术创新效率的评价体系进行了大量的研究。从理论方法上来说，大致可分为两大类（张峰等，2020）。

一类是通过构建评价指标体系对企业绿色技术创新能力进行评价，较早期的研究以单一维度的绿色技术创新成果为依据，测度绿色技术创新效率的变化。例如，贾军等（2014）以企业申请专利数量表征绿色技术创新水平，分析了区域内外绿色技术知识存量以及非绿色技术知识存量对技术创新的影响。孙亚梅等（2007）以环境技术专利来表征绿色技术创新水平，衡量中国区域环境绿色技术创新水平的空间分布差异。但绿色技术创新涉及的领域和范围很广，用单一的测度指标评价效率不够全面。更多的学者以主成分分析法为主要思想，对产业、企业、区域等的绿色技术创新效率进行评价。例如，范群林等（2011）基于聚类法选取代表性的变量，提取主成分，对各区域所属类别进行检验、调整。毕克新等（2015）基于技术转移视角构建了跨国公司对国内制造业绿色技术创新效率评价的指标体系，并分析了影响效果。

另一类是运用各种函数模型，从绿色技术创新投入和产出效率的角度进行测度，包括参数方法和非参数方法。参数方法以随机前沿分析（Stochastic Frontier Analysis，SFA）为代表，利用随机前沿生产函数进行效率估计。例如，曹霞等（2015）构建随机前沿评测效率的改进模型，对我国各省域研发创新效率及影响因素进行实证分析。王志平等（2014）在测算生态足迹的基础上，采用随机前沿生产函数模型测算绿色技术效率，将环境和资源因素纳入到模型中，测算出东、中、西部地区 2001—2010 年的绿色技术效率。非参数方法以数据包络分析（Data Envelopment Analysis，DEA）为代表，从 1978 年运筹学家查尼斯（A. Charnes）、库珀（W. W. Cooper）及罗兹（E. Rhodes）提出的 CCR 模型，到 Banker、Charnes 和 Cooper 创建的 BCC 模型，许多学者都对 DEA 模型进行了拓展和应用。杨龙等（2010）通过构建环境污染指数测算 DEA 效率，认为仅东、中部存在绿色经济效率的俱乐部收敛。白俊红等（2010）用 DEA 法，测算了各区域研发创新各阶段的技术进步、技术效率及全要素生产率的增长情况。李小胜等（2013）基于 DEA 的 Malmquist 指数法估算了 2002—2009 年我国大部分省市区大中型工业企业绿色技术创新效率及绿色技术进步指数。

也有学者将多种方法相结合，进行绿色技术创新效率的测度。罗良文等（2016）利用主成分分析和 DEA 结合的方法测算中国工业企业绿色技术创新效率，既分析了影响因素，又能反映绿色技术创新各个阶段的效率。何枫等（2015）构建了考虑非期望产出的网络 SBM-DEA 模型，从铁前工序和铁后工序两阶段视角出发，测算了 2009—2013 年中国钢铁企业绿色技术效率。

▶▶ 2. 绿色技术创新效率的影响因素

事实上，绿色技术创新效率的影响因素是复杂而多样的，包括管理水平、资金投入等企业内部因素，又包括产业集聚、政府支持等企业外部因素。下面重点介绍几个较多学者探讨的影响因素。

（1）环境规制。环境规制作为社会性规制的一项重要内容，是指以环境保护为目的而制定的实施各项政策与措施的总和，具体包括工业污染防治和城市环境保护。Gray 等（1987）认为，环境规制因增加企业治污成本、挤占绿色创新投入而阻碍了绿色技术创新。较为著名的观点"波特假说"认为，适当的环境规制将刺激绿色技术创新，这些创新将提高企业的生产力，从而抵消由环境保护带来的成本并且提升企业在市场上的盈利能力。"波特假说"是第一次指出环境规制对企业有益的理论研究。也有学者认为环境规制对绿色技术创新的影响存在不确定性，不同的环境政策和政策强度对绿色技术创新的影响有显著差异（李婉红，2015）。

（2）科学研究和实验发展（Research and Development，R&D）投入。李苗苗等（2014）认为，R&D 经费的支出能够保证企业绿色工艺技术设备、软件硬件的购置或对传统工艺设备、工艺技术的绿色改造，对绿色技术创新效率有显著的促进作用。Jefferson 等（2006）对 CDM 方法进行了扩展，发现中国 R&D 投入的环境收益与 R&D 投入的边际利润在国有企业非常高，而在外资企业最低。李广培等（2018）认为，R&D 投入在命令控制型环境规制、激励型环境规制与绿色技术创新能力之间具有正向中介作用。

（3）企业规模。Camarinha-Matos 等（2016）认为，大企业的绿色技术创新有明显优势，因为大企业在研发能力、创新风险把控及知识产权保护等方面水平较高。Simonen 等（2008）认为小企业因规模小，其创新激励机制较大企业而言更为灵活，管理结构的官僚体质化不明显，有更大的可能出现颠覆性的绿色技术创新。Camarinha-Matos 等（2016）认为企业规模和创新效率之间存在倒 U 关系，能够保证企业具有稳定创新输出的企业规模普遍存在临界值问题。张峰等（2020）认为，高技术产业企业规模质量对绿色技术创新效率具有双重门槛效应，第一门槛值内，企业规模质量对绿色技术创新效率的促进作用相对较弱且不显著；越过第二门槛值后，企业规模质量对绿色技术创新效率具有显著正向作用。

2.5　文献述评

综上所述，目前国内外学术界已经开始关注企业的碳减排问题了，主要从生产经营管理、绿色技术管理、绿色供应链管理等不同角度探讨企业碳减排决策时的相关问题，并取得了较为丰富的研究成果。然而，总体而言，本书认为相关研究在以下地方还有改进的空间，值得进一步分析和探索：

（1）从研究前提的角度来看，大部分关于企业碳减排的研究都是在绿色新技术研发的前提下进行的。虽然这些研究对企业的长远发展很有用，但新技术从研发到投入使用需要一个周期，并且可能受研发失败等不确定性因素的影响。在这个研发周期内，企业只能使用现有的绿色技术来解决低碳带来的成本问题，因此，借鉴现有的绿色技术研究企业在不同减排政策下的技术升级策略很有必要。

（2）从研究层次的角度来看，大部分关于企业合作减排的研究多停留在企业层次，没有细化到企业内部的生产环节上。而事实上，企业间进行合作减排时，如果涉及技术合作，一般是需要基于企业间相关联的某些具体的生产环节进行的。因此，在建立合作减排模型时，进一步细化到生产环节很有必要。

（3）从研究对象的角度来看，大部分关于合作减排的研究都没有区分企业之间的地位，认为合作各方是相对平等的。而事实上，在有些供应链中，上游企业占优势地位；在另一些供应链中，下游企业占优势地位。地位的不同使得企业在选择合作对象和合作方案时，会抱有不同的目的，采取不同的策略，如占优势地位的核心企业希望通过合作进一步巩固自己的优势，使自己的利益最大化；中小型企业希望通过合作有所收益，以分担减排压力等。因此，针对这类地位不对等的供应链中合作减排情况的研究很有必要。

因此，本书以企业的绿色生产技术为研究视角，探讨了不同减排政策下企业的技术升级策略等的优化问题。这些研究不仅有利于企业合理地完成减排投资、实现绿色转型，同时也有利于我国完成碳减排目标、实现绿色发展。此外，这些研究对于丰富和发展既有的理论框架和研究体系也具有重要意义。

参 考 文 献

[1]《数学辞海》编辑委员会. 数学辞海：第五卷 [M]. 北京：中国科学技术出版社，2002.

[2] 白俊红，江可申，李婧. 中国地区研发创新的技术效率与技术进步 [J]. 科研管理，2010（6）：7-18.

[3] 毕克新，杨朝均，隋俊. 跨国公司技术转移对绿色创新绩效影响效果评价：基于制造业绿色创新系统的实证研究 [J]. 中国软科学，2015（11）：81-93.

[4] 曹翠珍，赵国浩. 绿色供应链网络设计研究：低碳共生演化视角 [J]. 世界科技研究与发展，2014（3）：297-302.

[5] 曹霞，于娟. 创新驱动视角下中国省域研发创新效率研究：基于投影寻踪和随机前沿的实证分析 [J]. 科学学与科学技术管理，2015（4）：124-132.

[6] 陈涛. 碳排放约束下发电技术选择及破坏性创新研究 [D]. 成都：电子科技大学，2013.

［7］陈艳莹，孙辉．环境管制与企业的竞争优势：对波特假说的修正［J］.科技进步与对策，2009（4）：59-61.

［8］戴卓，胡凯．多目标低碳闭环供应链网络优化模型及算法［J］.计算机应用研究，2014（6）：1648-1653，1660.

［9］邓学衷．减排管制强度与企业投资行为：来自重污染上市公司的经验证据［J］.长沙理工大学学报（社会科学版），2016（5）：107-114.

［10］杜少甫，董骏峰，梁樑，等．考虑排放许可与交易的生产优化［J］.中国管理科学，2009（3）：81-86.

［11］杜玉琴．运筹学在经济管理中的应用［J］.现代商业，2013（18）：181-182.

［12］范群林，邵云飞，唐小我．中国30个地区环境技术创新能力分类特征［J］.中国人口·资源与环境，2011（6）：31-36.

［13］方健，徐丽群．考虑碳排放的绿色供应链网络设计研究［J］.现代管理科学，2012（1）：72-73，91.

［14］付慧姝．国外碳税征收比较及对我国的借鉴［J］.企业经济，2012（10）：184-186.

［15］葛继科，邱玉辉，吴春明，等．遗传算法研究综述［J］.计算机应用研究，2008（10）：2911-2916.

［16］何枫，祝丽云，马栋栋，等．中国钢铁企业绿色技术效率研究［J］.中国工业经济，2015（7）：84-98.

［17］贺胜兵，周华蓉，田银华．碳交易对企业绩效的影响：以清洁发展机制为例［J］.中南财经政法大学学报，2015（3）：3-10，158.

［18］侯伟丽，方浪．环境管制对中国污染密集型行业企业竞争力影响的实证研究［J］.中国人口资源与环境，2012（7）：67-72.

［19］侯玉梅，杨海江．低碳经济视角下闭环供应链网络优化研究［J］.物流工程与管理，2014（5）：144-148.

［20］胡文瑞．开发非常规天然气是利用低碳资源的现实最佳选择［J］.天然气工业，2010，30（9）：1-8.

［21］胡晓东，袁亚湘，章祥荪．运筹学发展的回顾与展望［J］.中国科学院院刊，2012（2）：145-160.

［22］胡严．运筹学在工业制造业工程中的应用探究［J］.制造业自动化，2012（20）：64-66.

［23］黄帝，陈剑，周泓．配额-交易机制下动态批量生产和减排投资策略研究［J］.中国管理科学，2016（4）：129-137.

［24］黄守军，任玉珑，孙睿，等．双寡头电力市场垂直合作减排的随机微分对策模型［J］.中国管理科学，2014（2）：101-111.

［25］贾军，张伟．绿色技术创新中路径依赖及环境规制影响分析［J］.科学学与科学技术管理，2014（5）：44-52.

[26] 姜睿. 我国碳交易市场发展现状及建议 [J]. 中外能源，2017（1）：3-9.

[27] 赖苹，曹国华，马文斌. 基于节能减排技术研发的企业联盟合作模式选择 [J]. 技术经济，2013（12）：10-14，32.

[28] 李钢，刘鹏. 钢铁行业环境管制标准提升对企业行为与环境绩效的影响 [J]. 中国人口·资源与环境，2015（12）：8-14.

[29] 李广培，李艳歌，全佳敏. 环境规制、R&D 投入与企业绿色技术创新能力 [J]. 科学学与科学技术管理，2018，39（11）：61-73.

[30] 李海刚，吴启迪. 多 Agent 系统研究综述 [J]. 同济大学学报（自然科学版），2003（6）：728-732.

[31] 李继峰，张沁，张亚雄，等. 碳市场对中国行业竞争力的影响及政策建议 [J]. 中国人口·资源与环境，2013（3）：118-124.

[32] 李进良，倪健中. 信息网络辞典 [M]. 北京：东方出版社，2001：323-324.

[33] 李苗苗，肖洪钧，吉新. 财政政策、企业 R&D 投入与技术创新能力：基于战略性新兴产业上市公司的实证研究 [J]. 管理评论，2014，26（8）：135-144.

[34] 李婉红. 排污费制度驱动绿色技术创新的空间计量检验：以 29 个省域制造业为例 [J]. 科研管理，2015，36（6）：1-9.

[35] 李小胜，朱建平. 中国省际工业企业创新效率及其收敛性研究 [J]. 数理统计与管理，2013（6）：1090-1099.

[36] 李媛，赵道致，祝晓光. 基于碳税的政府与企业行为博弈模型研究 [J]. 资源科学，2013（1）：125-131.

[37] 刘虹，姜克隽. 我国钢铁与水泥行业利用 CCS 技术市场潜力分析 [J]. 中国能源，2010，32（2）：34-37.

[38] 刘名武，万谧宇，吴开兰. 碳交易政策下供应链横向减排合作研究 [J]. 工业工程与管理，2015（3）：28-35.

[39] 刘文财，刘豹，王启文，等. 基于 Agent 的金融市场模型研究进展综述 [J]. 系统工程学报，2003（2）：135-141.

[40] 罗良文，梁圣蓉. 中国区域工业企业绿色技术创新效率及因素分解 [J]. 中国人口·资源与环境，2016，26（9）：149-157.

[41] 罗素清. 环境管制对企业绩效的影响：基于中国地级市数据的研究 [J]. 财会月刊，2016（29）：32-37.

[42] 骆瑞玲，陈敏，先瑜婷. 供应链碳减排技术投资的收益分析及协调 [J]. 物流技术，2016（10）：119-124.

[43] 骆瑞玲，范体军，夏海洋. 碳排放交易政策下供应链碳减排技术投资的博弈分析 [J]. 中国管理科学，2014（11）：44-53.

[44] 吕品. 基于最小碳排放的绿色供应链网络设计模型研究 [J]. 物流技术，2013（7）：224-226.

[45] 马永杰, 云文霞. 遗传算法研究进展 [J]. 计算机应用研究, 2012 (4): 1201-1206, 1210.

[46] 盂卫军. 基于减排研发的补贴和合作政策比较 [J]. 系统工程, 2010 (11): 123-126.

[47] 钱鸣高, 许家林, 缪协兴. 煤矿绿色开采技术 [J]. 中国矿业大学学报, 2003, 32 (4): 343-348.

[48] 宋海云, 蔡涛. 碳交易: 市场现状、国外经验及中国借鉴 [J]. 生态经济, 2013 (1): 74-77.

[49] 孙亚梅, 吕永龙, 王铁宇, 等. 基于专利的区域环境技术创新水平空间分异研究 [J]. 环境工程学报, 2007 (3): 123-129.

[50] 佟庆, 魏欣, 秦旭映, 等. 我国水泥和钢铁行业突破性绿色技术研究 [J]. 上海节能, 2020 (5): 380-385.

[51] 王琛. 碳配额约束对企业竞争力的影响 [J]. 北京理工大学学报 (社会科学版), 2017 (1): 47-55.

[52] 王帆, 倪娟. 企业碳排放影响因素研究: 基于浙江企业的调研分析 [J]. 商业经济与管理, 2016 (1): 71-80.

[53] 王军. 我国低碳产业发展的问题与对策研究 [J]. 理论学刊, 2011 (2): 47-51.

[54] 王璐. 全国碳市场最后冲刺 配额分配下月启动 [N]. 经济参考报, 2016-09-26 (3).

[55] 王倩, 张坤, 梁巧梅. 碳税效应研究综述: 基于文献计量分析 [C] //第十七届中国科学技术协会年会: 新兴绿色产业的科技创新与投融资国际研讨会. 北京: 中国科学技术协会, 2015: 1-12.

[56] 王文堂, 邓复平, 吴智伟. 工业企业低碳节能技术 [M]. 北京: 化学工业出版社, 2017.

[57] 王艳, 李作聚. 浅谈低碳物流的内涵与实现途径 [J]. 商业时代, 2010 (14): 32-33.

[58] 王志平, 陶长琪, 沈鹏熠. 基于生态足迹的区域绿色技术效率及其影响因素研究 [J]. 中国人口·资源与环境, 2014, 24 (1): 35-40.

[59] 魏守道, 周建波. 碳税政策下供应链低碳技术研发策略选择 [J]. 管理学报, 2016 (12): 1834-1841.

[60] 吴祈宗. 运筹学 [M]. 北京: 机械工业出版社, 2002.

[61] 吴祈宗. 运筹学与最优化方法 [M]. 北京: 机械工业出版社, 2003.

[62] 吴义生, 白少布. 面向网购的低碳供应链设计模型及其应用分析 [J]. 控制与决策, 2015 (4): 655-662.

[63] 吴育华, 何雁群. 运筹学在工业工程中的应用 [J]. 工业工程, 1999 (4): 9-13.

[64] 伍学滨, 邓小英. 运筹学在经济管理中的应用 [J]. 企业经济, 2005 (11): 57-58.

[65] 肖明, 朱亚梅. 碳税或 2012 年起步 [N]. 21 世纪经济报道, 2009-12-14 (7).

[66] 谢鑫鹏, 赵道致. 低碳供应链企业减排合作策略研究 [J]. 管理科学, 2013 (3): 108-119.

［67］ 熊中楷，胡金辉．消费者低碳意识和政府碳税下低碳技术选择［J］．科技进步与对策，2014（15）：65-71．

［68］ 许士春．环境管制与企业竞争力：基于"波特假说"的质疑［J］．国际贸易问题，2007（5）：78-83．

［69］ 许小虎，邹毅．碳交易机制对电力行业影响分析［J］．生态经济，2016（3）：92-96．

［70］ 杨龙，胡晓珍．基于绿色 DEA 的中国绿色经济效率地区差异与收敛分析［J］．经济学家，2010（2）：46-54．

［71］ 殷文，夏磊，吴丽娟，等．墙体自保温技术的应用及发展趋势［J］．工程质量，2010（28）：73-76．

［72］ 尹思敏．关于构建绿色技术创新体系的思考与建议［J］．中国经贸导刊，2019，12（1）：61-63．

［73］ 于维生，张志远．中国碳税政策可行性与方式选择的博弈研究［J］．中国人口·资源与环境，2013（6）：8-15．

［74］ 喻寿益，邝溯琼．保留精英遗传算法收敛性和收敛速度的鞅方法分析［J］．控制理论与应用，2010（7）：843-848．

［75］ 张峰，任仕佳，殷秀清．高技术产业绿色技术创新效率及其规模质量门槛效应［J］．科技进步与对策，2020，37（7）：59-68．

［76］ 张汉江，张佳雨，赖明勇．低碳背景下政府行为及供应链合作研发博弈分析［J］．中国管理科学，2015（10）：57-66．

［77］ 张林，徐勇，刘福成．多 Agent 系统的技术研究［J］．计算机技术与发展，2008（8）：80-83，87．

［78］ 张少苹，戴锋，王成志，等．多 Agent 系统研究综述［J］．复杂系统与复杂性科学，2011（4）：1-8．

［79］ 张最良．国外军事运筹学研究的现状和发展趋势［J］．军事系统工程，1995（Z1）：86-90．

［80］ 赵道致，原白云，徐春秋．低碳环境下供应链纵向减排合作的动态协调策略［J］．管理工程学报，2016（1）：147-154．

［81］ 赵玉焕，范静文．碳税对能源密集型产业国际竞争力影响研究［J］．中国人口·资源与环境，2012（6）：45-51．

［82］ 周剑，何建坤．北欧国家碳税政策的研究及启示［J］．环境保护，2008（22）：70-73．

［83］ ABSI N，DAUZERE-PERES S，KEDAD-SIDHOUM S，et al. Lot sizing with carbon emission constraints［J］. European journal of operational research，2013，227（1）：55-61.

［84］ ABSI N，DAUZERE-PERES S，KEDAD-SIDHOUM S，et al. The single-item green lot-sizing problem with fixed carbon emissions［J］. European journal of operational research，2016，248（3）：849-855.

［85］ AKANLE O M，ZHANG D Z. Agent-based model for optimising supply-chain configurations

［J］. International journal of production economics，2008，115（2）：444-460.

［86］ AL-AMIN A Q，JAAFAR A H，SIWAR C. Climate change mitigation and policy concern for prioritization ［J］. International journal of climate change strategies and management，2010，2（4）：418-425.

［87］ ALMANSOORI A，BETANCOURT-TORCAT A. Design optimization model for the integration of renewable and nuclear energy in the United Arab Emirates' power system ［J］. Applied energy，2015，148：234-251.

［88］ ALTIPARMAK F，GEN M，LIN L，et al. A genetic algorithm approach for multi-objective optimization of supply chain networks ［J］. Computers & industrial engineering，2006，51（1）：196-215.

［89］ ANONYMOUS. The EU Emissions Trading System（EU ETS）Policy ［EB/OL］.［2021-05-09］. https：//ec. europa. eu/clima/policies/ets_en.

［90］ AZADEH A，TARVERDIAN S. Integration of genetic algorithm，computer simulation and design of experiments for forecasting electrical energy consumption ［J］. Energy policy，2007，35（10）：5229-5241.

［91］ BAKER E，SHITTU E. Profit-maximizing R&D in response to a random carbon tax ［J］. Resource and energy economics，2006，28（2）：160-180.

［92］ BENJAAFAR S，LI Y Z，DASKIN M. Carbon footprint and the management of supply chains：insights from simple models ［J］. IEEE transactions on automation science and engineering，2013，10（1）：99-116.

［93］ BRAUN E，WIELD D. Regulation as a means for the social control of technology ［J］. Technology analysis & strategic management，1994，6（3）：259-272.

［94］ BROEER T，FULLER J，TUFFNER F，et al. Modeling framework and validation of a smart grid and demand response system for wind power integration ［J］. Applied energy，2014，113：199-207.

［95］ BROOKS R A. Elephants don't play chess ［J］. Robotics and autonomous systems，1990，6（1-2）：3-15.

［96］ BROOKS R A. Intelligence without reason ［C］//Proceedings of the Twelfth International Joint Conference on Artificial Intelligence，Sydney，Australia.［S.l］：IJCAI，1991a：569-595.

［97］ BROOKS R A. Intelligence without representation ［J］. Artificial intelligence，1991b，47（1-3）：139-159.

［98］ CALVETE H I，GALE C，IRANZO A. Planning of a decentralized distribution network using bilevel optimization ［J］. Omega：international journal of management science，2014，49：30-41.

［99］ CAMARINHA-MATOS L，TOMIC S，GRACA P. Technological innovation for the internet of things [J]. IFIP advances in information & communication technology, 2016, 25 (2): 617-622.

[100] CARO F, CORBETT C J, TAN T, et al. Double counting in supply chain carbon footprinting [J]. M&SOM: manufacturing & service operations management, 2013, 15 (4): 545-558.

[101] CHAN H R, LI S J, ZHANG F. Firm competitiveness and the European Union emissions trading scheme [J]. Energy policy, 2013, 63: 1056-1064.

[102] CHEN X, BENJAAFAR S, ELOMRI A. The carbon-constrained EOQ [J]. Operations research letters, 2013, 41 (2): 172-179.

[103] CHIOU T Y, CHAN H K, LETTICE F, et al. The influence of greening the suppliers and green innovation on environmental performance and competitive advantage in Taiwan [J]. Transportation research part E: logistics and transportation review, 2011, 47 (6): 822-836.

[104] CHOI T M. Optimal apparel supplier selection with forecast updates under carbon emission taxation scheme [J]. Computers & operations research, 2013, 40 (11): 2646-2655.

[105] COASE R H. The problem of social cost [J]. Journal of law & economics, 1960, 3: 1-44.

[106] DAHIDAH M S A, AGELIDIS V G, RAO M V. Hybrid genetic algorithm approach for selective harmonic control [J]. Energy conversion and management, 2008, 49 (2): 131-142.

[107] DEMAILLY D, QUIRION P. European emission trading scheme and competitiveness: a case study on the iron and steel industry [J]. Energy economics, 2008, 30 (4): 2009-2027.

[108] DIABAT A, SIMCHI-LEVI D. A carbon-capped supply chain network problem [C] //IEEE International Conference on Industrial Engineering and Engineering Management (IEEM 2009). New York: IEEE, 2010: 523-527.

[109] DIABAT A. Hybrid algorithm for a vendor managed inventory system in a two-echelon supply chain [J]. European journal of operational research, 2014, 238 (1): 114-121.

[110] ELGIE S, MCCLAY J. BC's carbon tax shift is working well after four years (attention Ottawa) [J]. Canadian public policy, 2013, 39: S1-S10.

[111] FAHIMNIA B, SARKIS J, ESHRAGH A. A tradeoff model for green supply chain planning: a leanness-versus-greenness analysis [J]. Omega: international journal of management science, 2015, 54: 173-190.

[112] FERGUSON I A. Toward an architecture for adaptive, rational, mobile agents [J]. ACM SIGOIS bulletin, 1992, 13 (3): 15.

[113] GEORGEFF M P, LANSKY A L. Reactive reasoning and planning [C] // Proceedings of the Sixth National Conference on Artificial Intelligence. Palo Alto: AAAI, 1987: 677-682.

[114] GHARAIE M, PANJESHAHI M H, KIM J K, et al. Retrofit strategy for the site-wide mitigation of CO_2 emissions in the process industries [J]. Chemical engineering research & design, 2015, 94: 213-241.

[115] GIURCO D, PETRIE J G. Strategies for reducing the carbon footprint of copper: new technologies, more recycling or demand management? [J]. Minerals engineering, 2007, 20 (9): 842-853.

[116] GRAY W B. The cost of regulation: OSHA, EPA and the pro-ductivity slowdown [J]. American economic review, 1987, 77 (5): 998-1006.

[117] GREAKER M, PADE L L. Optimal carbon dioxide abatement and technological change: should emission taxes start high in order to spur R&D? [J]. Climatic change, 2009, 96 (3): 335-355.

[118] HARDIN G. The tragedy of commons [J]. Science, 1968, 162 (3859): 1243-1248.

[119] HARTIKAINEN H, ROININEN T, KATAJAJUURI J M, et al. Finnish consumer perceptions of carbon footprints and carbon labelling of food products [J]. Journal of cleaner production, 2014, 73: 285-293.

[120] HOLLAND J H. Adaptation in natural and artificial systems: an introductory analysis with application to biology, control, and artificial intelligence [M]. Ann Arbor: University of Michigan Press, 1975.

[121] HOSSEINI S, FARAHANI R Z, DULLAERT W, et al. A robust optimization model for a supply chain under uncertainty [J]. IMA journal of management mathematics, 2014, 25 (4): 387-402.

[122] HOVELAQUE V, BIRONNEAU L. The carbon-constrained EOQ model with carbon emission dependent demand [J]. International journal of production economics, 2015, 164: 285-291.

[123] HSU C W, KUO T C, CHEN S H, et al. Using DEMATEL to develop a carbon management model of supplier selection in green supply chain management [J]. Journal of cleaner production, 2013, 56: 164-172.

[124] HUA G W, CHENG T C E, WANG S Y. Managing carbon footprints in inventory management [J]. International journal of production economics, 2011, 132 (2): 178-185.

[125] HUA G W, CHENG T C E, ZHANG Y, et al. Carbon-constrained perishable inventory management with freshness-dependent demand [J]. International journal of simulation modelling, 2016, 15 (3): 542-552.

[126] HUANG G Q, ZHANG X Y, LIANG L. Towards integrated optimal configuration of platform products, manufacturing processes, and supply chains [J]. Journal of operations management, 2005, 23 (3-4): 267-290.

[127] JAMASB T, NUTTALL N, POLLITT M G. Future electricity technologies and systems [M]. Cambridge: Cambridge University Press, 2008.

[128] JEFFERSON G, BAI H M, GUAN X J, et al. R&D performance in Chinese Industry [J]. Economics of innovation and new technology, 2006, 15 (4-5): 354-366.

[129] ZHANG J, GAO X L, XIA J Y. The influence of carbon tax policy on enterprise production

decision based on the research of existing emission reduction policy [J]. Advanced materials research, 2013, 869-870: 813-819.

[130] KAHN J R, FRANCESCHI D. Beyond Kyoto: a tax-based system for the global reduction of greenhouse gas emissions [J]. Ecological economics, 2006, 58 (4): 778-787.

[131] KHALILPOUR R. Multi-level investment planning and scheduling under electricity and carbon market dynamics: retrofit of a power plant with PCC (post-combustion carbon capture) processes [J]. Energy, 2014, 64: 172-186.

[132] KO H J, EVANS G W. A genetic algorithm-based heuristic for the dynamic integrated forward/reverse logistics network for 3PLs [J]. Computers & operations research, 2007, 34 (2): 346-366.

[133] KREMERS E, GONZALEZ D E, DURANA J M, et al. Emergent synchronisation properties of a refrigerator demand side management system [J]. Applied energy, 2013, 101: 709-717.

[134] KYRIAKARAKOS G, PIROMALIS D D, DOUNIS A I, et al. Intelligent demand side energy management system for autonomous polygeneration microgrids [J]. Applied energy, 2013, 103: 39-51.

[135] LAZONICK W. Innovative enterprise or sweatshop economics: in search of foundations of economic analysis [J]. Challenge, 2015, 59 (2): 1-50.

[136] LEBARON B, ARTHUR W B, PALMER R. Time series properties of an artificial stock market [J]. Journal of economic dynamics & control, 1999, 23 (9-10): 1487-1516.

[137] LEE K H, CHEONG I M. Measuring a carbon footprint and environmental practice: the case of Hyundai Motors Co. (HMC) [J]. Industrial management & data systems, 2011, 111 (5-6): 961-978.

[138] LEE Y H, JEONG C S, MOON C. Advanced planning and scheduling with outsourcing in manufacturing supply chain [J]. Computers & industrial engineering, 2002, 43 (1-2): 351-374.

[139] LETMATHE P, BALAKRISHNAN N. Environmental considerations on the optimal product mix [J]. European journal of operational research, 2005, 167 (2): 398-412.

[140] LIANG Q, FAN Y, WEI Y. Carbon taxation policy in China: how to protect energy-and trade-intensive sectors? [J]. Journal of policy modeling, 2007, 29 (2): 311-333.

[141] LIANG Q M, WANG T, XUE M M. Addressing the competitiveness effects of taxing carbon in China: domestic tax cuts versus border tax adjustments [J]. Journal of cleaner production, 2016, 112: 1568-1581.

[142] LIN B Q, LI X H. The effect of carbon tax on per capita CO_2 emissions [J]. Energy policy, 2011, 39 (9): 5137-5146.

[143] MA Q Z, SONG H Q, CHEN G Y. Dynamic optimal production strategies based on the inven-

tory-dependent demand under the cap-and-trade mechanism [J]. Mathematical problems in engineering, 2014: 1-13.

[144] MEADE J E. External economies and diseconomies in a competitive situation [J]. The economic journal, 1952, 62 (245): 54-67.

[145] MINSKY M. The society of mind [M]. New York: Simon & Schuster, 1988.

[146] MÜLLER J P, PISCHEL M, THIEL M. Modeling reactive behaviour in vertically layered agent architectures [C] //International Workshop on Agent Theories, Architectures, and Languages. Berlin: ECAI, 1994: 261-276.

[147] NEWELL A, SIMON H A. Computer science as empirical enquiry [J]. Communications of the ACM, 1976, 19: 113-126.

[148] OMATA K, OZAKI T, UMEGAKI T, et al. Optimization of the temperature profile of a temperature gradient reactor for DME synthesis using a simple genetic algorithm assisted by a neural network [J]. Energy & fuels, 2003, 17 (4): 836-841.

[149] PIGOU A C. The economics of welfare [M]. London : Macmillan, 1920.

[150] REN H B, GAO W J. A MILP model for integrated plan and evaluation of distributed energy systems [J]. Applied energy, 2010, 87 (3): 1001-1014.

[151] RHODES E, JACCARD M. A tale of two climate policies: political economy of British Columbia's carbon tax and clean electricity standard [J]. Canadian public policy: analyse de politiques, 2013, 39: S37-S51.

[152] ROCHE R, IDOUMGHAR L, SURYANARAYANAN S, et al. A flexible and efficient multi-agent gas turbine power plant energy management system with economic and environmental constraints [J]. Applied energy, 2013, 101: 644-654.

[153] RUDOLPH G. Convergence analysis of canonical genetic algorithms [J]. IEEE transactions on neural networks, 1994, 5 (1): 96-101.

[154] SANAYE S, HAJABDOLLAHI H. Thermal-economic multi-objective optimization of plate fin heat exchanger using genetic algorithm [J]. Applied energy, 2010, 87 (6): 1893-1902.

[155] SHITTU E, BAKER E. Optimal energy R&D portfolio investments in response to a carbon tax [J]. IEEE transactions on engineering management, 2010, 57 (4): 547-559.

[156] SIMONEN J, MCCANN P. Innovation, R&D cooperation and labor recruitment : evidence from Finland [J]. Small business economics, 2008, 31 (2): 181-194.

[157] SMALE R, HARTLEY M, HEPBURN C, et al. The impact of CO_2 emissions trading on firm profits and market prices [J]. Climate policy, 2006, 6 (1): 31-48.

[158] SU J C P, CHU C H, WANG Y T. A decision support system to estimate the carbon emission and cost of product designs [J]. International journal of precision engineering and manufacturing, 2012, 13 (7): 1037-1045.

[159] SUBBARAJ P, RENGARAJ R, SALIVAHANAN S. Enhancement of combined heat and pow-

er economic dispatch using self adaptive real-coded genetic algorithm [J]. Applied energy, 2009, 86 (6): 915-921.

[160] SYARIF A, YUN Y, Gen M. Study on multi-stage logistic chain network: a spanning tree-based genetic algorithm approach [J]. Computers & industrial engineering, 2002, 43 (1-2): 299-314.

[161] TAFAOLI-MASOULE M, BAHRAMI A, ELSAYED E M. Optimum design parameters and operating condition for maximum power of a direct methanol fuel cell using analytical model and genetic algorithm [J]. Energy, 2014, 70: 643-652.

[162] THEISSEN S, SPINLER S. Strategic analysis of manufacturer-supplier partnerships: an ANP model for collaborative CO_2 reduction management [J]. European journal of operational research, 2014, 233 (2): 383-397.

[163] THOMA M I. Implications of market liberalization and green energy regulation on power generation in Switzerland [C] //2012 9th International Conference on the European Energy Market. New York: IEEE, 2012.

[164] TOMAS R A F, RIBEIRO F R, SANTOS V M S, et al. Assessment of the impact of the European CO_2 emissions trading scheme on the Portuguese chemical industry [J]. Energy policy, 2010, 38 (1): 626-632.

[165] TRAPPEY A J C, TRAPPEY C V, HSIAO C T, et al. System dynamics modelling of product carbon footprint life cycles for collaborative green supply chains [J]. International journal of computer integrated manufacturing, 2012, 25 (10): 934-945.

[166] VACHON S, KLASSEN R D. Environmental management and manufacturing performance: the role of collaboration in the supply chain [J]. International journal of production economics, 2008, 111 (2): 299-315.

[167] VALENZUELA J, THIMMAPURAM P R, KIM J. Modeling and simulation of consumer response to dynamic pricing with enabled technologies [J]. Applied energy, 2012, 96: 122-132.

[168] WAKUI T, YOKOYAMA R. Optimal structural design of residential cogeneration systems in consideration of their operating restrictions [J]. Energy, 2014, 64: 719-733.

[169] WANG M X, WANG M R, WANG S Y. Optimal investment and uncertainty on China's carbon emission abatement [J]. Energy policy, 2012, 41: 871-877.

[170] WANG Z, WANG L F, DOUNIS A I, et al. Multi-agent control system with information fusion based comfort model for smart buildings [J]. Applied energy, 2012, 99: 247-254.

[171] WARFIELD J N. Twenty laws of complexity: science applicable in organizations [J]. Systems research and behavioral science, 1999, 16 (1): 3-40.

[172] WITTNEBEN B B F. Exxon is right: let us re-examine our choice for a cap-and-trade system over a carbon tax [J]. Energy policy, 2009, 37 (6): 2462-2464.

[173] WOOLDRIDGE M, JENNINGS N R. Intelligent agents-theory and practice [J]. Knowledge engineering review, 1995, 10 (2): 115-152.

[174] YOKOYAMA R, SHINANO Y, TANIGUCHI S, et al. Optimization of energy supply systems by MILP branch and bound method in consideration of hierarchical relationship between design and operation [J]. Energy conversion and management, 2015, 92: 92-104.

[175] YU S W, WEI Y M. Prediction of China's coal production-environmental pollution based on a hybrid genetic algorithm-system dynamics model [J]. Energy policy, 2012, 42: 521-529.

[176] ZHANG B, WANG Z. Inter-firm collaborations on carbon emission reduction within industrial chains in China: practices, drivers and effects on firms' performances [J]. Energy economics, 2014, 42: 115-131.

[177] ZHANG B, XU L. Multi-item production planning with carbon cap and trade mechanism [J]. International journal of production economics, 2013, 144 (1): 118-127.

[178] ZHANG J J, NIE T F, DU S F. Optimal emission-dependent production policy with stochastic demand [J]. International journal of society systems science, 2011, 3 (1-2): 21-39.

[179] ZHANG Y, TAO F, LAILI Y, et al. Green partner selection in virtual enterprise based on Pareto genetic algorithms [J]. International journal of advanced manufacturing technology, 2013, 67 (9-12): 2109-2125.

[180] ZHAO B, XUE M D, ZHANG X S, et al. An MAS based energy management system for a stand-alone microgrid at high altitude [J]. Applied energy, 2015, 143: 251-261.

[181] ZHAO R, NEIGHBOUR G, HAN J J, et al. Using game theory to describe strategy selection for environmental risk and carbon emissions reduction in the green supply chain [J]. Journal of loss prevention in the process industries, 2012, 25 (6): 927-936.

[182] ZHOU G G, MIN H, GEN M. The balanced allocation of customers to multiple distribution centers in the supply chain network: a genetic algorithm approach [J]. Computers & industrial engineering, 2002, 43 (1-2): 251-261.

[183] ZHOU W J, ZHU B, CHEN D J, et al. How policy choice affects investment in low-carbon technology: the case of CO_2 capture in indirect coal liquefaction in China [J]. Energy, 2014, 73: 670-679.

[184] ZHU Q H, GENG Y, LAI K H. Circular economy practices among Chinese manufacturers varying in environmental-oriented supply chain cooperation and the performance implications [J]. Journal of environmental management, 2010, 91 (6): 1324-1331.

第 3 章

——

行政管制驱动的企业
绿色技术选择策略

现阶段，我国实行的减排政策以"行政管制"为主，即通过行政命令来限制企业二氧化碳的排放或部分能源的使用。企业在面对该政策时，需要在原本的生产规划中额外增加一个碳排放约束，以避免因超量排放二氧化碳而受到行政处罚。短期内，由于企业无法实时完成绿色技术升级，因此需要通过合理选择绿色生产技术来控制企业的碳排放量，以减少该政策带来的风险与压力。那么，企业应该如何选择最优的绿色技术？这是本章要重点讨论的内容。

本章首先梳理了该问题的研究背景、系统边界和基本假设，并在此基础之上运用运筹学原理构建了企业绿色技术选择策略的优化模型；然后，综合多Agent 系统理论和遗传算法理论，对"多 Agent 系统–遗传算法"方法进行了改进，用于模型的求解；最后，通过 3 个数值算例，验证了优化模型和求解算法的有效性，并给出了企业绿色技术的选择策略。

3.1　行政管制驱动的企业绿色技术选择策略的识别与建模

生产活动是制造型企业的核心业务，这类企业生产产品时产生的碳排放是其碳排放总量的主要组成部分。因此，企业在受到行政管制政策约束后，主要考虑如何通过优化来减少生产产品时产生的碳排放。

3.1.1　绿色技术选择策略的界定

企业生产产品时，一般产品中的碳排放由两大部分内容组成：一个是运输原材料时产生的碳排放（以下简称运输碳排放），主要是由运输过程中消耗的化石燃料产生；另一个是生产过程中产生的碳排放（以下简称生产碳排放），主要包括化石能源燃烧产生的直接排放、二次能源使用带来的间接排放（如电力使用）、生产过程中产生的化学性排放［如石灰石（$CaCO_3$）的分解］等（张斌，2014）。企业在考虑碳减排问题时，也主要从这两方面出发：一个是就近选择原料供应商，以减少运输过程中消耗的能源及其产生的碳排放；另一个是选择更先进的生产工艺，采用碳排放量更低的方式进行生产。

因此，本章中界定的"绿色技术选择策略"也主要包含这两方面内容的选择：一是选择生产成本和生产碳排放均合理的生产方式；二是在该生产方式对应的供应商中，选择采购成本和运输碳排放均合理的原料供应商。

3.1.2　研究的系统边界与基本假设

一个典型的产品生产活动由原料采购、原料加工、零件生产、产品组装、产品包装等环节组成。这些环节构成了企业内部的生产网络，如图 3-1 所示。网络中的节点（图 3-1 中的正方形和圆形）是产品的生产环节和原料的供应环节。网络中带箭头的连线表示这些环节之间的物质（原料、半成品、成品）流向关系，同时也代表着一种生产约束关系，即箭头终点环节的生产决策受到箭头起点环节原料（半成品、成品）供应的制约。例如，生产环节 P_1 的决策过程受到原料 $S_1 \sim S_i$ 的供应情况的影响，生产环节 P_{m+1} 的决策过程受到生产环节 P_{k+1} 的决策结果和原料 S_m 的供应情况的影响，生产环节 P_N 的决策过程受到生产环节 $P_m \sim P_n$ 的决策结果的影响。

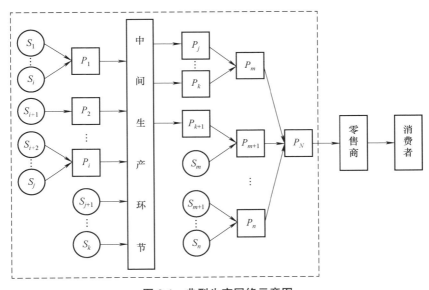

图 3-1　典型生产网络示意图

为了便于问题的描述和模型的建立，本章在生产网络中使用圆形表示原料供应环节，通过 S_i 区分不同的生产原料；使用正方形表示生产环节，通过 P_j 区别不同的生产环节（如各种原料的加工、各种零件的生产等）。特别地，当 $j = N$ 时，P_N 表示最终的生产环节，生产结果为销售给零售商的产品。同时，为了区分同一环节中不同潜在的备选方案，使用 $S_{i,m}$ 表示第 S_i 种原料的第 m 个潜在供应商，使用 $P_{j,n}$ 表示第 P_j 个生产环节的第 n 种潜在生产方式。本章的主要研究对象是企业内部的生产环节及其原料供应商，研究的系统边界如图 3-1 中的虚线框所示。

本章研究的基本假设如下：

（1）以单位产品作为分析与建模的基本对象，生产过程中的数量关系按照比例折算到单位产品进行考虑，以适当减少模型中需要考虑的变量个数。例如，生产 1 单位的产品需要 5 单位的 A 原料，单位 A 原料的采购成本为 c，运输碳排放为 e；经折算后，生产 1 单位的产品需要 1 单位的 A 原料，单位 A 原料的采购成本变为 $5c$，运输碳排放变为 $5e$。

（2）假设市场供给充足，原料的采购成本不受到企业采购量的影响，即在最优绿色技术策略下，每种原料企业只选择一家供应商。在某种原料供应商出现供应不足或采购成本上升问题时，可以剔除该原料供应商的可选性或修改它的采购成本，并在剩余的生产计划中进行二次优化。

（3）假设各种潜在生产方式的产能充足，即在最优绿色技术策略下，每个生产环节的企业只需选择一种生产方式。在某种生产方式产能不足时，可以进行二次优化，即在剔除该生产方式的可选性后，在剩余的生产计划中再次进行优化。

3.1.3 待解决的主要研究问题

从不同的原料供应商处获取原料会有不同的采购成本和运输碳排放，使用不同的生产技术进行生产会产生不同的生产成本和生产碳排放。一般情况下，企业会优先选择低成本、低碳排放的原料供应商和生产方式，不选择高成本、高碳排放的原料供应商和生产方式。但在现实中，往往只存在一些高成本、低碳排放或低成本、高碳排放的原料供应商和生产方式。企业如何从中进行权衡和选择，是个值得研究和探讨的问题。另外，大量潜在的原料供应商和生产方式，使得企业面临的绿色技术策略组合呈指数级上升趋势。如何在众多的选择中找到碳排放和生产成本的平衡点，将是企业面临的一个重要的现实问题。

本章主要研究企业在行政管制政策下绿色技术升级策略的优化问题。在已知企业的生产网络结构、每种原料的各种潜在原料供应商、每个生产环节的各种潜在生产技术、企业的碳约束的情况下，本章将主要研究如何选择最优的绿色生产技术及其绿色供应商，使得企业在单位产品的碳排放总量刚性约束下，生产单位产品的总成本最低。

3.1.4 行政管制驱动的企业绿色技术选择优化模型

企业的生产网络可以看成一棵由原料供应环节（节点）和生产环节（节点）构成的横向放置的"树"（《数学辞海》编辑委员会，2002）。其中，"根节点"是最终产品的生产环节（即图 3-1 中的节点 P_N），"叶节点"是原料供应环节（即图 3-1 中的节点 $S_1 \sim S_n$），"中间节点"是其余的生产环节（即图 3-1 中的节

点 $P_1 \sim P_n$)。单位产品的生产总成本 TC 和总碳排放 TE 随着生产过程的进行而逐渐累积（即从叶节点累积到中间节点并最终累积到根节点），这些累积值分别称为累积成本 CC 和累积碳排放 CE。

对于原料供应环节 S_i 来说，它是叶节点，没有子节点，因此该环节选择的原料供应商直接决定了该节点的累积成本 SCC_i 和累积碳排放 SCE_i。所以，它们可以分别通过式（3-1）和式（3-2）计算：

$$SCC_i = \sum_m Sc_{i,m} SI_{i,m} \tag{3-1}$$

$$SCE_i = \sum_m Se_{i,m} SI_{i,m} \tag{3-2}$$

式中，$Sc_{i,m}$ 表示第 i 种原料由第 m 个供应商供应时，生产单位产品所需的采购成本；$Se_{i,m}$ 表示第 i 种原料由第 m 个供应商供应时，运输过程中产生的碳排放；$SI_{i,m}$ 是供应商 $S_{i,m}$ 的示性函数，$SI_{i,m} = 0$ 表示第 i 种原料不通过第 m 个供应商供应，而 $SI_{i,m} = 1$ 表示第 i 种原料通过第 m 个供应商供应。

根据第 3.1.2 小节中的假设（2），每种原料企业只选择一家供应商，因此第 S_i 种原料的各个潜在供应商 $S_{i,m}$ 的示性函数 $SI_{i,m}$ 之间需要满足式（3-3）的约束：

$$\sum_m SI_{i,m} = 1 \tag{3-3}$$

对于生产环节 P_j 来说，它是中间节点（$j \neq N$）或根节点（$j = N$），存在叶子节点和（或）中间子节点。例如，图 3-1 中生产节点 P_{m+1} 的叶子节点是原料供应环节 S_m，中间子节点是生产环节 P_{k+1}。因此，它的累积成本 PCC_j 和累积碳排放 PCE_j 由三方面因素决定：①该环节选择的生产方式；②叶子节点 S_r 中累积的累积成本 SCC_r 和累积碳排放 SCE_r；③中间子节点 P_s 中累积的累积成本 PCC_s 和累积碳排放 PCE_s。因此，生产环节 P_j 的累积成本 PCC_j 和累积碳排放 PCE_j 可以分别通过式（3-4）和式（3-5）计算：

$$PCC_j = \sum_n Pc_{j,n} PI_{j,n} + \sum_{r \in input_{j,S}} SCC_r + \sum_{s \in input_{j,P}} PCC_s \tag{3-4}$$

$$PCE_j = \sum_n Pe_{j,n} PI_{j,n} + \sum_{r \in input_{j,S}} SCE_r + \sum_{s \in input_{j,P}} PCE_s \tag{3-5}$$

式中，$Pc_{j,n}$ 表示第 j 个生产环节使用第 n 种生产方式时，生产单位产品所需的生产成本；$Pe_{j,n}$ 表示第 j 个生产环节使用第 n 种生产方式时，生产过程中产生的碳排放；$input_{j,s}$ 表示第 j 个生产环节的叶子节点（原料供应环节）的集合；$input_{j,p}$ 表示第 j 个生产环节的中间子节点（生产环节）的集合；$PI_{j,n}$ 是生产方式 $P_{j,n}$ 的示性函数，$PI_{j,n} = 0$ 表示第 j 个生产环节不使用第 n 种生产方式，

$PI_{j,n} = 1$ 表示第 j 个生产环节使用第 n 种生产方式。

根据第 3.1.2 小节中的假设（3），每个生产环节企业只选择一种生产方式，因此第 P_j 个生产环节的各种潜在生产方式 $P_{j,n}$ 的示性函数 $PI_{j,n}$ 之间需要满足式（3-6）的约束：

$$\sum_n PI_{j,n} = 1 \tag{3-6}$$

当生产成本累积到最终的生产环节 P_N（即根节点）时，该节点的累积成本 PCC_N 即为单位产品的生产总成本 TC，见式（3-7）：

$$TC = PCC_N = \sum_n Pc_{N,n}PI_{N,n} + \sum_{r \in input_{N,S}} SCC_r + \sum_{s \in input_{N,P}} PCC_s \tag{3-7}$$

类似地，该节点的累积碳排放 PCE_N 即为生产单位产品的总碳排放 TE，见式（3-8）：

$$TE = PCE_N = \sum_n Pe_{N,n}PI_{N,n} + \sum_{r \in input_{N,S}} SCE_r + \sum_{s \in input_{N,P}} PCE_s \tag{3-8}$$

另外，从企业整体的角度来看，单位产品的生产总成本 TC 和总碳排放 TE 又由企业所选择的原料供应商 $SI_{i,m}$ 和生产方式 $PI_{j,n}$ 所直接决定，因此它们又可以通过式（3-9）和式（3-10）来计算：

$$TC = \sum_i \sum_m Sc_{i,m}SI_{i,m} + \sum_j \sum_n Pc_{j,n}PI_{j,n} \tag{3-9}$$

$$TE = \sum_i \sum_m Se_{i,m}SI_{i,m} + \sum_j \sum_n Pe_{j,n}PI_{j,n} \tag{3-10}$$

本章研究的主要问题是企业在单位产品碳排放 E_{limit} 的约束下，如何优化选择最优的绿色生产技术及其绿色供应商，使得单位产品的生产成本最低。因此，本章研究的问题可以通过式（3-11）来描述：

$$\min TC$$
$$s.t. \begin{cases} TE \leqslant E_{limit} \\ \sum_m SI_{i,m} = 1 \\ SI_{i,m} = \{x \mid 0, 1\} \\ \sum_n PI_{j,n} = 1 \\ PI_{j,n} = \{x \mid 0, 1\} \end{cases} \tag{3-11}$$

3.2 改进的"多 Agent 系统–遗传算法"方法

式（3-11）本质上是一个 0–1 型的整数规划模型，理论上可以通过枚举法进行求解。假设每个生产环节 P_j 有 PC_j 种选择，每个原料供应环节 S_r 有 SC_r 种选择，则式（3-11）共有 $\prod_j PC_j \cdot \prod_j SC_j$ 种可能解。

当产品的生产流程较为简单时，生产网络中的节点数相对较少，式（3-11）的可能解的数量相对较少，通过枚举法可以在较短的时间内求得最优解。然而，由于消费者需求日益增多，单个产品正在包含越来越强大的功能，很多产品的生产流程变得越来越复杂，甚至可能涉及上百道工序和上千种原料。相应地，企业生产网络中的节点数量也将大幅增加，使得式（3-11）的可能解的数量将呈指数趋势上升。此时，使用枚举法求解将变得非常低效与耗时，不利于企业及时地做出有效决策。

减少求解时间的一种方式是把整个问题分解成几个相关联的子问题并对它们进行并行求解。在现实生活中，企业遇到复杂问题时，首先将该问题分解成若干个子问题，交给各个部门进行分析讨论，以降低该问题的复杂度；各个部门通过分析后给出子问题的解决方案；企业汇总后，或提出新的要求交由各个部门继续讨论，或通过合理整合得到该问题的解决方案。类似地，多 Agent 系统理论可以把一个复杂问题分解为若干个相互联系的局部问题（Roche 等，2013），由每个 Agent 负责其中一个局部问题的求解。构建多 Agent 系统能在降低问题的求解难度的同时，更好地模拟企业的决策机理。所以，本章在构造模型的求解方法时，引入了多 Agent 系统。此外，Akanle 等（2008）在研究类似问题时，发现在构建多 Agent 系统的基础上引入遗传算法（Genetic Algorithm，GA）能进一步加速求解时的收敛速度。这种多 Agent 系统和遗传算法相结合的方法被为多 Agent 系统-遗传算法（Multi-agent System combined with Genetic Algorithm，MASGA）方法，它可以通过牺牲一定的计算准确度，来大幅减少求解的计算时间，为企业的快速决策提供一定的帮助。

本章沿用 Akanle 等的思路，并对该方法中的多 Agent 系统部分进行了优化，提出了一种改进的"多 Agent 系统-遗传算法"方法（Improved Multi-agent System combined with Genetic Algorithm，IMASGA），用于式（3-11）的求解。IMASGA 方法的框架如图 3-2 所示。首先使用多 Agent 系统（图 3-2 中的 MAS 模块）模拟企业中不同部门的决策，然后通过遗传算法（图 3-2 中的 GA 模块）对多 Agent 系统部分进行控制与调整，得到企业优化选择后的绿色生产技术及其绿色供应商。

▷ 3.2.1 多 Agent 系统模块

本章使用的多 Agent 系统由多个部门 Agent 和一个企业 Agent 组成，如图 3-2

中 MAS 模块所示。其中，部门 $Agent_j$ 模拟了生产环节 P_j 的决策过程，包括生产方式 $P_{j,n}$ 的选择和它生产所需的原料供应商 $S_{r,m}$ 的选择；企业 Agent 模拟了整个企业的决策过程，相当于整个多 Agent 系统的控制 Agent，用于从整体上判断所有的部门 Agent 的决策组合在一起时是否有效，是不是式（3-11）的最优解。本章使用的 Agent 的基本框架如图 2-1 所示，其基本原理详见第 2.3.2 小节。

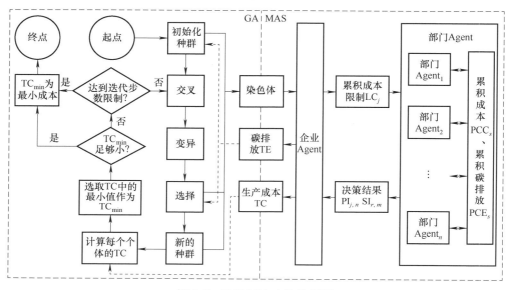

图 3-2　IMASGA 方法的框架

对于部门 $Agent_j$ 来说，它的"外部环境"是企业 Agent，"其他 Agent"是它的中间子节点 P_s 对应的部门 $Agent_s$。"传感器"用于从企业 Agent 获取控制变量 LC_j 并存放到"状态"中。LC_j 是对累积成本 PCC_j 的限制，表示 PCC_j 累积到该环节时允许的最大值，由企业 Agent 生成和调整，用于调节部门 Agent 的决策结果。"效用器"用于向企业 Agent 反馈生产环节 P_j 的决策结果，包括生产方式的选择结果 $PI_{j,n}$ 以及原料供应商的选择结果 $SI_{r,m}$。"通信机制"用于在中间子节点 P_s 存在的情况下，从它对应的部门 $Agent_s$ 中获取它的累积成本 PCC_s 和累积碳排放 PCE_s，并存放到"状态"中。"知识库"中存储了生产环节 P_j 的各种潜在生产方式 $P_{j,n}$ 的生产成本 $Pc_{j,n}$ 和对应的生产碳排放 $Pe_{j,n}$，以及使用的各种原料的不同潜在供应商 $S_{r,m}$ 的采购成本 $Sc_{r,m}$ 和对应的运输碳排放 $Se_{r,m}$。"规划"中包含生产环节 P_j 不同生产方式和不同供应商的所有组合。部门 $Agent_j$ 的"目标"设定为在累积成本限制 LC_j 的约束下，生产节点 P_j 的累积碳排放 PCE_j 最小，如式（3-12）所示。它的"决策"过程如下：①通过式（3-4）计算"规划"中每种组合的累积成本 PCC_j；②若 PCC_j 小于 LC_j，则通过式（3-5）计算该组合的累积碳排放 PCE_j。③取 PCE_j 最小的一个"规划"组合作为生产环节 P_j 局部优化结果（即决策结果）。

$$\min PCE_j$$
$$\text{s. t.} \begin{cases} PCC_j \leqslant LC_j \\ \sum_m SI_{r,m} = 1 \\ SI_{r,m} = \{x \mid 0,\ 1\} \\ \sum_n PI_{j,n} = 1 \\ PI_{j,n} = \{x \mid 0,\ 1\} \end{cases} \tag{3-12}$$

对于企业 Agent 来说，它的"外部环境"是所有的部门 Agent，不存在"其他 Agent"。"传感器"用于从部门 Agent 中获取各种生产方式的选择结果 $PI_{j,n}$ 以及各种原料供应商的选择结果 $SI_{i,m}$，并存放到"状态"中。"效用器"用于向各个部门 Agent 反馈各自调整后的控制变量 LC_j。"知识库"中存储了各种潜在生产方式的生产成本 $Pc_{j,n}$ 和对应的生产碳排放 $Pe_{j,n}$，以及各种潜在供应商的采购成本 $Sc_{i,m}$ 和对应的运输碳排放 $Se_{i,m}$。企业 Agent 的"目标"设定为在单位产品的碳排放 E_{limit} 限制下，单位产品的生产总成本 TC 最小，即式（3-11）。它的"决策"过程如下：①通过式（3-9）和式（3-10）分别计算单位产品的生产总成本 TC 和总碳排放 TE。②若 TE 大于 E_{limit}，不满足式（3-11）的约束条件，则说明该决策组合不可行，直接调整控制变量 LC_j。③反之，与之前的计算结果进行比较，分析生产总成本 TC 是否足够小（例如连续 N 次迭代结果之间的差距不超过一个较小值 ε）。若足够小则得到企业最终的优化结果，否则继续调整控制变量 LC_j。

企业 Agent 和部门 Agent 之间通过控制变量 LC_j 和各部门的决策结果 $PI_{j,n}$、$SI_{r,m}$ 联系在一起，如图 3-2 中 MAS 模块的中间部分所示。部门 Agent 之间通过优化后的累积成本 PCC_s 和累积碳排放 PCE_s 联系在一起，如图 3-2 中 MAS 模块的右侧部分所示。企业 Agent 和部门 Agent 之间通过这些联系耦合在一起，构成了本章使用的多 Agent 系统。

多 Agent 系统的优化过程如下：①企业 Agent 给予各个部门 Agent 控制变量 LC_j。②若存在中间子节点，部门 $Agent_j$ 与它的子节点对应的部门 $Agent_s$ 进行通信，得到其优化后的累积成本 PCC_s 和累积碳排放 PCE_s。③各个部门 Agent 做出决策，并将决策结果 $PI_{j,n}$ 和 $SI_{r,m}$ 反馈给企业 Agent。④企业 Agent 做出决策：若得到满意的优化结果（单位产品的总碳排放 TE 小于碳排放限制 E_{limit}，且生产总成本 TC 足够小），则输出优化结果，并终止优化过程；反之，调整各个部门 Agent 的控制变量 LC_j，返回过程①。

多 Agent 系统通过调整控制变量 LC_j 的值来平衡单位产品的生产总成本 TC 和总碳排放 TE 之间的关系。当 LC_j 增加时，部门 Agent 将倾向于选择累积碳排放 PCE_j 更低的绿色技术策略，使得总碳排放 TE 变低，有利于得到可行解；但相应地，该绿色技术策略的累积成本 PCC_j 会相对较高，使得生产总成本 TC 变高，得不到最优解。当 LC_j 减少时，部门 Agent 可选择的绿色技术策略将减少，只能选择累积碳排放 PCE_j 相对较高的绿色技术策略，使得总碳排放 TE 变高，可能超过碳排放限制 E_{limit}，变成非可行解；但相应地，该绿色技术策略的累积成本 PCC_j 会相对较低，使得生产总成本 TC 变低，有利于得到最优解。当所有部门的 LC_j 值确定时，单位产品的生产总成本 TC 和总碳排放 TE 也就确定了。

因此，如何合理地调整控制变量 LC_j 的值成了提高多 Agent 系统求解效率的关键。由于存在多个部门 Agent，使其对应的控制变量 LC_j 的个数一般不少，同时各个控制变量 LC_j 均缺少明确的调整方向，使得常规的搜索方法的优化效率并不理想。因此，本章继续沿用 Akanle 等的思路，使用遗传算法调整控制变量 LC_j 的值，具体的调整过程见第 3.2.2 小节。

▷ 3.2.2　遗传算法模块

遗传算法是一种通过模拟自然界的进化过程，以搜索问题最优解的全局随机寻优方法（《数学辞海》编辑委员会，2002；李进良等，2001），它的基本原理详见第 2.3.3 小节。本章中，"基因"是指控制变量 LC_j，"染色体"（个体）是按一定顺序排列的控制变量 LC_j 的集合，例如 $\{LC_1，LC_2，\cdots，LC_n\}$。"适应度函数"使用单位产品的生产总成本 TC 的倒数来表示，即 $f = 1/TC$。

本章使用的遗传算法如图 3-2 中的 GA 模块所示，其工作原理如下：①通过种群初始化，得到 N 个初始个体。②按照交叉率，随机抽取 2 个个体进行交叉操作，生成 N 个子代，交叉方式为单点交叉（Syarif 等，2002；Huang 等，2005；Subbaraj 等，2009；Dahidah 等，2008；Omata 等，2003）。③按照变异率，对子代中的个体进行变异操作，变异方式为单点数值变异（Huang 等，2005；Subbaraj 等，2009；Dahidah 等，2008；Omata 等，2003；Ko 等，2007；Azadeh 等，2007；Calvete 等，2014；Yu 等，2012；Tafaoli-Masoule 等，2014）。④计算每个个体的适应度 f，并按照适应度对这 $2N$ 个个体进行选择操作，得到新的种群，选择方式为精英策略（Syarif 等，2002；Calvete 等，2014；Yu 等，

2012；Altiparmak 等，2006；Sanaye 等，2010；Diabat，2014）和 $n = 2$ 的锦标赛策略（Huang 等，2005；Subbaraj 等，2009；Ko 等，2007；Azadeh 等，2007；Tafaoli-Masoule 等，2014；Sanaye 等，2010；Hosseini 等，2014）。⑤计算新种群中每个个体的单位产品的生产总成本 TC。⑥如果有个体的 TC 满足事先设定的要求（即 TC 足够小），则该个体对应的染色体是最优解，迭代终止。⑦如果到达迭代步数限制，选择生产总成本 TC 最小的个体的染色体作为相对最优解，迭代终止；反之返回步骤②，进行下一轮的交叉、变异与选择操作。

遗传算法中，交叉、变异和选择操作的具体流程见第 2.3.3 小节。种群初始化过程如下：①通过式（3-13）和式（3-14）分别计算生产环节 P_j 的最大累积生产成本 $PCC_{j,\max}$ 和最小累积生产成本 $PCC_{j,\min}$。②在区间 [（$PCC_{j,\min}$ + $PCC_{j,\max}$）/2，$PCC_{j,\max}$] 内，随机生成生产环节 P_j 的控制变量 LC_j 的值，作为部门 $Agent_j$ 的基因。③循环生成各部门 Agent 的基因后，将所有部门 Agent 的基因按照一定顺序组合成一个染色体（个体）。④将染色体的值赋给多 Agent 系统中的企业 Agent，通过多 Agent 系统计算后，得到单位产品的生产总成本 TC 和总碳排放 TE。⑤如果 TE 小于 E_{limit}，则该个体是可行解，保留到种群集合中；反之舍弃该个体。⑥回到第②步继续生成下一个个体，直到种群中有 N 个个体。

$$PCC_{j,\max} = \max_j Pc_{j,n} + \sum_{r \in \text{input}_{j,S}} \max_r Sc_{r,m} + \sum_{s \in \text{input}_{j,P}} PCC_{s,\max} \tag{3-13}$$

$$PCC_{j,\min} = \min_j Pc_{j,n} + \sum_{r \in \text{input}_{j,S}} \min_r Sc_{r,m} + \sum_{s \in \text{input}_{j,P}} PCC_{s,\min} \tag{3-14}$$

3.2.3 MAS 模块与 GA 模块的耦合

本章将改进后的多 Agent 系统和遗传算法耦合在一起，得到 IMASGA 方法，用于式（3-11）的求解。IMASGA 方法的框架如图 3-2 所示，右侧的 MAS 模块是方法的核心部分，通过使用多 Agent 系统模拟企业中不同部门的决策过程。向多 Agent 系统输入一组控制变量 LC_j（即遗传算法中的染色体）后，可以通过模拟得到各个部门的决策结果，以及单位产品的生产总成本 TC 和总碳排放 TE。左侧的 GA 模块是方法的控制部分，通过遗传算法不断调整控制变量 LC_j 的值，使得在总碳排放 TE 满足碳排放限制 E_{limit} 的约束下，生产总成本 TC 不断优化。

在遗传算法的运行过程中，通过多 Agent 系统的模拟计算来决定个体是否被淘汰：在种群初始化和变异操作时，将个体（染色体）的值赋给多 Agent 系统，通过模拟得到相应个体的总碳排放 TE。如果总碳排放 TE 小于碳排放限制 E_{limit}，则说明该个体是可行解，保留到种群集合中；反之直接淘汰该个体。在选择操作时，将个体（染色体）的值赋给多 Agent 系统，通过模拟得到相应的生产总成本 TC。通过生产总成本 TC 计算个体的适应度 f，基于精英策略和 $n=2$ 的锦标赛策略淘汰个体。

遗传算法结束时，选取适应度最高的个体作为式（3-11）的数值解。将该个体（染色体）放入多 Agent 系统中，通过模拟计算得到各部门 Agent（生产环节）的生产方式的选择结果 $PI_{j,n}$ 和原料供应商的选择结果 $SI_{r,m}$，以及单位产品的生产总成本 TC 和总碳排放 TE。

3.2.4　IMASGA 方法的改进之处

与 Akanle 等（2008）提出的 MASGA 方法相比，本章提出的 IMASGA 方法对多 Agent 系统模块进行了以下改进：

1）将原料供应商的选择问题合并到部门 Agent 的决策中，不再单独设立供应商 Agent。因为一般情况下，一个生产环节所需的原料相对较少，使得其问题规模相对较小。而在问题规模较小时，枚举法具有求解速度快、准确度高等的优点。因此，通过合并，并在部门 Agent 中通过枚举法进行快速决策，可以有效地提高多 Agent 系统的计算效率和计算准确度。

2）使用成本来代替价格和利润作为控制变量。MASGA 方法中使用价格和利润来作为控制变量，而单位产品的成本等于价格减去利润，因此使用成本来替代这两者可以减少控制变量的个数，有利于提高遗传算法控制的准确度，使得 IMASGA 方法的整体计算效率有所提高。

3.2.5　基于 IMASGA 方法的软件开发

本章通过 C# 语言完成了 IMASGA 方法的编程，并通过 Microsoft Visual Studio 2010 开发了相应的 IMASGA 软件（软件著作权登记号：2017SR434448），实现该方法的可视化操作。IMASGA 软件的界面如图 3-3 所示，共包含 6 个主要模块：

（1）数据的载入与保存。该模块位于软件的左上角，用于载入和保存模型文件，生成随机模型文件，保存算法运行日志，保存种群数据等。

（2）遗传算法的控制。该模块位于软件的右上角，用于设置遗传算法的关键参数［交叉率、变异率、种群大小（N）、代数限制（P）］，以调整 IMASGA 方法的计算效率和计算准确度。

（3）模型描述。该模块位于软件的中间偏左位置，用于描述 IMASGA 方法所要求解的问题，即对式（3-11）的描述。模型描述可以手动输入新问题或修改已有问题，也可以通过模块（1）载入已有问题或随机生成测试问题。

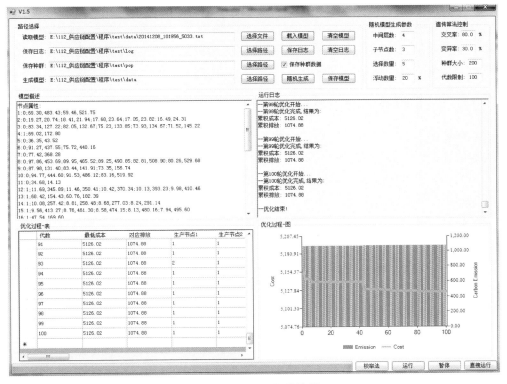

图 3-3　IMASGA 软件的界面

（4）运行日志。该模块位于软件的中间偏右位置，用于输出 IMASGA 方法运行过程中的一些关键数据，如当前繁衍的代数、当前最优生产总成本 TC、总碳排放 TE 等。

（5）优化过程的展示。该模块位于软件的下方，通过图表的方式展示 IMASGA 方法对式（3-11）的优化过程。其中，左侧是表格展示，记录了每一次迭代的最优生产总成本 TC 及其对应的总碳排放 TE 和每个生产环节的决策结果。右侧是图形展示，黄色折线图展示了生产总成本 TC 的优化过程，蓝色柱状图展示了对应的总碳排放 TE 的变化过程。

（6）计算过程的控制。该模块位于软件的底部，用于查看和控制 IMASGA 方法的运算进度。其中，左边是模型优化的进度条，右边是控制按钮。

3.3　数值算例验证与讨论

为了验证本章建立的优化模型和提出的求解方法的有效性，比较 IMASGA

方法改进前后的计算效率，本章通过 3 个不同规模的数值算例来进行讨论与分析。由于企业实际数据获得的困难性，本章使用了一种随机的方法来构造数值算例。使用随机方法的目的是避免因使用特殊数值而对检验结果造成的干扰，使验证结果更具一般性和说服力。

3.3.1 数值算例的构造方法

根据第 3.1.4 小节的分析，企业的生产网络是本质上是一棵树，因此在构造数值算例时主要考虑如何生成这棵树，以及如何生成树中每个节点的潜在备选方案。在生成树时，本章通过控制树的层数 L 以及每个节点的最大子节点数 C 来控制树的大小。在生成备选方案时，本章通过控制最大方案个数 N 以及每个方案数值的波动范围 S 来控制备选方案的规模。

具体地，数值算例的构造方法步骤如下：

1）生成初始的父节点。令层数 $l=1$，将产品最终的生产环节 P_N 作为初始的父节点，即树的根节点。同时，生成该节点的备选方案，生成方式同步骤 4）。

2）生成第 l 层父节点的子节点。对于每个父节点，在（0，C]之间生成一个随机数 m，并在该父节点下面生成 m 个子节点，子节点位于第 $l+1$ 层。

3）确定子节点的类型。对于每个子节点，在（0，1）之间生成一个随机数 r。若 $r<0.5$，则该节点作为生产环节；反之，该节点作为原料供应环节。为保证树的层数达到 L，规定每个父节点中的第一个子节点为生产环节。

4）生成子节点的潜在备选方案。对于每个子节点，在（0，N]之间生成一个随机数 n，作为该节点需要生成的潜在备选方案的个数。在（0，100）之间生成一个随机数，作为该节点的基准碳排放 E；在（0，500）之间生成一个随机数，作为该节点的基准生产（采购）成本 C。每个节点的第 1 个备选方案为基准情景，即｛E，C｝。第 2~n 个备选方案均为减排情景，即在（0，S）之间生成两个随机数 r_1 和 r_2，备选方案的碳排放和生产（采购）成本变为｛$E(1-r_1)$，$C(1+r_2)$｝。

5）令 $l=l+1$，将第 l 层节点中的生产环节作为第 l 层中的父节点。如果 l 小于 $L-1$，则返回步骤 2），继续生成第 $l+1$ 层子节点。

6）生成第 L 层节点。由于生产环节一般需要原料供应，而第 L 层节点是最后一层节点（即叶节点），因此这层节点中不存在生产环节，均设置成原料供应环节，其节点数量和备选方案生成过程同步骤 2）和 4）相似。

数值算例的生成方法已在 IMASGA 软件的模块（1）中实现。

3.3.2　数值算例描述及参数假设

本章通过 IMASGA 软件随机生成了 3 个不同规模的数值算例，用于从不同量级的角度分别验证本章建立的优化模型和提出的求解方法的有效性，并比较 IMASGA 方法改进前后的计算效率。

在生成这 3 个数值算例时，本章分别试图将它们的枚举规模控制在 100 万次左右、2000 万次左右和 5000 万次左右，生成算例使用的参数分别为 $\{L=4, C=3, N=5, S=20\%\}$、$\{L=5, C=3, N=5, S=20\%\}$ 和 $\{L=5, C=3, N=5, S=20\%\}$。最终，这 3 个数值算例的枚举规模分别为 99.53 万次、1800 万次和 5374.77 万次，分别被命名为小型算例、中型算例和大型算例。它们的生产网络分别如图 3-4、图 3-5 和图 3-6 所示。

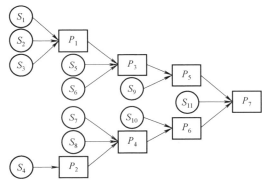

图 3-4　小型算例的生产网络

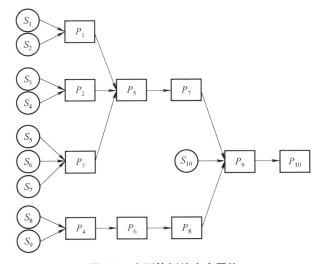

图 3-5　中型算例的生产网络

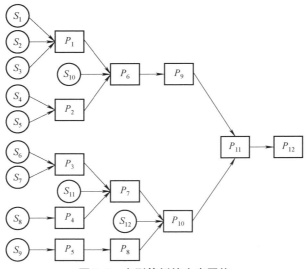

图 3-6　大型算例的生产网络

3 个数值算例的生产环节和原料供应环节的各个潜在备选方案的详细数据分别如附录 A 中的表 A-1～表 A-3 所示。经整理，它们的统计性信息见表 3-1。

表 3-1　数值算例的统计性信息

算例	P_j 个数（个）	S_i 个数（个）	问题规模（次）	TC 范围	TE 范围	E_{limit}
小型算例	7	11	995 328	4658.48～5132.21	888.17～961.22	913.14
中型算例	10	10	18 000 000	5060.01～5626.23	1020.42～1132.39	1075.76
大型算例	12	12	53 747 712	6473.68～7120.96	1136.94～1232.44	1170.82

从表 3-1 中可以看到，"小型算例"共有 7 个生产环节和 11 个原料供应环节，"中型算例"共有 10 个生产环节和 10 个原料供应环节，"大型算例"共有 12 个生产环节和 12 个原料供应环节。表 3-1 中的"问题规模"（即枚举规模）是指使用枚举法对算例进行求解时，所需进行枚举的次数。算例的节点数越多，每个节点的备选方案越多，则算例就越复杂，问题规模也就越大。相应地，使用枚举法求解所需时间也就越长。单位产品的碳排放约束 E_{limit} 设定为企业基准碳排放（即单位产品碳排放最大值）的 95%，即企业希望通过绿色技术策略的优化，单位产品减少 5% 的碳排放。因此，3 个算例的 E_{limit} 分别为 913.14、1075.76 和 1170.82。

3.3.3 数值算例的计算结果

本章通过自主开发的 IMASGA 软件分别对 3 个数值算例进行求解，求解的计算机环境为 2.66GHz 的 Core2 四核 CPU，3GB 内存。

首先，通过枚举法对各个算例中不同绿色技术策略组合进行逐一的计算与比较，得到各个算例的精确解（即最优的单位产品生产总成本 TC_{Best}，及其对应的总碳排放 TE_{Best}，见表 3-2），作为后面 MASGA 方法和 IMASGA 方法求解准确度的参照标准。从表 3-2 中可以看到，算例的计算耗时随着问题规模的扩大而显著性地增长，这表明枚举法不适合大规模问题的求解。

表 3-2　枚举法的优化结果

算　例	计 算 耗 时	TC_{Best}	TE_{Best}
小型算例	0：25：54[①]	4781.36	913.04
中型算例	9：13：14	5126.02	1074.88
大型算例	28：36：53	6572.66	1170.69

① 表示 0h 25min 54s，余同。

然后，分别使用 MASGA 方法和 IMASGA 方法对算例进行求解。由于遗传算法部分带有一定的波动性，使得每次求解的结果都略有不同。因此，本章对每个算例进行了 10 次重复计算，取其平均值作为第 3.3.4 小节中分析的对象。遗传算法部分的设置如下：种群大小为 200 个，繁衍代数为 100 代，交叉率为 80%，变异率为 30%。

MASGA 方法的优化结果分别见表 3-3、表 3-4 和表 3-5。

表 3-3　小型算例 MASGA 方法的优化结果

序　号	计 算 耗 时	TE	TC	绝对误差	相对误差
1	47：50[①]	913.00	4797.82	16.46	0.34%
2	48：10	913.00	4797.82	16.46	0.34%
3	48：10	913.04	4781.36	0.00	0.00%
4	48：12	913.00	4797.82	16.46	0.34%
5	48：11	913.00	4797.82	16.46	0.34%
6	48：13	913.00	4797.82	16.46	0.34%
7	48：16	913.00	4797.82	16.46	0.34%
8	48：19	913.00	4797.82	16.46	0.34%

（续）

序　　号	计 算 耗 时	TE	TC	绝 对 误 差	相 对 误 差
9	48：18	913.04	4781.36	0.00	0.00%
10	48：18	913.00	4797.82	16.46	0.34%
平均值	48：12	913.01	4794.53	13.17	0.27%

① 表示 47min 50s，余同。

表 3-4　中型算例 MASGA 方法的优化结果

序　　号	计 算 耗 时	TE	TC	绝 对 误 差	相 对 误 差
1	58：28	1075.73	5159.66	33.64	0.66%
2	58：12	1073.55	5151.14	25.12	0.49%
3	58：07	1072.60	5148.83	22.81	0.44%
4	58：02	1075.73	5159.66	33.64	0.66%
5	57：35	1072.10	5129.59	3.57	0.07%
6	57：43	1074.19	5146.76	20.74	0.40%
7	57：55	1075.19	5138.57	12.55	0.24%
8	57：51	1074.96	5143.09	17.07	0.33%
9	57：56	1075.75	5152.06	26.04	0.51%
10	57：56	1073.78	5146.62	20.60	0.40%
平均值	57：59	1074.36	5147.60	21.58	0.42%

表 3-5　大型算例 MASGA 方法的优化结果

序　　号	计 算 耗 时	TE	TC	绝 对 误 差	相 对 误 差
1	1：20：01	1170.42	6595.68	23.02	0.35%
2	1：20：16	1169.26	6585.20	12.54	0.19%
3	1：20：04	1170.78	6662.73	90.07	1.37%
4	1：20：07	1170.77	6587.35	14.69	0.22%
5	1：20：28	1170.81	6587.10	14.44	0.22%
6	1：20：15	1170.45	6591.57	18.91	0.29%
7	1：20：20	1170.77	6587.35	14.69	0.22%
8	1：20：16	1170.63	6594.55	21.89	0.33%
9	1：20：02	1170.56	6588.48	15.82	0.24%
10	1：18：18	1166.76	6632.57	59.91	0.91%
平均值	1：20：01	1170.12	6601.26	28.60	0.44%

表 3-3~表 3-5 中，绝对误差和相对误差是指 MASGA 方法得到的生产总成本 TC 和枚举法得到的最优生产成本 TC_{Best} 之间的差距，可以分别通过式（3-15）和式（3-16）计算：

$$绝对误差 = |TC - TC_{Best}| \qquad (3-15)$$

$$相对误差 = \frac{|TC - TC_{Best}|}{TC_{Best}} \qquad (3-16)$$

IMASGA 方法的优化结果分别见表 3-6、表 3-7 和表 3-8。

表 3-6　小型算例 IMASGA 方法的优化结果

序　　号	计 算 耗 时	TE	TC	绝 对 误 差	相 对 误 差
1	10：14	913.00	4797.82	16.46	0.34%
2	10：28	913.00	4797.82	16.46	0.34%
3	10：10	913.00	4797.82	16.46	0.34%
4	10：11	913.00	4797.82	16.46	0.34%
5	10：15	912.67	4798.92	17.56	0.37%
6	10：13	912.91	4805.87	24.51	0.51%
7	10：13	912.94	4793.13	11.77	0.25%
8	10：11	912.22	4796.25	14.89	0.31%
9	10：12	913.00	4797.82	16.46	0.34%
10	10：11	912.94	4793.13	11.77	0.25%
平均值	**10：14**	**912.87**	**4797.64**	**16.28**	0.34%

表 3-7　中型算例 IMASGA 方法的优化结果

序　　号	计 算 耗 时	TE	TC	绝 对 误 差	相 对 误 差
1	18：38	1075.75	5138.08	12.06	0.24%
2	18：43	1074.67	5127.71	1.69	0.03%
3	18：36	1074.88	5126.02	0.00	0.00%
4	18：35	1075.19	5138.57	12.55	0.24%
5	18：35	1075.75	5152.06	26.04	0.51%
6	18：24	1073.37	5128.53	2.51	0.05%
7	18：04	1074.88	5126.02	0.00	0.00%
8	18：35	1075.19	5138.57	12.55	0.24%
9	18：18	1073.37	5128.53	2.51	0.05%

（续）

序　号	计算耗时	TE	TC	绝对误差	相对误差
10	18：19	1070.73	5143.60	17.58	0.34%
平均值	18：29	1074.38	5134.77	8.75	0.17%

表 3-8　大型算例 IMASGA 方法的优化结果

序　号	计算耗时	TE	TC	绝对误差	相对误差
1	23：41	1170.63	6580.77	8.11	0.12%
2	23：56	1169.14	6577.36	4.70	0.07%
3	23：45	1170.78	6577.04	4.38	0.07%
4	23：41	1170.74	6577.68	5.02	0.08%
5	23：57	1170.74	6577.68	5.02	0.08%
6	23：36	1170.63	6580.77	8.11	0.12%
7	23：38	1170.60	6584.49	11.83	0.18%
8	23：35	1170.67	6580.13	7.47	0.11%
9	23：32	1170.67	6580.13	7.47	0.11%
10	23：40	1170.60	6584.49	11.83	0.18%
平均值	23：42	1170.52	6580.05	7.39	0.11%

　　表 3-6~表 3-8 中的绝对误差和相对误差是指 IMASGA 方法得到的生产总成本 TC 和枚举法得到的最优生产成本 TC_{Best} 之间的差距，也可以分别通过式（3-15）和式（3-16）计算。

　　表 3-3~表 3-8 中，每个优化结果所对应的最优绿色技术策略已在附录 A 的表 A-4~表 A-6 中详细列出。从表 3-3~表 3-8 中可以看到，MASGA 方法在小型算例的第 3 次和第 9 次优化过程中达到了最优值，IMASGA 方法在中型算例的第 3 次和第 7 次优化过程中达到了最优值，说明这类方法可以达到最优解。此外，总体而言，这类方法的相对误差都很小（不到 1%），说明这类方法用于式（3-11）的求解是有效的。

▷▷ 3.3.4　讨论与分析

　　为了进一步分析 IMASGA 方法改进前后的计算效率，本章将表 3-2~表 3-8 中的一些主要结果（计算耗时和相对误差）汇总到一起，得到表 3-9。

表 3-9　计算结果比较

算　例	计 算 耗 时			相 对 误 差	
	枚举法	MASGA	IMASGA	MASGA	IMASGA
小型算例	0：25：54	0：48：12	0：10：14	0.27%	0.34%
中型算例	9：13：14	0：57：59	0：18：29	0.42%	0.17%
大型算例	28：36：53	1：20：01	0：23：42	0.44%	0.11%

枚举法从全局的角度进行求解，由于每个生产环节 P_j 的有 $PC_j \cdot \prod_r SC_r$ 种可选择的绿色技术策略，因此式（3-11）总共有 $\prod_j (PC_j \cdot \prod_r SC_r)$ 种可能解，枚举法的计算复杂度为 $O[\prod_j (PC_j \cdot \prod_r SC_r)]$。多 Agent 系统从局部的角度进行模拟计算，将式（3-11）以生产环节 P_j 为单位，分解成若干个子式见式（3-12），分别进行局部优化，各生产环节之间的枚举过程互不干扰，因此一次模拟计算的计算复杂度变为 $O[\sum_j (PC_j \cdot \prod_r SC_r)]$。若遗传算法中，种群的大小为 N，繁衍代数为 P，则 IMASGA 方法的整体计算复杂度为 $O[NP\sum_j (PC_j \cdot \prod_r SC_r)]$。

在问题规模较小（如小型算例）时，由于 NP 部分的影响相对较大，IMASGA方法的计算复杂度与枚举法的相比相差不大，甚至大于枚举法的。从表 3-9 中可以得到佐证：IMASGA 方法的计算耗时为枚举法的 39.5%，而 MASGA 方法的计算耗时为枚举法的 1.86 倍。此外，枚举法的优化结果是精确解，而 IMASGA（MASGA）方法得到优化结果的是近似数值解。因此，在问题规模较小时，使用枚举法进行求解的优势更大。

在问题规模较大（如中型算例和大型算例）时，NP 部分的影响相对较小，而 IMASGA 方法将不同生产环节之间的求解难度从连乘变成了连加，使得计算复杂度大幅下降，从而使计算时间大幅减少。从表 3-9 中可以看到，IMASGA 方法计算耗时仅为枚举法的 3.34% 和 1.38%。此外，随着问题规模的变大，IMAS-GA 方法的相对误差有逐渐变小的趋势。因此，在问题规模较大时，使用 IMAS-GA 方法进行求解的优势更大。

与 MASGA 方法相比，IMASGA 方法进一步减少了计算时间，3 个算例的计算耗时分别仅为前者的 21.23%、31.88% 和 29.62%。在问题规模较小时，IMASGA 方法的计算误差略大于 MASGA 方法的计算误差，约为后者的 1.26 倍。在问题规模较大时，IMASGA 方法的计算误差小于 MASGA 方法的计算误差，仅为后者的 25%。从误差变化的趋势来看，MASGA 方法随着问题规模的变大而逐渐扩大，而 IMASGA 方法随着问题规模的变大而逐渐缩小，具有一定的优势。总的来说，本章对 MASGA 方法的改进是有效的，不仅进一步减少了计算耗时，而且还在一定程度上提高了计算的准确度。

在使用 IMASGA 方法对式（3-11）进行求解时，为了进一步削弱遗传算法带来的波动性，一般需要进行多次优化，使得 IMASGA 方法的实际计算耗时为表 3-9 中的若干倍。因此，在问题规模较小时，更适合使用枚举法直接进行求解；而在问题规模较大时，更适合使用 IMASGA 方法进行求解。

3.4 供应链上制造型企业绿色技术选择与升级策略

企业在面临行政管制政策（碳排放刚性约束）时，可以通过以下步骤来选择最优的绿色生产技术：

首先，将政府给出的碳排放限制通过一定的方式转换成单位产品的碳排放约束 E_{limit}。例如，政府限制企业一定时期内的总碳排放为 LE 时，企业可以先估计这段时期内的产量 Q，然后通过 LE/Q 来计算 E_{limit}。

其次，分析产品的生产流程，画出类似于图 3-4～图 3-6 所示的生产网络图。在此基础之上对每个环节进行进一步的分析，获取每种原料 S_i 的不同的潜在供应商 $S_{i,m}$ 及其对应的采购成本 $Sc_{j,m}$ 和运输碳排放 $Se_{j,m}$，及其每个生产环节 P_j 的各种潜在生产方式 $P_{j,n}$ 及其对应的生产成本 $Pc_{j,n}$ 和生产碳排放 $Pe_{j,n}$，形成类似于附录 A 中的表 A-1～表 A-3 所示的备选方案表。

然后，将相关数据代入式（3-11）中，根据模型问题规模大小，选择合适的求解方法。在问题规模较小时，直接使用枚举法进行求解；在问题规模较大时，使用 IMASGA 方法进行 3～5 次求解，选取最优结果作为模型的解。

最后，根据式（3-11）的优化结果，通过分析可以获得企业的最优绿色生产技术。通过分析变量 TC，就可以知道企业生产单位产品的最低总成本。通过分析变量 $SI_{i,m}$，观察哪一家供应商对应的 $SI_{i,m}$ 值等于 1，就可以知道第 S_i 种原料选择哪一家供应商。通过分析变量 $PI_{j,n}$，观察哪一种生产方式对应的 $PI_{j,n}$ 值等于 1，就可以知道第 P_j 个生产环节选择哪一种生产方式。

参 考 文 献

[1]《数学辞海》编辑委员会. 数学辞海：第二卷 [M]. 北京：中国科学技术出版社，2002.

[2]《数学辞海》编辑委员会. 数学辞海：第五卷 [M]. 北京：中国科学技术出版社，2002.

[3] 李进良，倪健中. 信息网络辞典 [M]. 北京：东方出版社，2001：323-324.

[4] 张斌. 产业链上企业协同减排机理与策略研究 [D]. 北京：北京理工大学，2014.

［5］ AKANLE O M, ZHANG D Z. Agent-based model for optimising supply-chain configurations ［J］. International journal of production economics, 2008, 115 (2): 444-460.

［6］ ALTIPARMAK F, GEN M, LIN L, et al. A genetic algorithm approach for multi-objective optimization of supply chain networks ［J］. Computers & industrial engineering, 2006, 51 (1): 196-215.

［7］ AZADEH A, TARVERDIAN S. Integration of genetic algorithm, computer simulation and design of experiments for forecasting electrical energy consumption ［J］. Energy policy, 2007, 35 (10): 5229-5241.

［8］ CALVETE H I, GALE C, IRANZO J A. Planning of a decentralized distribution network using bilevel optimization ［J］. Omega: international journal of management science, 2014, 49: 30-41.

［9］ DAHIDAH M S A, AGELIDIS V G, RAO M V. Hybrid genetic algorithm approach for selective harmonic control ［J］. Energy conversion and management, 2008, 49 (2): 131-142.

［10］ DIABAT A. Hybrid algorithm for a vendor managed inventory system in a two-echelon supply chain ［J］. European journal of operational research, 2014, 238 (1): 114-121.

［11］ HOSSEINI S, FARAHANI R Z, DULLAERT W, et al. A robust optimization model for a supply chain under uncertainty ［J］. IMA journal of management mathematics, 2014, 25 (4): 387-402.

［12］ HUANG G Q, ZHANG X Y, LIANG L. Towards integrated optimal configuration of platform products, manufacturing processes, and supply chains ［J］. Journal of operations management, 2005, 23 (3-4): 267-290.

［13］ KO H J, EVANS G W. A genetic algorithm-based heuristic for the dynamic integrated forward/reverse logistics network for 3PLs ［J］. Computers & operations research, 2007, 34 (2): 346-366.

［14］ OMATA K, OZAKI T, UMEGAKI T, et al. Optimization of the temperature profile of a temperature gradient reactor for DME synthesis using a simple genetic algorithm assisted by a neural network ［J］. Energy & fuels, 2003, 17 (4): 836-841.

［15］ ROCHE R, IDOUMGHAR L, SURYANARAYANAN S, et al. A flexible and efficient multi-agent gas turbine power plant energy management system with economic and environmental constraints ［J］. Applied energy, 2013, 101: 644-654.

［16］ SANAYE S, HAJABDOLLAHI H. Thermal-economic multi-objective optimization of plate fin heat exchanger using genetic algorithm ［J］. Applied energy, 2010, 87 (6): 1893-1902.

［17］ SUBBARAJ P, RENGARAJ R, SALIVAHANAN S. Enhancement of combined heat and power economic dispatch using self adaptive real-coded genetic algorithm ［J］. Applied energy, 2009, 86 (6): 915-921.

［18］ SYARIF A, YUN Y, GEN M. Study on multi-stage logistic chain network: a spanning tree-based genetic algorithm approach [J]. Computers & industrial engineering, 2002, 43 (1-2): 299-314.

[19] TAFAOLI-MASOULE M, BAHRAMI A, ELSAYED E M. Optimum design parameters and operating condition for maximum power of a direct methanol fuel cell using analytical model and genetic algorithm [J]. Energy, 2014, 70: 643-652.

[20] YU S W, WEI Y M. Prediction of China's coal production-environmental pollution based on a hybrid genetic algorithm-system dynamics model [J]. Energy policy, 2012, 42: 521-529.

第 4 章

——

碳税驱动的企业绿色技术选择策略

碳税是一种根据企业产生的碳排放量按照一定比率征收的税种。它将碳排放看作一种环境污染，通过将环境污染所造成的损失转化成为环境污染者的内部成本，来达到减少碳排放、减缓全球变暖的目的（王倩等，2015）。从第2.1.1小节的相关文献回顾中可以看到，碳税会在一定程度上对企业的市场竞争力产生负面影响（Liang 等，2007；Liang 等，2016；赵玉焕等，2012），减少企业的储蓄与投资（Al-Amin 等，2010），压缩中小型企业的生存空间（Zhang 等，2013）等；同时，碳税也将在一定程度上促进企业通过技术升级等方式来减少碳排放（于维生 等，2013；Greaker 等，2009；李媛 等，2013；骆瑞玲 等，2016）。那么，企业在通过技术升级应对碳税政策时，应该对哪些生产环节进行技术升级？应该如何最优化分配技术升级资金？应该如何平衡碳税成本和技术升级成本？这些问题就是本章需要重点讨论的内容。

本章首先梳理了研究背景、系统边界和基本假设，并在此基础之上明确了需要解决的主要问题。其次，通过运筹学理论，构建了碳税征收下企业技术升级策略的优化模型。然后，对第 3 章提出的 IMASGA 方法进行了进一步改造，提出了 IMASGA+方法用于本章优化模型的求解。最后，通过数值算例验证了优化模型的有效性，分析了碳税税率和期望成本对企业技术升级成本的影响，并给出了企业技术升级策略的优化方式。

4.1　碳税驱动的企业绿色技术选择问题识别

企业减少碳排放的主要措施有淘汰落后产能、优化能源使用结构、优化产品结构、绿色技术升级等（魏建新，2008）。其中，通过绿色技术升级从源头上减少能源使用及二氧化碳排放，是一种最根本和最有效的途径。因此，本章主要研究了如何通过优化技术升级策略来减少企业生产产品时的碳排放。

▶▶4.1.1　绿色技术升级策略的界定

随着消费者需求的日益增加，产品的功能正变得越来越复杂，使得产品包含的零件越来越多，企业的生产网络也变得日益复杂，涉及更多的生产环节。如果全部进行技术升级，就将在大幅减少碳排放的同时，给企业带来巨大的升级成本压力。企业本质上是追求利益最大化的，这种全面升级的方式不符合企业的根本利益。因此，企业需要从中选择一些合适的生产环节来进行技术升级，使得企业的碳减排量和技术升级成本均在可接受的范围内。另外，每个生产环节中可能都存在若干个备选的新技术[⊖]，而不同新技术之间的生产成本、碳排放、技术升级成本不尽相同。这些因素使得企业面临大量的选择（Gharaie 等，2015）。如何在合适的生产环节使用合适的新技术，已成为企业在碳税政策下顺利完成技术升级的关键。

　　因此，本章中界定的"绿色技术策略"主要包含这两方面内容的选择：一是选择合适的生产环节进行技术升级，二是选择合适的新技术用于相应生产环节的技术升级。

▷ 4.1.2　研究的系统边界与基本假设

　　一个典型的产品生产活动分为原料采购、原料加工、零件生产、产品组装、包装、运输、仓储等阶段。每个阶段包含若干个生产环节，由生产环节进行具体的生产活动，如原料 A 的加工、零件 B 的生产等。这些生产环节构成了企业内部的生产网络，如图 4-1 所示。

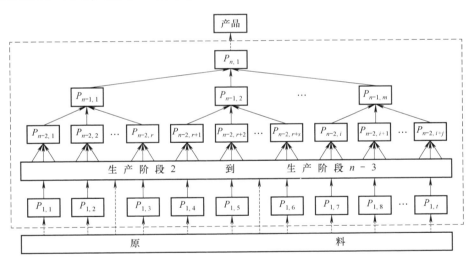

图 4-1　典型生产网络示意图（不含原料供应环节）

　　由于本章主要考虑的是技术升级问题，因此与第 3 章中的生产网络相比，略去了原料供应环节，并将原料的采购成本和运输碳排放合并到生产环节中进行考虑。与第 3 章相类似，本章生产网络中的节点（即图 4-1 中的正方形）是指这些生产环节；生产网络中带箭头的连线表示这些生产环节之间的物质（半成

[⊖]　由于本章考虑的是通过技术升级来减少企业的碳排放，因此本章中的"新技术"特指"低碳"新技术，即通过新技术的使用，能在一定程度上减少企业生产过程中的碳排放。

品、成品）流向关系，同时也代表着一种生产约束关系，即箭头终点生产环节的技术升级决策受到箭头起点生产环节的决策结果的影响。

为了便于问题的刻画和模型的建立，本章在描述企业的生产网络时，使用正方形表示生产环节，并使用符号 $P_{i,j}$ 代表第 i 个阶段第 j 个生产环节。i 越大的生产环节越接近成品的生产，i 越小的生产环节越接近原料的加工。特别地，当 $i=n$ 时，$P_{n,1}$ 表示最终成品的生产环节，生产结果为销售给消费者的产品；当 $i=1$ 时，$P_{1,j}$ 表示最初原料加工的生产环节，生产结果为给后续生产环节使用的半成品。例如，在图 4-1 所示的生产网络中，$P_{n,1}$、$P_{n-1,1} \sim P_{n-1,m}$、$P_{n-2,1} \sim P_{n-2,i+j}$、$P_{1,1} \sim P_{1,t}$ 等都是生产环节。其中，$P_{n,1}$ 是成品的生产环节，$P_{1,1} \sim P_{1,t}$ 是原料加工的生产环节。图 4-1 中带箭头的连线表明：生产环节 $P_{n,1}$ 的决策过程受到生产环节 $P_{n-1,1} \sim P_{n-1,m}$ 的决策结果的影响；生产环节 $P_{n-1,1}$ 的决策过程受到生产环节 $P_{n-2,1} \sim P_{n-2,r}$ 的决策结果的影响；等等。本章的主要研究对象是企业内部的生产环节 $P_{i,j}$ 及其新技术 $P_{i,j,m}$ 的选择，研究的系统边界如图 4-1 中的虚线框所示。

本章研究的基本假设如下：

（1）以单位产品作为分析与建模的基本对象，生产过程中的数量关系按照比例折算到单位产品中进行考虑，以适当减少模型中需要考虑的变量个数，与第 3 章中的假设（1）类似。

（2）假设市场供给充足，原料的采购成本不受到企业采购量的影响，使用新技术不会造成原料供应不足或原料供应价格上涨等问题。在原料供应不足时，应从备选技术列表中剔除相应新技术的可选性，避免形成生产瓶颈；在原料供应价格上涨时，应修改相应新技术的生产成本属性。

（3）假设完成技术升级后，新技术的生产产能充足，即在最优技术升级策略下，每个需要升级的生产环节企业只需选择一种新技术。在某种新技术的生产产能不足时，也应从备选技术列表中剔除该新技术的可选性，避免形成生产瓶颈。

（4）假设新技术越先进，技术升级所需的成本就相对越高，而使用该技术生产成品（半成品）的生产成本和碳排放就相对越少。

4.1.3 待解决的主要研究问题

征收碳税后，企业将增加额外的碳税成本，使得生产总成本增加。如果不进行减排，将不利于企业的长期发展（Xia 等，2013）。因此，碳税政策会促使企业进行生产技术的升级来减少碳排放（Greaker 等，2009），从而使生产总成本下降到可接受的范围内。另外，企业在进行技术升级时，又需要在短期投入大量的额外资金。因此，如何合理地进行适当的技术升级，使得在"长期碳税成本"和"短期技术升级成本"之间找到一个平衡点，将是企业面临的一个重要的现实问题。

本章主要研究了企业在碳税政策背景下技术升级策略的优化问题。在已知企业产品的生产网络结构、每个生产环节的各种潜在新技术及其基本参数（生产成本、碳排放、技术升级成本等）、产品的期望总成本的情况下，研究了如何选择最优的生产环节来使用最合理的绿色生产技术进行技术升级，使得企业在单位产品总成本的期望值约束下，技术升级总成本最小。

4.2 碳税驱动的企业绿色技术选择的优化模型

本章首先分析了产品生产过程中生产成本、碳排放的累积过程，然后在此基础之上构建了本章研究问题所对应的 0-1 型整数规划模型。最后，根据优化模型的特点，对第 3 章提出的 IMASGA 方法进行进一步改造，用于优化模型的求解。

▶▶4.2.1 优化模型的构建

与第 3 章相类似，本章使用的生产网络也可以看成一棵由生产环节（节点）构成的"树"。其中，"根节点"是最终产品的生产环节（即图 4-1 中的节点 $P_{n,1}$)，"叶节点"是第 1 阶段的原料加工环节（即图 4-1 中的节点 $P_{1,1} \sim P_{1,t}$)，"中间节点"是其余阶段的生产环节（如图 4-1 中的节点 $P_{n-1,1} \sim P_{n-1,m}$、$P_{n-2,1} \sim P_{n-2,i+j}$ 等）。

从生产环节的局部角度看，产品的总生产成本 TPC 和总碳排放 TE 是随着生产过程逐渐累积的（即从叶节点累积到中间节点并最终累积到根节点）。因此，本章使用 $CPC_{i,j}$ 表示累积到第 i 阶段第 j 个生产环节时，生产单位产品所需的生产成本，即累积生产成本；使用 $CE_{i,j}$ 表示生产单位产品产生的碳排放，即累积碳排放。类似地，使用 $CUC_{i,j}$ 表示到第 i 阶段第 j 个生产环节为止，各生产环节累积所需的技术升级成本。

对于第 i 阶段的生产环节 $P_{i,j}$ 来说，它的累积生产成本 $CPC_{i,j}$ 不仅取决于它选择的新技术，还与它的子节点的决策结果（即子节点的累积生产成本）密切相关。"子节点"是指生产网络中连线的箭头指向该生产环节的叶节点或中间节点，例如图 4-1 中 $P_{n-1,1}$ 是 $P_{n,1}$ 的子节点，它的子节点是 $P_{n-2,1} \sim P_{n-2,r}$。因此，该环节的累积生产成本 $CPC_{i,j}$ 可以通过式（4-1）计算：

$$CPC_{i,j} = \sum_m pc_{i,j,m}I_{i,j,m} + \sum_{k \in input_{i,j}} CPC_{i-1,k} \tag{4-1}$$

式中，$pc_{i,j,m}$ 表示第 i 阶段第 j 个生产环节使用第 m 种新技术时，生产单位产品所需的生产成本；$input_{i,j}$ 指第 i 阶段第 j 个生产环节的子节点的集合；$I_{i,j,m}$ 是示性函数，$I_{i,j,m}=1$ 表示第 i 阶段第 j 个生产环节采用第 m 种新技术，$I_{i,j,m}=0$ 表示第 i 个阶段第 j 个生产环节不采用第 m 种新技术。

根据第 4.1.2 小节的假设（3），每个生产环节只选择一种新技术，那么生产环节 $P_{i,j}$ 的各种备选新技术 $P_{i,j,m}$ 的示性函数 $I_{i,j,m}$ 之间需要满足式（4-2）的约束：

$$\sum_m I_{i,j,m} = 1 \tag{4-2}$$

类似地，生产环节 $P_{i,j}$ 的累积碳排放 $CE_{i,j}$ 和累积技术升级成本 $CUC_{i,j}$ 可以分别通过式（4-3）和式（4-4）计算：

$$CE_{i,j} = \sum_m e_{i,j,m}I_{i,j,m} + \sum_{k \in input_{i,j}} CE_{i-1,k} \tag{4-3}$$

$$CUC_{i,j} = \sum_m uc_{i,j,m}I_{i,j,m} + \sum_{k \in input_{i,j}} CUC_{i-1,k} \tag{4-4}$$

式中，$e_{i,j,m}$ 表示第 i 个阶段第 j 个生产环节使用第 m 种新技术时，生产单位产品产生的碳排放；$uc_{i,j,m}$ 表示第 i 个阶段第 j 个生产环节采用第 m 种新技术时，所需的技术升级成本。

特别地，当 $i=1$ 时，生产环节 $P_{1,j}$ 是原料加工环节，它的主要生产任务是原料的加工，没有子节点。因此，它选择的新技术直接决定了它的累积生产成本 $CPC_{1,j}$、累积碳排放 $CE_{1,j}$ 和累积升级成本 $CUC_{1,j}$，见式（4-5）～式（4-7）：

$$CPC_{1,j} = \sum_m pc_{1,j,m}I_{1,j,m} \tag{4-5}$$

$$CE_{1,j} = \sum_m e_{1,j,m}I_{1,j,m} \tag{4-6}$$

$$CUC_{1,j} = \sum_m uc_{1,j,m}I_{1,j,m} \tag{4-7}$$

当生产成本累积到最终的生产环节 $P_{n,1}$（即根节点）时，该生产环节的累积生产成本 $CPC_{n,1}$ 即为单位产品的总生产成本 TPC，见式（4-8）：

$$TPC = CPC_{n,1} = \sum_m pc_{n,1,m}I_{n,1,m} + \sum_{k \in input_{n,1}} CPC_{n-1,k} \tag{4-8}$$

类似地，该生产环节的累积碳排放 $CE_{n,1}$ 即为单位产品的总碳排放 TE，累积技术升级成本 $CPC_{n,1}$ 即为总升级成本 TUC，分别见式（4-9）和式（4-10）：

$$TE = CE_{n,1} = \sum_m e_{n,1,m} I_{n,1,m} + \sum_{k \in input_{n,1}} CE_{n-1,k} \tag{4-9}$$

$$TUC = CUC_{n,1} = \sum_m uc_{n,1,m} I_{n,1,m} + \sum_{k \in input_{n,1}} CUC_{n-1,k} \tag{4-10}$$

从企业的全局角度看，单位产品的总生产成本 TPC 和总碳排放 TE，以及总升级成本 TUC 又是由各生产环节新技术的选择结果 $I_{i,j,m}$ 所决定的，因此，它们也可以通过式（4-11）~式（4-13）计算：

$$TPC = \sum_i \sum_j \sum_m pc_{i,j,m} I_{i,j,m} \tag{4-11}$$

$$TE = \sum_i \sum_j \sum_m e_{i,j,m} I_{i,j,m} \tag{4-12}$$

$$TUC = \sum_i \sum_j \sum_m uc_{i,j,m} I_{i,j,m} \tag{4-13}$$

在征收碳税后，企业生产单位产品的总成本 TC 除了总生产成本 TPC 外，还将包括碳税成本 $TE \cdot r$，见式（4-14）：

$$TC = TPC + TE \cdot r \tag{4-14}$$

式中，r 表示碳税税率，是模型的外生参数。

本章研究的主要问题是在碳税政策下，企业如何优化技术升级策略，使得在单位产品的总成本的期望值约束下，技术升级成本最小。因此，本章研究的问题可以通过式（4-15）来描述：

$$
\begin{aligned}
&\min \ TUC \\
&s.t. \left\{
\begin{array}{l}
TC \leqslant TPC_0 \cdot (1 + \alpha) \\
\sum_m I_{i,j,m} = 1 \\
I_{i,j,m} = \{ x \mid 0,1 \}
\end{array}
\right.
\end{aligned} \tag{4-15}
$$

式中，α 表示期望成本的变化率，即企业希望通过技术升级达到生产成本控制目标，是外生参数；TPC_0 表示未征收碳税时生产单位产品所需的总生产成本，是常量。

▷▷ 4.2.2　求解方法的改造

式（4-15）本质上是一个 0-1 型的整数规划问题，理论上可以通过枚举法从整体上进行求解。但随着问题规模的扩大，枚举法的求解时间将呈指数级上升。由于消费者需求的日益增加，产品的功能正越来越复杂，企业的生产网络也因此变得越来越复杂，这使得企业在决策时所面临的问题的规模一般都较大。此时，使用枚举法求解将变得非常低效与耗时，不利于企业及时地做出有效决策。Akanle 等（2008）提出了一种多 Agent 系统和遗传算法相结合的方法

（MASGA 方法）用于类似问题的求解，通过牺牲一定的计算准确度来大幅减少求解的时间。本书第 3 章对这种 MASGA 方法进行了改进，提出了一种改进的 MASGA 方法（即 IMASGA 方法）。IMASGA 方法进一步提高了计算准确度，并减少了求解所需的时间。

本章将继续沿用这种 IMASGA 方法，并根据本章模型的特点对多 Agent 系统模块进行进一步改造，提出了 IMASGA+方法用于式（4-15）的求解。IMASGA+方法的框架图如图 4-2 所示：首先使用多 Agent 系统（图 4-2 中的 MAS 模块）模拟企业中各个生产环节的技术升级决策过程，然后通过遗传算法（图 4-2 中的 GA 模块）对多 Agent 系统进行控制与调整，得到企业优化后的技术升级策略。

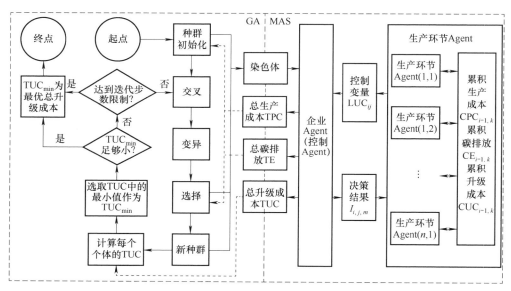

图 4-2　IMASGA+方法的框架图

多 Agent 系统能将一个整体问题分解为若干个相互联系的局部问题进行求解（Roche 等，2013）。每个 Agent 具有一定的自主权，负责其中一个局部问题的求解；Agent 之间可以互相沟通，通过协作的方式完成总目标（Wang 等，2012）。多 Agent 系统适用于集中求解方法无效的问题（Kremers 等，2013）。本章使用的多 Agent 系统由多个生产环节 Agent 和一个企业 Agent 组成。

生产环节 $Agent(i, j)$ 模拟了生产环节 $P_{i,j}$ 的技术升级决策过程。首先，它从企业 Agent 中获取累积升级成本限制 $LUC_{i,j}$。$LUC_{i,j}$ 是 $Agent(i, j)$ 的控制变量，由企业 Agent 生成和调整，表示技术升级成本累积到第 i 个阶段第 j 个生产环节时的上限值。如果生产环节 $P_{i,j}$ 存在子节点 $P_{i-1,k}$，则生产环节 Agent (i,j) 通过通信机制获取它的子节点对应的生产环节 Agent $(i-1,k)$ 的累积生产成本 $CPC_{i-1,k}$、累积碳排放 $CE_{i-1,k}$ 和累积升级成本 $CUC_{i-1,k}$。然后，生产环节 Agent (i,j) 从它的备选新技术 $P_{i,j,m}$ 中选择一个最优的新技术，使其在累积升级成本限制 $LUC_{i,j}$ 的限制下，累积总成本（包括生产成本 $CPC_{i,j}$ 和碳税成本 $CE_{i,j} \cdot r$）最小，即满足式（4-16）的要求。最后，生产环节 Agent (i,j) 将它的决策结果 $I_{i,j,m}$ 反馈给企业 Agent。

$$
\begin{aligned}
&\min \ CPC_{i,j} + CE_{i,j} \cdot r \\
&\text{s. t.} \begin{cases} CUC_{i,j} \leqslant LUC_{i,j} \\ \sum_m I_{i.j.m} = 1 \\ I_{i,j,m} = \{x \mid 0,1\} \end{cases}
\end{aligned}
\tag{4-16}
$$

企业 Agent 模拟了整个企业的决策，是控制 Agent，用于从整体上判断所有的生产环节 Agent 的决策结果组合在一起时，是否是式（4-15）的优化解。首先，它从所有的生产环节 Agent 中获取它们的决策结果 $I_{i,j,m}$。然后，通过式（4-11）~式（4-13）分别计算单位产品的总生产成本 TPC、总碳排放 TE 和总升级成本 TUC。如果单位产品的总成本 TC 满足式（4-15）的约束，且 TUC 足够小（例如连续 N 次迭代结果之间的差距不超过一个较小值 ε），则得到式（4-15）的优化解。反之，调整控制变量 $LUC_{i,j}$ 的值，并反馈给各个生产环节 Agent。

企业 Agent 和生产环节 Agent 之间通过控制变量 $LUC_{i,j}$ 和技术升级决策结果 $I_{i,j,m}$ 联系在一起。各个生产环节 Agent 之间通过累积生产成本 $CPC_{i-1,k}$、累积碳排放 $CE_{i-1,k}$ 和累积升级成本 $CUC_{i-1,k}$ 联系在一起。企业 Agent 和生产环节 Agent 之间通过这些联系构成了本章的多 Agent 系统，如图 4-2 中右侧的 MAS 模块所示。

多 Agent 系统通过控制变量 $LUC_{i,j}$ 来调整单位产品的总成本 TC 和总升级成本 TUC 之间的关系。当 $LUC_{i,j}$ 增加时，生产环节 Agent 将更倾向于选择生产成本 $pc_{i,j,m}$ 和碳排放 $e_{i,j,m}$ 更低的新技术，使得单位产品的总成本 TC 变低，有利于得到可行解；但相应地，该技术的升级成本 $uc_{i,j,m}$ 会相对较高，使得总升级成本 TUC 变高，得不到最优解。当 $LUC_{i,j}$ 减少时，生产 Agent 的可选择的新技术将减少，只能生产成本 $pc_{i,j,m}$ 和碳排放 $e_{i,j,m}$ 相对较高的新技术，使得单位产品的总成本 TC 变高，可能超过期望值 $TPC_0(1+\alpha)$，变成非可行解；但相应地，该技术的升级成本 $uc_{i,j,m}$ 会相对较低，使得总升级成本 TUC 变低，有利于得到最优解。

因此，如何调整控制变量 $LUC_{i,j}$ 的值是使用多 Agent 系统进行模拟优化求解的关键。本章使用遗传算法对控制变量 $LUC_{i,j}$ 进行调整和优化，如图 4-2 中左侧的 GA 模块所示。遗传算法中，基因是控制变量 $LUC_{i,j}$。染色体是按一定的顺序排列的基因的集合，即 $\{LUC_{1,1}, LUC_{1,2}, \cdots, LUC_{1,p}, LUC_{2,1}, \cdots,$ $LUC_{2,q}, \cdots, LUC_{n-1,1}, \cdots, LUC_{n-1,r}, LUC_{n,1}\}$。适应度函数使用总升级成本 TUC 的倒数，即 $f = 1/TUC$。本章遗传算法的工作原理同第 3.2.2 小节相类似，在此不再赘述。

在 IMASGA+方法（见图 4-2）中，右侧的 MAS 模块是方法的核心部分，通过使用多 Agent 系统模拟企业中不同生产环节的技术升级决策过程。向多 Agent 系统输入一组控制变量 $LUC_{i,j}$（遗传算法中的染色体）后，可以模拟得到各生产环节的选择结果 $I_{i,j,m}$，以及单位产品的总生产成本 TPC、总碳排放 TE 和总升级成本 TUC。左侧的 GA 模块是方法的控制部分，通过遗传算法不断调整控制变量 $LUC_{i,j}$ 的值，使 TUC 不断优化。遗传算法结束时，将适应度最高的染色体放入多 Agent 系统中，通过多 Agent 系统的模拟计算，即可得到式（4-15）的有关优化结果（包括 $I_{i,j,m}$、TPC、TE 和 TUC 等）。

4.3　数值算例验证与讨论

为了验证本章建立的优化模型和改造的求解方法的有效性，本章通过一个数值算例进行了测试，并进行了鲁棒性分析。同时，通过对数值算例进行深入挖掘，本章进一步探讨了碳税税率和期望成本对企业技术升级策略的影响。

4.3.1　数值算例描述

由于企业实际数据获取的困难性，本章使用类似于第 3.3.1 小节的方法构造了一个随机算例。使用随机方法的目的是避免因使用特殊数值而对检验结果造成的干扰，使验证结果更具一般性，更有说服力。本章构造的数值算例的生产网络如图 4-3 所示。从图 4-3 中可以看到，产品的生产活动共分为 5 个阶段，每个阶段分别由 2 个、5 个、8 个、3 个和 1 个生产环节组成。其中，$P_{5,1}$ 是最终产品的生产环节，$P_{1,1}$、$P_{1,2}$ 等是原料加工的生产环节。算例共包含 19 个生产环节，每个生产环节包含 1~4 种技术选项，每个备选技术的技术升级成本 $uc_{i,j,m}$、生产成本 $pc_{i,j,m}$ 和碳排放 $e_{i,j,m}$ 见表 4-1。

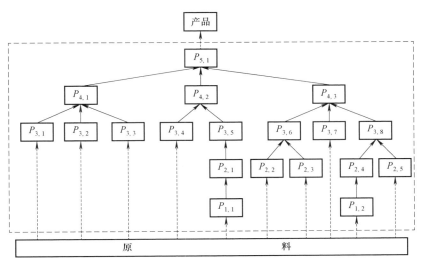

图 4-3　数值算例的生产网络

表 4-1　各个生产环节备选技术的主要参数

生产环节	技术选项	$uc_{i,j,m}$	$pc_{i,j,m}$	$e_{i,j,m}$	生产环节	技术选项	$uc_{i,j,m}$	$pc_{i,j,m}$	$e_{i,j,m}$
$P_{1,1}$	1	0.00	630.31	0.05	$P_{2,4}$	1	0.00	960.28	9.22
	2	244.79	525.01	0.02		2	635.70	915.52	0.90
	3	234.53	555.84	0.01		3	687.30	833.95	0.86
	4	220.99	596.52	0.01	$P_{2,5}$	1	0.00	578.92	0.63
$P_{1,2}$	1	0.00	928.59	1.39		2	23.06	569.77	0.30
$P_{2,1}$	1	0.00	828.58	4.14		3	23.33	562.85	0.21
	2	618.71	750.56	2.02	$P_{3,1}$	1	0.00	588.83	8.94
	3	667.75	678.70	1.14		2	613.71	507.35	4.24
$P_{2,2}$	1	0.00	262.66	5.06		3	644.03	474.22	0.27
	2	20.53	243.07	4.58	$P_{3,2}$	1	0.00	802.89	6.59
	3	22.45	216.64	2.60		2	311.89	716.98	5.21
	4	21.77	226.02	2.06		3	300.48	749.51	0.90
$P_{2,3}$	1	0.00	560.27	2.61		4	335.36	650.10	0.11
	2	1 034.09	468.21	1.94	$P_{3,3}$	1	0.00	610.80	2.07
	3	1 063.99	449.34	1.44	$P_{3,4}$	1	0.00	753.54	9.27
	4	1 045.96	460.72	0.85					

（续）

生产环节	技术选项	$uc_{i,j,m}$	$pc_{i,j,m}$	$e_{i,j,m}$	生产环节	技术选项	$uc_{i,j,m}$	$pc_{i,j,m}$	$e_{i,j,m}$
$P_{3,5}$	1	0.00	624.82	2.69	$P_{3,8}$	3	10.74	230.82	4.31
	2	475.54	551.19	1.33		4	11.95	201.29	1.98
$P_{3,6}$	1	0.00	570.26	2.02	$P_{4,1}$	1	0.00	195.80	5.40
	2	527.42	514.81	1.50	$P_{4,2}$	1	0.00	11.37	0.76
	3	490.20	558.96	1.25		2	179.32	9.32	0.73
$P_{3,7}$	1	0.00	219.65	5.98	$P_{4,3}$	1	0.00	110.04	0.81
	2	479.92	197.25	4.92		2	408.02	88.99	0.57
	3	510.11	182.03	0.32	$P_{5,1}$	1	0.00	863.57	0.08
$P_{3,8}$	1	0.00	247.18	9.08		2	785.82	791.78	0.06
	2	12.04	199.11	4.68		3	865.66	696.75	0.01

表 4-1 中，技术选项 1 是企业当前生产活动中正在使用的技术，技术选项 2~4 是企业可用于技术升级的新技术。通过对表 4-1 进行整理可以得到，企业总升级成本 TUC 的变化范围为 0~6667.11，单位产品的总生产成本 TPC 的变化范围为 9121.74~10 348.36，总碳排放 TE 的变化范围为 29.83~76.79。

算例中，外生参数碳税税率 r 设定为 10；期望成本变化率 α 设定为 0，即企业期望在总成本 TC 不超过原总生产成本 TPC_0（= 10 348.36）的情况下，选择合适的技术升级策略，使得 TUC 最小。

4.3.2 数值算例的计算结果

本章对第 3.2.5 小节中开发的 IMASGA 软件进行相应改编，通过重新编译后的 IMASGA 软件对数值算例进行求解，求解的计算机环境为 2.66 GHz 的 Core 2 4 核 CPU，3GB 内存。由于 IMASGA+方法中的遗传算法模块带有一定的波动性，因此每次求解的结果都略有不同。本书进行了 5 次重复计算，取其平均值作为分析对象。求解时，遗传算法模块的种群大小设为 200 个，繁衍代数设为 100 代，交叉率设为 80%，变异率设为 30%。使用 IMASGA+方法求得的优化结果见表 4-2 中的"IMASGA+"部分，其对应的技术升级策略见表 4-3 中的"IMASGA+"部分。

为了分析 IMASGA+方法的计算准确度和计算效率，本章首先使用枚举法对不同的技术升级策略组合进行逐一地计算与比较，得到数值算例精确解，即最优的总升级成本 TUC_{Best}，及其对应的单位产品的总生产成本 TPC_{Best} 和总碳排放

TE_{Best}，见表 4-2 中的"枚举法"部分。枚举过程中，枚举的总次数约为 1792 万次，最优结果对应的技术升级策略见表 4-3 中的"枚举法"部分。

表 4-2　数值算例的优化结果

方　法	No.	计算耗时	TPC	TE	TUC	绝对误差	相对误差
枚举法	—	9：08：08	9848.55	48.54	1680.86	—	—
GAMS CPLEX	—	0：00：14	9892.48	45.18	1722.26	41.40	2.46%
IMASGA+	1	0：00：11	9836.83	48.85	1724.13	43.27	2.57%
	2	0：00：11	9848.55	48.54	1680.86	0.00	0.00%
	3	0：00：11	9889.15	45.70	1699.17	18.31	1.09%
	4	0：00：12	9836.83	48.85	1724.13	43.27	2.57%
	5	0：00：12	9848.55	48.54	1680.86	0.00	0.00%
	平均值	0：00：11	9851.98	48.10	1701.83	20.97	1.25%

表 4-3　优化结果对应的技术升级策略

生产环节	枚　举　法	GAMS CPLEX	IMASGA+				
			1	2	3	4	5
$P_{1,1}$	1	1	1	1	1	1	1
$P_{1,2}$	1	1	1	1	1	1	1
$P_{2,1}$	3	1	1	3	3	1	3	3
$P_{2,2}$	4	1	4	4	4	2	4	4
$P_{2,3}$	1	1	1	1	1	1	1
$P_{2,4}$	1	1	3	3	1	3	3	1
$P_{2,5}$	1	1	2	1	1	1	1
$P_{3,1}$	3	3	3	1	3	3	1	3
$P_{3,2}$	4	4	4	4	4	4	4	4
$P_{3,3}$	1	1	1	1	1	1	1
$P_{3,4}$	1	1	1	1	1	1	1
$P_{3,5}$	1	1	1	1	1	1	1
$P_{3,6}$	1	1	1	1	1	1	1
$P_{3,7}$	1	3	1	1	1	1	1
$P_{3,8}$	4	2	3	4	4	4	4	4
$P_{4,1}$	1	1	1	1	1	1	1

（续）

生产环节	枚 举 法		GAMS CPLEX	IMASGA+				
				1	2	3	4	5
$P_{4,2}$	1	2	1	1	1	1	1	1
$P_{4,3}$	1	1	1	1	1	1	1	1
$P_{5,1}$	1	1	1	1	1	1	1	1

然后，使用 GAMS（General Algebraic Modeling System）软件中的 CPLEX 求解器（Corporation，2013）对数值算例进行数值求解，用于进一步对比分析 IMASGA+方法的求解准确度。GAMS 软件是一款用于优化问题求解的商业软件，它的 CPLEX 求解器常被用于整数规划模型的求解（Wakui 等，2014；Almansoori 等，2015）。GAMS 软件的优化结果见表 4-2 中的"GAMS CPLEX"部分，其对应的技术升级策略见表 4-3 中的"GAMS CPLEX"。

表 4-2 中，绝对误差和相对误差是指使用 IMASGA+方法和 GAMS 软件求得的总升级成本 TUC 与最优的总升级成本 TUC_{Best} 之间的差距，其计算公式分别如式（4-17）和式（4-18）所示：

$$绝对误差 = |TUC - TUC_{Best}| \tag{4-17}$$

$$相对误差 = \frac{|TUC - TUC_{Best}|}{TUC_{Best}} \tag{4-18}$$

从表 4-2 中可以看到，TUC_{Best} 为 1680.86，其对应的生产总成本 TC_{Best} 为 10 333.95，略小于升级前的生产成本 TPC_0（10 348.36），符合式（4-15）的约束。IMASGA+方法的第 2 次和第 5 次优化过程达到了这个最优解。而 IMASGA+方法的平均耗时仅为枚举法的 0.03%，平均相对误差为 1.25%。这表明使用 IMASGA+方法对式（4-15）进行求解是有效的，能以较小的准确度损失实现计算时间的大幅减少。与 GAMS 软件相比，IMASGA+方法的平均相对误差更小（约少 1.21%），计算耗时略占优势（约少 3s）。所以，IMASGA+方法比 GAMS 软件更适合式（4-15）的求解。

4.3.3 鲁棒性分析

为了进一步分析 IMASGA+方法对式（4-15）的适用性，本节测试了外生参数（碳税税率 r 和期望成本变化率 α）的波动对模型的计算准确度的影响。在测试波动碳税税率 r 的影响时，期望成本变化率 α 被固定在 0，碳税税率 r 从 0 逐渐变化到 20，变化间隔为 1，测试结果如图 4-4 所示。在测试波动期望成本变化

率 α 的影响时，碳税税率 r 被固定在 10，期望成本变化率 α 从 -0.05 逐渐变化到 0.05，变化间隔为 0.01，测试结果如图 4-5 所示。

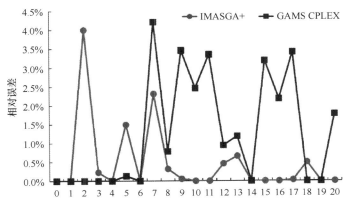

图 4-4 碳税税率波动对模型求解准确度的影响

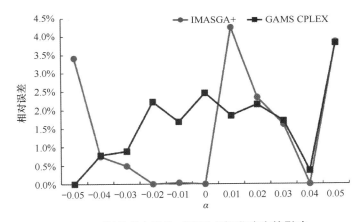

图 4-5 期望成本波动对模型求解准确度的影响

从图 4-4 中可以看到，IMASGA+方法的最大相对误差为 4.0%，而 GAMS 软件的最大相对误差为 4.21%。IMASGA+方法和 GAMS 软件的最小相对误差均为 0.0%。IMASGA+方法的计算结果中只有 3 个相对误差是大于 1.0%，而 GAMS 软件的计算结果中却有 9 个。IMASGA+方法的平均误差是 0.48%，而 GAMS 软件的平均误差是 1.29%。这些结果表明，碳税税率 r 的波动对 IMASGA+方法造成的影响更小，IMASGA+方法更适合式（4-15）的求解。

从图 4-5 中可以看到，IMASGA+方法的最大相对误差为 4.25%，GAMS 软件的最大相对误差为 3.82%。IMASGA+方法和 GAMS 软件的最小相对误差均为

0.0%。IMASGA+方法的计算结果中只有 5 个相对误差大于 1.0%，而 GAMS 软件的计算结果中有 7 个。IMASGA+方法的平均误差是 1.52%，而 GAMS 软件的平均误差是 1.63%。这些结果表明，期望成本变化率 α 的波动对 IMASGA+方法造成的影响相对更小，IMASGA+方法更适合式（4-15）的求解。

总的来说，外生参数的波动对模型的计算准确度的影响相对较小，IMASGA+方法更适合式（4-15）的求解。

▶▶4.3.4 碳税税率对企业技术升级策略的影响

本小节将通过以下步骤，进一步分析碳税税率对企业技术升级策略的影响。首先，通过将期望成本变化率 α 固定在不同的水平来设计不同的情景，以反映企业期望控制单位产品总成本 TC 的强烈程度。期望成本变化率 α 分别被固定在 -0.050、-0.025、0、0.025 和 0.050。其中，$\alpha = -0.050$ 表示相对严格的控制情景，而 $\alpha = 0.050$ 表示相对宽松的控制情景。然后，碳税税率 r 从 0 逐步增加到 25，增加间隔为 1，以方便观测碳税税率造成的影响情况。最后，使用 IMASGA+方法分别计算不同情景、不同碳税税率下的最优解。由于总升级成本 TUC 能在总体上反映企业技术升级的水平，因此本小节主要分析碳税税率 r 对 TUC 的影响，如图 4-6 所示。

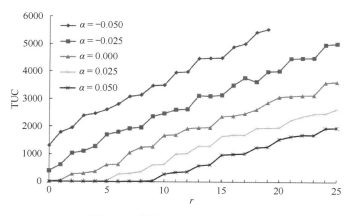

图 4-6 碳税税率对 TUC 的影响

从图 4-6 可以看到，当碳税税率 r 增加时，企业需要支付更多的 TUC。这是因为碳税税率 r 增加时，会导致碳税成本 $TE \cdot r$ 的增加，从而导致 TC 的增加。企业为了保持 TC 在期望值范围内，只能对更多的生产环节进行技术升级（或者使用更低碳的新技术），来使总碳排放 TE 下降。因此，企业的总升级成本 TUC 会相应地增加。

在相对严格的控制情景（如 $\alpha = -0.050$）中，企业对碳税税率 r 更为敏感，因为碳税成本 $TE \cdot r$ 在总成本 TC 中占更大的比例。碳税税率 r 上升，将迫使企业升级更多的生产环节（或使用更低碳的新技术），付出更多的总升级成本 TUC。因此，碳税税率 r 对应的曲线（如图 4-6 中最上方的曲线）的斜率也就更大。在相对宽松的控制情景（如 $\alpha = 0.050$）中，较低的碳税税率（如 $r = 5$）很难促使企业去减排，因为企业即使不进行技术升级，也能满足总成本 TC 的约束，所以它的 TUC = 0（如图 4-6 的左下角部分）。

过高的碳税税率（如 $r = 20$）可能会导致企业放弃自己的技术升级计划，因为即使企业将所有生产环节都升级为最低碳的生产技术，也不能满足总成本 TC 的约束。这将使得式（4-15）无解，无法获得企业优化后的总升级成本 TUC，使得图 4-6 中出现空白，如 $\alpha = -0.050$ 的曲线中的右上角部分。

4.3.5 期望成本对企业技术升级策略的影响

期望成本对企业技术升级策略的影响的分析过程同第 4.3.4 小节类似。首先，碳税税率 r 被分别固定在 0、5、10、15 和 20。其中，$r = 0$ 代表相对较低的碳税情景，$r = 20$ 代表相对较高的碳税情景。然后，期望成本变化率 α 从 -0.10 逐渐增加到 0.15，增加间隔为 0.01。最后，本小节也通过总升级成本 TUC，分析期望成本的影响，如图 4-7 所示。

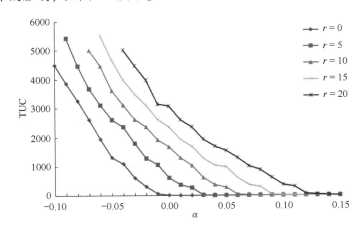

图 4-7　期望成本对企业技术升级总成本的影响

从图 4-7 中可以看到，当期望成本 $TPC_0 (1 + \alpha)$ 增加时，企业将减少总升级成本 TUC 的投入。这是因为期望成本增加时，企业受到的总成本 TC 的约束变松了，使得企业没有足够的动力去对更多的生产环节进行技术升级（或者使用更低碳的新技术），从而使得总升级成本 TUC 下降了。

在低碳税情景（如 $r = 0$）中，企业对期望成本更为敏感，由技术升级带来的碳税成本下降相对更不明显，使得企业在实现期望成本时需要投入更多的总升级成本 TUC。因此，它对应的曲线（如图 4-7 最左边的曲线）更陡。在高碳税情景（如 $r = 20$）中，相对严格的期望成本控制（如 $\alpha = -0.050$）很难实现，因为即使企业将所有生产环节都升级为最低碳的生产技术，总成本 TC 也将大于期望成本。这将使得式（4-15）无解，无法获得企业优化后的总升级成本 TUC，使得图 4-7 中出现空白，如 $r = 20$ 的曲线中的左上角部分。

过高的期望成本（如 $\alpha = 0.12$）将使得企业满足现状，不计划进行技术升级，因为它总能满足总成本 TC 的约束。此时，企业的总升级成本 TUC = 0，如图 4-7 中的右下角部分所示。

4.4　碳税驱动的企业绿色技术选择的优化模式

企业在应对碳税政策时，可以通过以下步骤来获取最优的技术升级策略：

1）对政府制定的碳税政策进行分析，得到式（4-15）中碳税税率 r 的值。

2）分析产品的生产流程，画出类似于图 4-1 或图 4-3 所示的生产网络图。在此基础之上对每个生产环节进行分析，获取每个生产环节 $P_{i,j}$ 所有可用的新技术 $P_{i,j,m}$，及其对应的技术升级成本 $\mathrm{uc}_{i,j,m}$，以及升级后生产单位产品所需的成本 $\mathrm{pc}_{i,j,m}$ 和产生的碳排放 $e_{i,j,m}$，形成类似于表 4-1 的备选技术表。

3）企业根据自身情况，对升级后单位产品的总成本 TC（包括生产成本 TPC 和碳税成本 TE·r）做出一个期望值 $\mathrm{TPC}_0(1+\alpha)$ 的判断，即设定式（4-15）中期望成本变化率 α 的值。

4）将相关数据代入式（4-15）中，通过 IMASGA+ 方法对式（4-15）进行求解，得到优化后的技术升级成本 TUC。

5）如果这个优化后的技术升级成本 TUC 不被企业接受，说明期望成本变化率 α 的值设定过于严格，那么企业重新调整 α 的值，并返回步骤 3）继续进行权衡；反之，说明企业认可当前单位产品总成本 TC（或碳税成本 TE·r）和总升级成本 TUC 之间的平衡关系。

6）通过分析变量 TUC，就可以知道企业技术升级的最低总成本。通过分析技术升级结果 $I_{i,j,m}$，若观察到生产环节 $P_{i,j}$ 中的 $I_{i,j,m}$ 值等于 1，则可以知道生产环节 $P_{i,j}$ 不需要进行技术升级；若观察到生产环节 $P_{i,j}$ 中的某个新技术的 $I_{i,j,m}$ 等于 1，则可以知道生产环节 $P_{i,j}$ 需要升级到该新技术。

参 考 文 献

［1］李媛，赵道致，祝晓光．基于碳税的政府与企业行为博弈模型研究［J］．资源科学，2013（1）：125-131．

［2］骆瑞玲，陈敏，先瑜婷．供应链碳减排技术投资的收益分析及协调［J］．物流技术，2016（10）：119-124．

［3］王倩，张坤，梁巧梅．碳税效应研究综述：基于文献计量分析［C］//第十七届中国科学技术协会年会：新兴绿色产业的科技创新与投融资国际研讨会．北京：中国科学技术协会，2015：1-12．

［4］魏建新．钢铁企业节能减排的途径探讨［J］．冶金经济与管理，2008（1）：24-27．

［5］于维生，张志远．中国碳税政策可行性与方式选择的博弈研究［J］．中国人口·资源与环境，2013（6）：8-15．

［6］赵玉焕，范静文．碳税对能源密集型产业国际竞争力影响研究［J］．中国人口·资源与环境，2012（6）：45-51．

［7］A L-AMIN A Q，JAAFAR A H，SIWAR C. Climate change mitigation and policy concern for prioritization［J］. International journal of climate change strategies and management，2010，2（4）：418-425．

［8］GREAKER M，PADE L L. Optimal carbon dioxide abatement and technological change：should emission taxes start high in order to spur R&D？［J］. Climatic change，2009，96（3）：335-355．

［9］ZHANG J，GAO X L，XIA J Y. The influence of carbon tax policy on enterprise production decision based on the research of existing emission reduction policy［J］. Advanced materials research，2013，869-870：813-819．

［10］LIANG Q M，FAN Y，WEI Y M. Carbon taxation policy in China：how to protect energy-and trade-intensive sectors？［J］. Journal of policy modeling，2007，29（2）：311-333．

［11］LIANG Q M，WANG T，XUE M M. Addressing the competitiveness effects of taxing carbon in China：domestic tax cuts versus border tax adjustments［J］. Journal of cleaner production，2016，112：1568-1581．

［12］AKANLE O M，ZHANG D Z. Agent-based model for optimising supply-chain configurations［J］. International journal of production economics，2008，115（2）：444-460．

［13］ALMANSOORI A，BETANCOURT-TORCAT A. Design optimization model for the integration of renewable and nuclear energy in the United Arab Emirates' power system［J］. Applied energy，2015，148：234-251．

［14］CORPORATION G D. CPLEX Solver Manual［M］. Washington，DC：GAMS Development Corporation，2013．

［15］ GHARAIE M，PANJESHAHI M H，KIM J K，et al. Retrofit strategy for the site-wide mitiga-tion of CO_2 emissions in the process industries ［J］. Chemical engineering research & design，2015，94：213-241.

［16］ KREMERS E，GONZALEZ DE DURANA J M，BARAMBONES O. Emergent synchronisation properties of a refrigerator demand side management system ［J］. Applied energy，2013，101：709-717.

［17］ ROCHE R，IDOUMGHAR L，SURYANARAYANAN S，et al. A flexible and efficient multi-agent gas turbine power plant energy management system with economic and environmental con-straints ［J］. Applied energy，2013，101：644-654.

［18］ WAKUI T，YOKOYAMA R. Optimal structural design of residential cogeneration systems in consideration of their operating restrictions ［J］. Energy，2014，64：719-733.

［19］ WANG Z，WANG L，DOUNIS A I，et al. Multi-agent control system with information fusion based comfort model for smart buildings ［J］. Applied energy，2012，99：247-254.

［20］ XIA J Y，GAO X L. The study of company's carbon abatement investment under carbon tax ［J］. Advanced materials research，2013，869-870：860-865.

第 5 章

——

碳税驱动的供应链上非对等企业间绿色技术协同合作

本书第 4 章研究了单个企业在碳税政策背景下的技术升级策略的优化问题。然而，受到减排资金、技术水平等诸多因素的制约，单个企业的减排效益往往是有限的，而企业间通过合作的方式共同减少碳排放则是分担碳税压力的一种有效方式。由于核心企业在供应链中占有优势地位，因此核心企业易促使企业间合作关系的形成。那么，核心企业在通过技术升级的方式组织合作减排时，企业间应该如何分配减排资金？应该如何避免企业间升级过程中的技术冲突？核心企业可以从合作减排中获得多少利益？这些问题就是本章将要重点讨论的内容。

本章首先梳理了研究背景、系统边界和基本假设，并在此基础之上明确了需要解决的主要问题。其次，在第 4 章研究的基础上，构建了企业的独立减排模型，并通过引入技术合作模式和资金合作模式，进一步构建了企业间的合作减排模型。然后，基于多 Agent 系统理论，模拟了各企业之间协商过程，并以此提出了用于合作减排模型求解的 MASE 方法。最后，通过一个数值算例验证了优化模型的合理性和求解方法的有效性，分析了合作减排对企业生产成本、利润和碳排放的影响，并给出了企业间绿色技术合作策略的优化方式。

5.1 碳税驱动的供应链上非对等企业间绿色技术协同合作问题的识别

关于企业合作减排的研究中，现有的大部分文献认为合作各方是相对平等的，企业之间没有地位之区分（谢鑫鹏等，2013；赵道致等，2016；刘名武等，2015）。然而，在部分供应链中有些企业可能占优势地位。地位的不同将使得企业在选择合作对象和合作方案时会抱有不同的目的，采取不同的策略，例如：占据优势地位的核心企业会希望通过合作进一步巩固自己的优势，实现自己利益的最大化；而参与合作的中小型企业则希望通过合作有所收益，以分担自己的减排压力等。这种企业间地位"非对等"背景下的合作减排问题将是本章研究的重点。

5.1.1 合作策略的界定

企业间进行合作减排时，为了避免技术冲突，可能会基于企业间相关联的某些具体的生产环节展开合作，需要考虑技术合作问题。此外，不少学者也从企业层面考虑了企业间的资金合作问题（谢鑫鹏等，2013；赵道致等，2016；刘名武等，2015；Lou 等，2015；Luo 等，2016；黄守军等，2014）。本章的研究中综合考虑了这两方面，提出了两种合作减排模式：

（1）资金合作模式。企业之间通过合作协议，对技术升级资金进行合理再分配，使得一些升级成本较高但减排幅度较大的绿色技术能够得以实施，从而使得碳排放大幅下降，资金流入的企业获得一定的利益。同时，企业之间通过合作协议，对合作企业间的采购价格进行约定，使得资金流出的企业也能相应获益。

（2）技术合作模式。上下游企业之间通过合作协议，各自对自己生产活动中的某些特定生产环节进行约定的技术升级，使得上下游企业的生产活动能够正常衔接。由于合作协议的存在，一些合作企业敢于升级到较为"激进"的绿色技术，使得碳排放大幅下降，从而使得整个供应链上的相关企业都有可能获益。

因此，本章界定的"合作策略"主要包含三方面的内容：一是各个企业分配后的技术升级资金；二是各个企业间产品的协议采购价格；三是各个企业的技术升级策略（同第 4 章界定的技术升级策略）。

5.1.2　研究的系统边界与基本假设

随着社会的进步和科技水平的日益提高，信息的交换和商品的交易变得越来越容易，当今企业在原料采购和产品销售上变得越来越多样化，企业的供应链已逐渐转变成一种"网状"结构。为了便于分析各企业间的合作策略，根据核心企业所选择的合作对象在供应链中的相对位置，本章将"网状"结构分解为两种典型的"链状"结构来简化分析过程：

（1）"发散型"供应链，它的基本结构如图 5-1 所示。该类型中，核心企业 [如图 5-1 所示的核心企业（1，1）] 一般位于供应链的上游，因其可以直接或间接地控制下游企业的一些重要原料的供应，使得下游企业易倾向于与其合作。因此，核心企业易找到合适的合作对象，来组织合作关系的形成。

（2）"收敛型"供应链，它的基本结构如图 5-2 所示。该类型中，核心企业 [如图 5-2 中所示的核心企业（M，1）] 一般位于供应链的下游，因其靠近终端商品的生产，易掌握商品需求的信息，而商品需求的变动又易直接或间接地引起上游企业的中间产品需求的较大变动，使得上游企业易倾向于和其合作。因此，核心企业易找到合适的合作对象来组织合作关系的形成。

本章的研究对象是核心企业及其选择的中小型合作企业，研究的系统边界如图 5-1 和图 5-2 中的虚线框所示。由于核心企业的间接影响，存在间接联系的企业也可能出现在核心企业的合作范围内，因此可能存在多层的供应链结构。

为了便于模型的描述，本章使用变量 (m, n) 对不同层次的不同企业进行区分。m 表示该企业在供应链中的相对位置；m 越小的企业越靠近上游，m 越大的企业越靠近下游。在"发散型"供应链中，核心企业的 $m = 1$（如图 5-1 所示）；在"收敛型"供应链中，核心企业的 $m = M$（如图 5-2 所示）。n 是企业编号，为了区分同一供应链层次中的不同企业。特别地，核心企业的 $n = 1$。

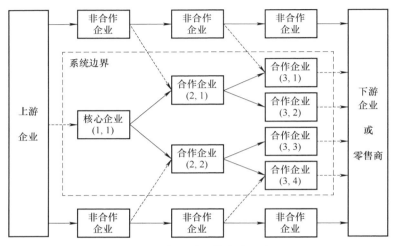

图 5-1　"发散型"供应链示意图

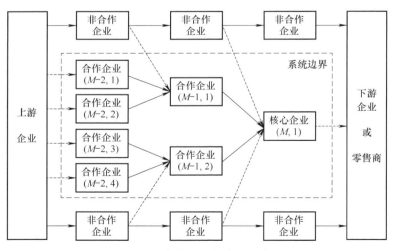

图 5-2　"收敛型"供应链示意图

本章研究的基本假设如下：

（1）以单位产品作为分析与建模的基本对象，企业内部生产过程中的数量关系按照比例折算到单位产品中进行考虑，以适当减少模型中需要考虑的变量个数，与第 4 章中的假设（1）类似。

（2）假设市场供给充足，非合作企业提供的原料的采购成本不受到合作企业采购量的影响，使用新技术不会造成原料供应不足或原料供应价格上涨等问题，与第 4 章中的假设（2）类似。

（3）假设各企业实施技术升级后，绿色新技术的生产产能充足，即在最优合作策略下，各企业每个需要升级的生产环节只需选择一种绿色技术，与第 4 章中的假设（3）类似。

（4）假设每个企业只生产一种产品，只对外销售一种产品。生产或销售多种产品的企业可以分拆成多个并行的子企业分别进行考虑。

（5）假设上游企业生产的中间产品主要销售给下游的合作企业或核心企业，即系统边界内的企业。销售中间产品给非合作企业的企业可以拆分成两个子企业进行考虑：一个子企业放在系统边界内，作为合作企业；另一个子企业放在系统边界外，作为非合作企业。

（6）假设每个参与合作减排的企业至少存在一种绿色新技术，使得该企业在一定时期内减少的碳税成本大于该绿色技术的技术升级成本。否则，该企业无法通过技术升级的方式获得减排收益，可能将退出合作，采取其他措施来减少碳税的影响。

5.1.3 待解决的主要研究问题

由于受到减排资金、技术水平等诸多因素的制约，单个企业的减排效益往往是有限的。而企业之间通过合作减排，一方面可以共享减排资金，以合理的方式进行分配，实现减排效率的最大化；另一方面可以进行技术协商，避免上下游企业间在各自独立进行技术升级后，生产过程中出现技术不兼容的问题。因此，企业间进行合作减排是企业应对碳税政策的必然选择。

本章主要研究了在碳税政策背景下，供应链中非对等关系的企业之间，如何通过技术升级的方式进行合作减排的问题。在已知企业间的供应关系、各企业每个生产环节的各种潜在绿色技术及其基本参数（生产成本、碳排放、技术升级成本等）、各企业初始减排资金等信息的情况下，本章主要研究了核心企业如何实现减排资金重新分配的最优化，以及如何协调上下游企业间绿色生产技术升级策略的选择，使得在不损害合作企业利益的基础上实现利润最大化。

5.2 碳税驱动的供应链上非对等企业间绿色技术协同合作的优化模型

本章在第 4 章研究的基础上，首先构建了独立减排模型，用于分析企业独立减排时的总成本、利润等信息。然后，在此基础上将企业细分为核心企业和合作企业两类，并通过引入技术合作模式和资金合作模式构建了合作减排模型。最后，提出了一种基于多 Agent 系统的求解方法，用于模拟各企业之间协商，以实现合作减排模型的优化求解。

▷ 5.2.1 主要变量及其解释

本章使用变量 (m,n) 来区分不同层次的不同企业。在本章的公式中，使用下标 (m,n) 来区分不同企业中的相关变量。为了表述的简洁，在文中描述变量时，若该变量无特殊标明，则表示该变量含有默认下标 (m,n)。

本章模型中使用的主要变量、外生参数及其相关解释如下（以变量或外生参数的英文字母顺序排序）：

CUC^i：到第 i 个生产环节为止，企业累积所需的技术升级成本，是独立减排模型求解过程中使用的中间变量。

CTC^i：到第 i 个生产环节为止，企业生产单位产品累积所需的总成本，是独立减排模型求解过程中使用的中间变量。

$I^{i,j}$：独立减排模型中，绿色技术 $P^{i,j}$ 的示性函数，是模型的**决策变量**。$I^{i,j}=1$ 表示第 i 个生产环节采用第 j 种技术进行生产，$I^{i,j}=0$ 表示第 i 个生产环节不采用第 j 种技术进行生产。

$input_{m,n}$：企业 (m,n) 的上游合作企业的企业编号的集合。

LTC^i：企业技术升级成本累积到第 i 个生产环节时的上限值，是独立减排模型求解过程中使用的中间变量。

$NI^{i,j}$：合作减排模型中，非合作技术 $P^{i,j}$ 的示性函数，是模型的**决策变量**，定义同 $I^{i,j}$ 类似。

$pc^{i,j}$：第 i 个生产环节使用第 j 种技术生产单位产品时，所需的生产成本。

$pe^{i,j}$：第 i 个生产环节使用第 j 种技术生产单位产品时，所产生的碳排放。

$P^C_{m-1,t}$：合作减排模型中，合作企业 $(m-1,t)$ 提供的原料的单位协议采购价格，是模型的**决策变量**。

$P^I_{m-1,t}$：独立减排模型中，合作企业 $(m-1,t)$ 提供的原料的单位采购价格，是模型的**外生参数**。

$q^{i,j,t}$：第 i 个生产环节使用第 j 种技术生产单位产品时，所需的来自合作企业（$m-1,t$）的原料数量。

$Q^{m-1,t}(I^{i,j})$：独立减排模型中，企业选择技术升级策略 $\{I^{i,j}\}$ 后，生产单位产品所需的来自合作企业（$m-1,t$）的原料总量。

$Q^{m-1,t}(\mathrm{NI}^{i,j},\mathrm{RI}^{i,k})$：合作减排模型中，企业选择技术升级策略 $\{\mathrm{NI}^{i,j},\mathrm{RI}^{i,k}\}$ 后，生产单位产品所需的来自合作企业（$m-1,t$）的原料总量。

Q^{T}：产品在一定时期 T 内的销量。

r：碳税税率，模型的**外生参数**。

$\mathrm{rc}^{i,j,s}$：第 i 个生产环节使用第 j 种技术生产单位产品时，所需的第 s 种非合作企业的原料的采购成本。

$\mathrm{RI}^{i,k}$：合作减排模型中，合作技术 $P^{i,k}$ 的示性函数，是模型的**决策变量**，定义同 $I^{i,j}$ 类似。

TC：企业生产单位产品的总成本。

TE：企业生产单位产品产生的总碳排放。

TPC：企业生产单位产品的总生产成本。

TUC：企业进行技术升级所需的总成本。

TE^{0}：技术升级前，企业生产单位产品的总碳排放。

TPC^{0}：技术升级前，企业生产单位产品的总生产成本。

$\mathrm{uc}^{i,j}$：第 i 个生产环节升级到第 j 种技术进行生产时，所需的升级成本。

$\mathrm{UC}^{\mathrm{limit}}$：独立减排模型中，企业初始的减排资金，即企业可用于技术升级的总成本的上限值，模型的**外生参数**。

$\mathrm{UC}^{\mathrm{share}}$：合作减排模型中，企业重新分配后的减排资金，是模型的**决策变量**。

π^{C}：合作减排时，企业的利润。

$\pi^{\mathrm{C}}_{\mathrm{core}}$：合作减排时，核心企业的利润。

π^{I}：独立减排时，企业的利润。

▷ 5.2.2　独立减排模型

企业的生产活动一般由多个生产环节组成，每个生产环节可能存在多种绿色生产技术可以选择。选择不同的技术升级策略，会使产品的生产成本、原料采购成本、碳税成本等不尽相同，从而导致总成本的差异，如第 4.2.1 小节的分析过程所示。本章研究的主要对象是核心企业及其合作企业，建模过程中弱化企业内部生产网络的概念，主要从企业整体的角度进行建模分析。

为了和第 5.2.3 小节中合作减排模型使用的变量名称保持一致，"原料采购成本"被进一步细分为"外部原料采购成本"和"内部原料采购成本"。其中，"外部原料采购成本"是指生产过程中使用的来自"非合作企业"的原料的采购成本；"内部原料采购成本"指生产过程中使用的来自"合作企业"的原料的采购成本。

基于第 4.2.1 小节的分析过程和本章"原料采购成本"的定义可以得到，本章中企业生产单位产品的总生产成本 TPC 主要由 3 部分组成：①生产成本 $pc^{i,j}$，②外部原料采购成本 $rc^{i,j,s}$，③内部原料采购成本 $P^{\mathrm{I}}_{m-1,t}$，如式（5-1）所示：

$$\mathrm{TPC}_{m,n} = \sum_{i}\sum_{j} pc^{i,j}_{m,n}I^{i,j}_{m,n} + \sum_{i}\sum_{j}\sum_{s} rc^{i,j,s}_{m,n}I^{i,j}_{m,n} + \sum_{t\in \mathrm{input}_{m,n}} Q^{m-1,t}_{m,n}(I^{i,j}_{m,n})P^{\mathrm{I}}_{m-1,t}$$

$$(5\text{-}1)$$

式中，$Q^{m-1,t}_{m,n}(I^{i,j}_{m,n})$ 是个和选择技术升级策略 $\{I^{i,j}\}$ 相关的函数，表示企业选择技术升级策略后，生产单位产品所需的来自合作企业（$m-1,t$）的原料总量。它可以通过式（5-2）来计算：

$$Q^{m-1,t}_{m,n}(I^{i,j}_{m,n}) = \sum_{i}\sum_{j} q^{i,j,t}_{m,n}I^{i,j}_{m,n} \qquad (5\text{-}2)$$

此外，根据第 5.1.2 小节的假设（3），企业的每个生产环节只需选择一种新技术，因此各生产环节 P_i 的各种备选绿色新技术 $P_{i,j}$ 的示性函数 $I^{i,j}$ 之间需要满足式（5-3）的约束：

$$\sum_{j} I^{i,j}_{m,n} = 1 \qquad (5\text{-}3)$$

特别地，当 $m=1$ 时，由于该企业为合作企业中最上游的企业，因此它的总生产成本 $\mathrm{TPC}_{1,n}$ 中没有内部原料采购成本这一项，即式（5-1）可以简化为式（5-4）：

$$\mathrm{TPC}_{1,n} = \sum_{i}\sum_{j} pc^{i,j}_{1,n}I^{i,j}_{1,n} + \sum_{i}\sum_{j}\sum_{k} rc^{i,j,k}_{1,n}I^{i,j}_{1,n} \qquad (5\text{-}4)$$

在征收碳税后，企业生产单位产品的总成本 TC 除了总生产成本 TPC 外，还将包括碳税成本 $\mathrm{TE}\cdot r$，因此它可以通过式（5-5）来计算。碳税税率 r 高，将促使企业进行更多的技术升级，来减少生产过程中产生的碳排放 TE，使得总成本 TC 控制在可接受范围内。

$$\mathrm{TC}_{m,n} = \mathrm{TPC}_{m,n} + \mathrm{TE}_{m,n}\cdot r \qquad (5\text{-}5)$$

式中，生产单位产品的总碳排放 TE 由企业选择的技术升级策略 $\{I^{i,j}\}$ 所决定，如式（5-6）所示。相应地，其对应的技术升级所需的总成本 TUC 可以通过式（5-7）计算：

$$TE_{m,n} = \sum_i \sum_j pe_{m,n}^{i,j} I_{m,n}^{i,j} \tag{5-6}$$

$$TUC_{m,n} = \sum_i \sum_j uc_{m,n}^{i,j} I_{m,n}^{i,j} \tag{5-7}$$

企业独立进行减排时，它的技术升级策略 $\{I^{i,j}\}$ 的决策过程不受到其他企业的影响，以自身利益的最大化为目标。由于生产成本越低，越有利于企业的市场定价及竞争，因此企业的优化目标设为单位产品的总成本 TC 最小化。而企业用于技术升级的初始减排资金是一定的，故进行技术升级所需的总成本 TUC 存在一个上限约束 UC^{limit}。此外，技术升级将使得企业的生产更有效率，碳排放量更少，因此升级后的总成本 TC 应不大于升级前的总成本 TC^0。综上所述，企业的独立减排模型如式（5-8）所示：

$$\begin{aligned} &\min TC_{m,n} \\ &s.t. \begin{cases} TUC_{m,n} \leqslant UC_{m,n}^{limit} \\ TC_{m,n} \leqslant TPC_{m,n}^0 + TE_{m,n}^0 \cdot r \\ \sum_j I_{m,n}^{i,j} = 1 \\ I_{m,n}^{i,j} \in \{0,1\} \end{cases} \end{aligned} \tag{5-8}$$

企业独立减排后，其一定时期 T 内的利润 π^I 由产品的价格 P^I、产品的总成本 TC 及产品的销量 Q^T 决定，如式（5-9）所示。其中，位于上游的企业的产品销量 $Q_{m,n}^T$ 取决于下游各企业的产品销量 $Q_{m+1,v}^T$，和它们的技术升级策略 $\{I_{m+1,v}^{i,j}\}$ 所决定对该产品的单位需求量 $Q_{m+1,v}^{m,n}(I_{m+1,v}^{i,j})$，如式（5-10）所示；而位于供应链末端的下游企业的产品销量 $Q_{M,v}^T$ 直接取决于它的产品定价 $P_{M,v}^I$，如式（5-11）所示。

$$\pi_{m,n}^I = (P_{m,n}^I - TC_{m,n}) Q_{m,n}^T \tag{5-9}$$

$$Q_{m,n}^T = \sum_v Q_{m+1,v}^T Q_{m+1,v}^{m,n}(I_{m+1,v}^{i,j}) \tag{5-10}$$

$$Q_{M,v}^T = Q(P_{M,v}^I) \tag{5-11}$$

5.2.3 合作减排模型

根据第 5.1.1 小节中的界定，本章在独立减排模型的基础上，构建合作减排模型时，主要考虑技术合作模式和资金合作模式。

1. 技术合作模式

在引入技术合作模式时，本章将企业的备选绿色技术分为两种。一种是非合作技术，它的选择不受到合作企业的影响，也即企业原有的一些绿色技术升级，其选择情况用示性函数 $\mathrm{NI}^{i,j}$ 表示。它的初始取值和独立减排模型一致，见式（5-12）。另一种是合作技术，需要合作企业对特定的生产环节进行相应的技术升级，其选择情况用示性函数 $\mathrm{RI}^{i,k}$ 表示。它的初始取值受到上下游企业相关技术 $\mathrm{RI}^{\mathrm{related}}_{m+1,u}$ 和 $\mathrm{RI}^{\mathrm{related}}_{m-1,v}$ 的影响，见式（5-13）。当上游企业和下游企业都不升级到相关技术时，它的初始取值为 $\{0\}$；当上游企业或者下游企业至少有一家升级了相关技术时，它的初始取值为 $\{1\}$；当上游企业和下游企业还没决定是否升级到相关技术时，它的初始取值为 $\{0,1\}$。根据第 5.1.2 小节的假设（3），无论是非合作技术，还是合作技术，企业最终将在每个生产环节选择一个适合自己的绿色技术，所以它们需要满足式（5-14）的约束

$$\mathrm{NI}^{i,j}_{m,n} \in \{0,1\} \tag{5-12}$$

$$\mathrm{RI}^{i,k}_{m,n} \in I(\mathrm{RI}^{\mathrm{related}}_{m+1,u}, \mathrm{RI}^{\mathrm{related}}_{m-1,v}) = \left\{ \begin{array}{ll} \{0\} & \mathrm{RI}^{\mathrm{related}}_{m+1,u} = 0 \text{ 和 } \mathrm{RI}^{\mathrm{related}}_{m-1,v} = 0 \\ \{0,1\} & \mathrm{RI}^{\mathrm{related}}_{m+1,u} \text{ 和 } \mathrm{RI}^{\mathrm{related}}_{m-1,v} \text{ 均未决定} \\ \{1\} & \mathrm{RI}^{\mathrm{related}}_{m+1,u} = 1 \text{ 或 } \mathrm{RI}^{\mathrm{related}}_{m-1,v} = 1 \end{array} \right\} \tag{5-13}$$

$$\sum_j \mathrm{NI}^{i,j}_{m,n} + \sum_k \mathrm{RI}^{i,k}_{m,n} = 1 \tag{5-14}$$

由于企业的技术升级策略从 $\{I^{i,j}\}$ 变成了 $\{\mathrm{NI}^{i,j}, \mathrm{RI}^{i,k}\}$，因此在企业的总生产成本 TPC 中，生产成本部分和外部原料采购成本部分要相应地拆分成两部分进行考虑，见式（5-15）。同时，用于计算来自合作企业原料数量的函数 $Q^{m-1,t}(I^{i,j})$ 的参数从 $I^{i,j}$ 变为 $\mathrm{NI}^{i,j}$ 和 $\mathrm{RI}^{i,k}$，其计算公式也相应地拆分成两部分考虑，见式（5-16）。

$$\begin{aligned} \mathrm{TPC}_{m,n} = &\sum_i \sum_j \mathrm{pc}^{i,j}_{m,n} \mathrm{NI}^{i,j}_{m,n} + \sum_i \sum_j \sum_s \mathrm{rc}^{i,j,s}_{m,n} \mathrm{NI}^{i,j}_{m,n} + \sum_i \sum_k \mathrm{pc}^{i,k}_{m,n} \mathrm{RI}^{i,k}_{m,n} + \\ &\sum_i \sum_k \sum_s \mathrm{rc}^{i,k,s}_{m,n} \mathrm{RI}^{i,k}_{m,n} + \sum_{t \in \mathrm{input}_{m,n}} Q^{m-1,t}_{m,n}(\mathrm{NI}^{i,j}_{m,n}, \mathrm{RI}^{i,k}_{m,n}) P^{\mathrm{C}}_{m-1,t} \end{aligned} \tag{5-15}$$

$$Q^{m-1,t}_{m,n}(\mathrm{NI}^{i,j}_{m,n}, \mathrm{RI}^{i,k}_{m,n}) = \sum_i \sum_j q^{i,j,t}_{m,n} \mathrm{NI}^{i,j}_{m,n} + \sum_i \sum_k q^{i,k,t}_{m,n} \mathrm{RI}^{i,k}_{m,n} \tag{5-16}$$

类似地，用于计算企业生产单位产品时产生的总碳排放 TE 的公式变化为式（5-17），用于计算企业进行技术升级所需的总成本 TUC 的计算公式变化为式（5-18）：

$$\mathrm{TE}_{m,n} = \sum_i \sum_j \mathrm{pe}^{i,j}_{m,n} \mathrm{NI}^{i,j}_{m,n} + \sum_i \sum_k \mathrm{pe}^{i,k}_{m,n} \mathrm{RI}^{i,k}_{m,n} \tag{5-17}$$

$$\mathrm{TUC}_{m,n} = \sum_i \sum_j \mathrm{uc}^{i,j}_{m,n} \mathrm{NI}^{i,j}_{m,n} + \sum_i \sum_k \mathrm{uc}^{i,k}_{m,n} \mathrm{RI}^{i,k}_{m,n} \tag{5-18}$$

▶ 2. 资金合作模式

在引入资金合作模式时，本章使用变量 UC^{share} 来表示重新分配后企业获得的技术升级资金，即合作减排模型中企业选择技术升级策略时应考虑的技术升级总成本的上限值。由于所有企业的技术升级总成本之和是一定的，因此重新分配后的技术升级总成本之和应小于这个总量，见式（5-19）。此外，本章使用变量 P^C 来替换独立模型中的变量 P^I，表示企业间原料的协议采购价格，见式（5-15）。

$$\sum_m \sum_n UC^{share}_{m,n} \leqslant \sum_m \sum_n UC^{limit}_{m,n} \tag{5-19}$$

企业进行合作减排时，由于产品的采购价格已通过企业间的协议进行了约定，因而生产成本越低，企业获得的利益越高，故将企业的优化目标设为单位产品的总成本 TC 最小化。而技术升级资金的再分配，使企业进行技术升级所需的总成本 TUC 的上限约束变为 UC^{share}。此外，由于合作技术的选择，部分企业升级后的总成本 TC 应不一定小于升级前的总成本 TC^0，因此去除该约束。综上所述，企业的合作减排模型见式（5-20）：

$$
\begin{aligned}
&\min TC_{m,n} \\
&s.\,t. \begin{cases}
TUC_{m,n} \leqslant UC^{share}_{m,n} \\
\sum_j NI^{i,j}_{m,n} + \sum_k RI^{i,k}_{m,n} = 1 \\
NI^{i,j}_{m,n} \in \{0,1\} \\
RI^{i,k}_{m,n} \in I(RI^{related}_{m+1,u}, RI^{related}_{m-1,v})
\end{cases}
\end{aligned} \tag{5-20}
$$

合作减排后，企业一定时期 T 内的利润 π^C 除了受到产品的协议价格 P^C、产品的总成本 TC 及产品的销量 Q^T 的影响外，还应除去技术升级资金的净流出部分，见式（5-21）。其中，因企业的技术升级策略从 $\{I^{i,j}\}$ 变成了 $\{NI^{i,j}, RI^{i,k}\}$，因此销量 Q^T 的计算公式应进行相应的调整，见式（5-22）。

$$\pi^C_{m,n} = (P^C_{m,n} - TC_{m,n})Q^T_{m,n} - (UC^{limit}_{m,n} - UC^{share}_{m,n}) \tag{5-21}$$

$$Q^T_{m,n} = \sum_v Q^T_{m+1,v} Q^{m,n}_{m+1,v}(NI^{i,j}_{m+1,v}, RI^{i,k}_{m+1,v}) \tag{5-22}$$

核心企业作为合作减排的组织者，其最终目的是希望通过自身在供应链中的优势地位来联合其他合作企业，实现其合作后的利润 π^c_{core} 的最大化。同时，为了保证其他合作企业参与的积极性，应确保其合作后的利润 π^C 不小于独立减排的利润 π^I。此外，核心企业在协调技术升级资金的再分配时，应保证分配后的资金总量不超过原始的资金总量，即应考虑式（5.19）。核心企业的控制模型

见式（5-23）

$$\max \ \boldsymbol{\pi}_{\mathrm{core}}^{\mathrm{C}}$$
$$\text{s. t.} \left. \begin{array}{l} \boldsymbol{\pi}_{m,n}^{\mathrm{I}} \leqslant \boldsymbol{\pi}_{m,n}^{\mathrm{C}} \\[2mm] \displaystyle\sum_{m}\sum_{n} \mathrm{UC}_{m,n}^{\mathrm{share}} \leqslant \sum_{m}\sum_{n} \mathrm{UC}_{m,n}^{\mathrm{limit}} \end{array} \right\} \tag{5-23}$$

▷ 5. 2. 4　基于多 Agent 系统的求解方法

独立减排模型中，企业的决策过程不受到其他企业的影响，因此各企业可以基于自己的数据，各自通过式（5-8）求解自己优化后的技术升级策略。式（5-8）本质上是一个 0-1 型的整数规划模型，在问题规模较小的时候，可以通过枚举法进行精确求解；在问题规模较大时，可以通过使用第 4 章提出的 IMASGA+方法进行数值求解，其对应的各生产环节 i 的子模型见式（5-24）：

$$\min \ \mathrm{CUC}_{m,n}^{i}$$
$$\text{s. t.} \left. \begin{array}{l} \mathrm{CTC}_{m,n}^{i} \leqslant \mathrm{LTC}_{m,n}^{i} \\[2mm] \displaystyle\sum_{j} I_{m,n}^{i,j} = 1 \\[2mm] I_{m,n}^{i,j} \in \{0,1\} \end{array} \right\} \tag{5-24}$$

合作减排模型中，由于企业之间的合作关系，独立减排模型中的一些外生参数变为了决策变量（$\mathrm{RI}^{i,k}$，P^{C}，$\mathrm{UC}^{\mathrm{share}}$），会互相产生影响，各企业在求解时存在一定的联系性。而在这些决策变量确定后，各企业又可以独立地通过式（5-20）进行优化求解。这种既相互联系又相对独立的求解关系符合多 Agent 系统应用的一般特征，而多 Agent 系统具有自主性、协作性等的优点（张林等，2008；张少苹等，2011；Wooldridge 等，1995），有利于类似于本章的分布式问题的求解（Roche 等，2013），故本章通过引入多 Agent 系统来对合作减排模型进行优化求解。由于合作减排模型中的决策者是各个企业，因此本章以每个企业作为 Agent 建立的对象。根据合作企业和核心企业在合作中的不同地位和决策行为，将 Agent 分为两类，即合作 Agent 和核心 Agent。

合作 Agent（m，n）模拟了合作企业（m，n）在合作减排中的作用，主要包含 3 种机制：①通信机制，即用于与其他 Agent 交换相关变量，如从核心 Agent 中获取 P^{C} 和 $\mathrm{UC}^{\mathrm{share}}$，向核心 Agent 反馈 π^{C} 等。②技术决策机制，即通过通信机制确定模型中的相关变量后，根据式（5-20）求解最优的技术升级策略 $\{\mathrm{NI}^{i,j}, \mathrm{RI}^{i,k}\}$。式（5-20）本质上也是一个 0-1 型的整数规划模型，其求解方法同式（5-8）类似。③利润计算机制，即在确定技术升级策略后，根据式（5-21）计算合作后的利润，并通过通信机制向核心 Agent 进行反馈，以便调整各企业之间的利益。

核心 Agent 模拟了核心企业在合作减排中的作用，主要包含 4 种机制：①通信机制，与合作 Agent 中的类似。②技术决策机制，与合作 Agent 中的类似。③优化控制机制。核心企业根据自身的利润和合作企业反馈的利润进行判断，当前分配模式下，合作是否可以进行，自身利益是否最大化（例如连续 N 次迭代结果之间的差距不超过一个较小值 ε），即是否满足式（5-23）。④协议调整机制。核心企业通过优化控制机制进行判断后，若没有达到最优化，对各合作企业的合作协议进行进一步调整（主要调整 P^C 和 UC^{share}），来逐步实现自身利润的最大化。由于系统具有一定的复杂度，变量在调整时的方向并不确定，故为了加速求解方法的收敛速度，这些变量的调整一般需要结合一些优化算法，如遗传算法等。

由于合作减排模型中包含了一个核心企业和多个合作企业，因此本章的多 Agent 系统由一个核心 Agent 和多个合作 Agent 组成。其中，核心 Agent 和合作 Agent 之间通过 P^C、UC^{share}、π^C 等变量联系在一起，合作 Agent 之间通过 $RI^{i,k}$、Q 等变量联系在一起。基于多 Agent 系统的求解（Multi-agent System for Enterprises，MASE）方法的优化流程如图 5-3 所示。

具体来说，其优化步骤如下：

步骤 1：合作协议的初始化。 核心 Agent 初始分配各个合作企业的 P^C 和 UC^{share}，并通过通信机制传递给对应的合作 Agent。

步骤 2：技术升级策略的优化。 由于核心企业在合作减排中起主导作用，因此首先由核心企业决定自己的技术升级策略，即步骤（1）。然后，由与核心企业联系较为紧密的合作企业决定它们的技术升级策略，即步骤（2）～（4）。最后，由与这些合作企业联系较为紧密的合作企业决定它们的技术升级策略，并以此类推，即步骤（5）～（8）。若"上一层"企业选择的技术升级策略中的合作技术使"下一层"企业无解，则通过回溯机制进行重新求解，即步骤（9）～（15）。（为了后面叙述的统一，本节中的"上一层"和"下一层"均是泛指。对于"发散型"供应链来说，"上一层"企业是指该企业相关的上游企业；对于"收敛型"供应链来说，"上一层"企业是指该企业相关的下游企业。"下一层"的概念则正好相反。）具体的优化步骤如下：

（1）核心 Agent 通过技术决策机制，求解最优的技术升级策略 {$NI^{i,j}$，$RI^{i,k}$}。

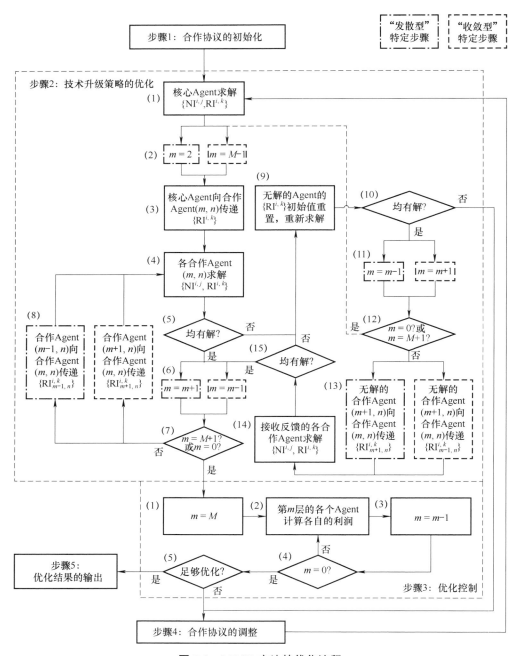

图 5-3　MASE 方法的优化流程

（2）在"发散型"中，令 $m = 2$；在"收敛型"中，令 $m = M-1$。

（3）核心 Agent 将它的合作技术的升级策略 $\{RI^{i,k}\}$ 传递给它的"下一层"合作 Agent (m,n)。

（4）各个合作 Agent (m, n) 通过技术决策机制，分别求解自己的最优技术升级策略 $\{NI^{i,j}, RI^{i,k}\}$。

（5）若所有合作 Agent (m,n) 均有解，跳转到步骤（6）；反之，需要通过回溯机制进行调整，跳转到步骤（9）。

（6）在"发散型"中，令 $m = m+1$；在"收敛型"供应链中，令 $m = m-1$。

（7）若 $m = M+1$ 或 $m = 0$，则说明所有合作 Agent 已完成优化，跳转到**步骤 3**。

（8）在"发散型"中，合作 Agent $(m-1,n)$ 将它的 $\{RI^{i,k}_{m-1,n}\}$ 传递给它的"下一层"合作 Agent (m,n)；在"收敛型"中，合作 Agent $(m+1,n)$ 将它的 $\{RI^{i,k}_{m+1,n}\}$ 传递给它的"下一层"合作 Agent (m,n)；跳转到步骤（4）。

（9）将无解的合作 Agent (m,n) 中 $\{RI^{i,k}\}$ 的初始取值均赋值为 $\{0,1\}$，并重新通过技术决策机制进行求解。

（10）若均有解，跳转到步骤（11）；反之，说明合作协议分配不合理，跳转到**步骤 4**。

（11）在"发散型"中，令 $m=m-1$；在"收敛型"中，令 $m = m+1$。

（12）若 $m=0$ 或 $m=M+1$，则说明已回溯到核心企业，且已经完成调整，跳转到步骤（2）；反之，转跳到步骤（13）。

（13）在"发散型"中，无解的合作 Agent $(m+1,n)$ 将它的 $\{RI^{i,k}_{m+1,n}\}$ 传递给它的"上一层"合作 Agent (m,n)；在"收敛型"中，无解的合作 Agent $(m-1,n)$ 将它的 $\{RI^{i,k}_{m-1,n}\}$ 传递给它的"上一层"合作 Agent (m,n)。

（14）接受反馈的合作 Agent (m,n) 重新通过技术决策机制进行求解。

（15）若均有解，回溯调整结束，跳转到步骤（6）；反之，需要继续回溯调整，跳转到步骤（9）。

步骤 3：优化控制。首先，按照一定顺序计算各个企业的利润，即步骤（1）～（4）。然后，由核心企业判断是继续调整还是输出优化结果，即步骤（5）。具体的优化过程如下：

（1）令 $m = M$。

（2）第 m 层的各个合作 Agent (m,n) 通过利润计算机制，分别计算各自的利润，并通过通信机制向核心 Agent 进行反馈。

（3）令 $m = m-1$。

（4）若 $m = 0$，跳转到步骤（5）；反之，跳转到（2）。

（5）核心 Agent 通过通信机制获得各个合作 Agent 的利润后，基于优化控制机制进行判断。若未达到优化目标，跳转到**步骤 4**；反之，跳转到**步骤 5**。

步骤 4：合作协议的调整。核心 Agent 基于协议调整机制（与第 3 章和第 4 章类似，本章选用遗传算法加速调整的收敛速度），对各合作企业的 P^C 和 UC^{share} 进行调整，并跳转到**步骤 2（1）**。

步骤 5：优化结果的输出。多 Agent 系统给出合作减排模型的最优解，包括优化后的合作协议（P^C 和 UC^{share}）、各企业的技术升级策略 $\{NI^{i,j}, RI^{i,k}\}$、各企业合作后的利润 π^C 等。

5.2.5 基于 MASE 方法的软件开发

本章通过 C#语言完成了 MASE 方法的编程，并通过 Microsoft Visual Studio 2010 开发了相应的 MASE 软件（软件著作权登记号：2017SR434448），实现该方法的可视化操作。MASE 软件的界面如图 5-4 所示，共包含 5 个主要模块：

（1）模型的读取、保存。该模块位于软件的左上角，用于载入和保存模型文件，生成随机模型文件，保存模型的计算结果等。

（2）遗传算法控制。该模块位于软件的右上中部，用于设置遗传算法的关键参数（交叉率、变异率、种群大小、繁衍代数、突变值变动范围等），以调整 MASE 方法的收敛速度。

（3）模型的描述。该模块位于软件的中间偏左位置，用于描述 MASE 方法所要求解的问题，即对式（5-20）、式（5-23）的描述。模型描述中可以手动输入新问题或修改已有问题，也可以通过模块（1）载入已有问题或随机生成测试问题。

（4）优化过程的展示。该模块位于软件的右侧，通过图表的方式展示 MASE 方法对式（5-20）、式（5-23）的优化过程。其中，右上角是图形展示，展示了核心企业利润 π^C_{core} 的优化过程。右下角是表格展示，记录了每一次迭代优化后，各个企业的合作策略（包括分配后的技术升级资金 UC^{share}、产品的协议采购价格 P^C、技术升级策略 $\{NI^{i,j}, RI^{i,k}\}$ 等）、单位产品的总生产成本 TPC、总碳排放 TE、进行技术升级所需的总成本 TUC、产品的销量 Q^T、企业合作减排后的利润 π^C。

（5）计算过程的控制。该模块位于软件的底部，用于查看和控制 MASE 方法的运算进度。其中，左边是模型优化的进度条，右边是控制按钮。在进行模型优化时，需要依次通过"初始化"按钮和"独立模型"按钮获取或计算合作减排模型的信息，然后通过"合作模型"按钮进行优化。优化过程中，可以通过单击"暂停"按钮来暂停优化。

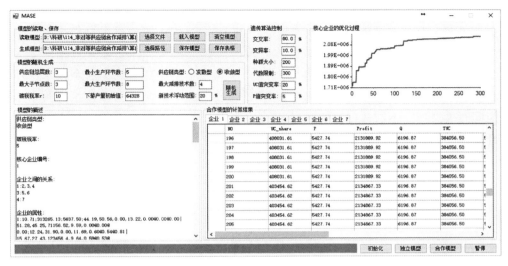

图 5-4　MASE 软件界面

5.3　数值算例验证与讨论

　　为了验证本章建立的独立减排模型、合作减排模型的合理性和提出的 MASE 方法的有效性，本章通过一个数值算例进行了测试。通过对数值算例优化结果的进一步分析，本章讨论了企业间的合作减排行为对企业生产成本、碳排放和利润等的影响。

≫ 5.3.1　数值算例的描述

　　由于企业实际数据获取的困难性，本章使用类似于第 3.3.1 小节的方法构造了一个随机算例。使用随机方法是为了避免因使用特殊数值而对检验结果造成的干扰，使验证结果更具一般性，更有说服力。本章构造的数值算例中，供应链的类型设定为"收敛型"，由 7 家企业组成，它们之间的供应链关系如图 5-5 所示。其中，核心企业是企业（3，1），负责终端产品的生产，它的"直接"合作企业是企业（2，1）、企业（2，2）和企业（2，3），"间接"合作企业是企业（1，1）、企业（1，2）和企业（1，3）。

　　每个企业的各种潜在绿色技术的有关数据（生产成本 pc，来自非合作企业的原料成本 rc，来自合作企业的原料需求量 $q_{i,j}$，生产中产生的碳排放 pe，技术升级成本 uc）见附录 B 中的表 B-1~表 B-7。在表 B-1~表 B-7 中，每个生产环节的技术选项 1 为企业当前使用的技术，故其技术升级成本为 0。技术选项 2~4 为企业可用于升级的绿色技术。技术选项中的上标 C_i 表示该技术是合作技术，相关联的合作企业中有一家使用该合作技术时，其他相关合作企业中带相同上标 C_i 的技术必须被使用，例如企业（3，1）中第 3 个生产环节的第 3 个技术选项和企业（2，1）中第 3 个生产环节的第 2 个技术选项是一组合作技术，两者必须同时被选择或不被选择。表 B-1~表 B-7 中的数据经整理后，得到各企业技术升级策略的统计性描述，见表 5-1。

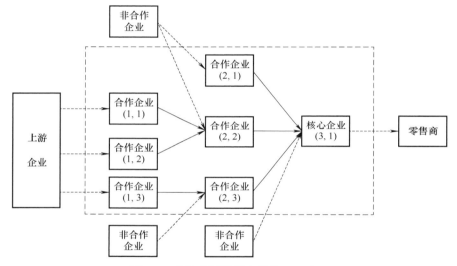

图 5-5　数值算例的供应链关系示意图

表 5-1　各企业技术升级策略的统计性描述

企业编号	生产环节数量	组合数	最大升级成本 UC_{max}	最小碳排放 TE_{min}
（3，1）	5	96	637 980	44.41
（2，1）	8	576	364 620	14.51
（2，2）	8	216	227 422	15.48
（2，3）	5	192	111 047	8.58
（1，1）	7	576	387 975	9.88
（1，2）	6	72	152 549	10.49
（1，3）	7	432	122 508	12.86

征收碳税前各企业的主要指标见表 5-2。

表 5-2 征收碳税前各企业的主要指标

企 业 编 号	碳排放 TE^0	生产成本 TPC^0	价格 P^0	销量 Q^0	利润 π^0
(3,1)	60.27	5268.65	5637.50	3950	1457 087
(2,1)	20.62	792.39	1033.04	2370	570 395
(2,2)	23.82	3170.26	3288.78	3753	444 775
(2,3)	14.92	624.18	755.68	5096	670 121
(1,1)	17.42	821.26	910.14	5930	527 015
(1,2)	17.46	663.54	823.93	4166	668 132
(1,3)	21.95	702.49	864.26	1376	222 582

表 5-2 中，碳排放 TE^0 和生产成本 TPC^0 是指各企业使用当前生产技术（即所有生产环节均使用技术选项 1）时，生产单位产品产生的碳排放和生产成本。各企业产品的初始价格 P^0 为算例设定。核心企业（3，1）的销量 Q^0 由其销量函数决定，其销量函数设定为 $Q(P_{3,1}) = 64\,328 - 10.71P_{3,1}$；其余合作企业的销量由式（5-10）递推决定。各企业的利润 π^0 由式（5-9）算得。数值算例中，其他参数的设定如下：①碳税税率 r 设定为 5。②独立减排时，各企业初始的减排资金 UC^{limit} 设定为各企业可能减少的碳税成本的最大值，即（TE^0-TE_{min}）r。③独立减排后，产品的价格 P^1 保持不变，即设定为 P^0。

5.3.2 独立减排模型的计算结果

由于数值算例中单个企业的技术升级策略的组合数相对较少，因此本章直接使用枚举法对独立减排模型进行求解，其优化结果见表 5-3、表 5-4。

表 5-3 独立减排时各企业的技术升级策略

生产环节编号	选择的技术						
	企业(3,1)	企业(2,1)	企业(2,2)	企业(2,3)	企业(1,1)	企业(1,2)	企业(1,3)
1	1	1	1	2	2	2	1
2	2	1	3	3	1	2	1
3	4	1	1	4	1	2	2
4	1	1	1	4	2	1	2
5	1	1	2	1	2	1	1
6	—	2	2	—	3	1	2
7	—	2	2	—	3	—	2
8	—	1	2	—	—	—	—

表 5-4 各企业独立减排后的主要指标

企业编号	TE^I	TC^I	P^I	Q^I	π^I	UC^{limit}
(3,1)	53.54	5304.06	5637.50	3950	1 317 222	313 265
(2,1)	18.55	866.48	1033.04	2331	388 205	72 411
(2,2)	18.19	3228.49	3288.78	3516	211 952	156 494
(2,3)	8.61	635.61	755.68	4938	592 914	161 543
(1,1)	12.72	847.29	910.14	5555	349 133	223 543
(1,2)	11.95	709.59	823.93	3832	438 180	145 174
(1,3)	16.47	757.71	864.26	1284	136 797	62 536

表 5-3 展示了各企业进行独立减排时采用的技术升级策略,即每个生产环节用于技术升级的绿色技术。

表 5-4 展示了各企业独立减排后的主要指标,包括生产单位产品产生的碳排放 TE^I 和所需的总成本 TC^I、产品的价格 P^I 和销量 Q^I、企业独立减排后的利润 π^I、企业初始的减排资金 UC^{limit} 等。

从表 5-2、表 5-4 的对比中可以看到,各个企业都在一定程度上减少了生产单位产品时产生的碳排放 TE。但与现有潜在绿色技术的减排极限值 TE_{min}(见表 5-1)相比,只有企业(2,3)由于初始的减排资金(UC^{limit})较为充裕,基本到达了减排极限。在单位产品的总成本 TC 方面,虽然新技术的使用在一定程度上减少了碳税成本 $TE \cdot r$,但产品的总成本与征收碳税前相比仍有增加,各企业的新总成本 TC^I 为原总成本 TC^0 的 100.67%~109.35%。而新技术的使用使得核心企业对上游合作企业的中间产品的需求量略有减少,直接合作企业的减少量为 1.67%~6.32%,间接合作企业的减少量为 6.32%~8.00%。由于成本的增加和销量的减少,各企业的利润与征收碳税前相比均有一定的程度减少,减少量约 9.60%~52.35%。

▶ 5.3.3 合作减排模型的计算结果

由于合作减排模型中需要动态调整各企业分配的技术升级成本上限 UC^{share} 和协议采购价格 P^C,而这些调整又会影响各企业的决策,使得模型求解较为复杂,因此,本章通过第 5.2.5 小节中自主开发的 MASE 软件对合作减排模型进行了求解。

合作减排模型中核心企业(3,1)的动态优化过程如图 5-6 所示。从图 5-6 中可以看到,在前 50 次迭代时,模型的优化幅度较大;迭代到第 200 次时,模型的优化结果逐渐趋于稳定；第 350 次迭代后，模型基本到达优化解。

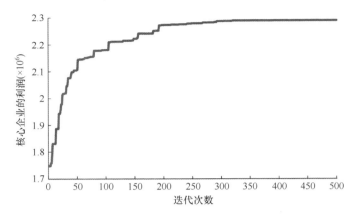

图 5-6　核心企业（3,1）的动态优化过程

合作减排模型的优化结果见表 5-5、表 5-6。

表 5-5　合作减排时各企业的技术升级策略

生产环节编号	选择的技术						
	企业（3,1）	企业（2,1）	企业（2,2）	企业（2,3）	企业（1,1）	企业（1,2）	企业（1,3）
1	1	1	1	2	2	3	1
2	2	1	3	3	2	2	③
3	④	①	1	③	1	1	2
4	1	1	②	4	2	2	1
5	②	1	1	1	1	1	1
6	—	2	2	—	④	1	3
7	—	2	③	—	3	—	2
8	—	1	2	—	—	—	—

表 5-5 展示了各企业进行合作减排时采用的技术升级策略。其中，合作技术 C_2、C_3 和 C_4 被企业采用（如表 5-5 中带框部分），合作技术 C_1 未被企业采用（如表 5-5 中带圈部分）。

表 5-6 展示了各企业合作减排后的主要指标，包括生产单位产品产生的碳排放 TE^c 和所需的总成本 TC^c、产品的协议价格 P^c 和销量 Q^c、企业合作减排后的利润 π^c、企业重新分配后的减排资金 UC^{share} 等。

表 5-6   各企业合作减排后的主要指标

企业编号	TE^C	TC^C	P^C	Q^C	π^C	UC^{share}
(3,1)	50.74	5059.79	5397.59	6520	2 290 704	405 016
(2,1)	18.55	866.48	967.59	3847	388 760	75 658
(2,2)	17.39	3127.79	3161.40	5803	213 762	178 629
(2,3)	8.58	628.81	705.84	8085	593 238	135 411
(1,1)	11.98	847.22	887.91	9052	351 883	210 499
(1,2)	12.50	711.02	788.58	6325	442 659	83 806
(1,3)	16.98	767.62	819.45	2102	143 422	45 846

从表 5-2、表 5-4 和表 5-6 的对比中可以看到，由于技术升级资金的重新分配，企业（3，1）和企业（2，2）的 UC^{share} 分别变为原来 UC^{limit} 的 1.29 倍和 1.14 倍，有更充裕的资金进行更大幅度的技术升级，从而使得这两个企业的碳排放 TE 进一步下降。同时，这些技术升级也使得这两个企业的总成本 TC^C 也在一定程度上出现了下降，特别是核心企业（3，1）的总成本下降使得产品的零售价格也相应下降，从而促进了产品的销售，使得整个供应链上各企业的销量 Q^C 均有所增加。其他企业虽然减少了技术升级中的投入，使得总成本 TC^C 与独立减排时相比略有增加（0.74%～9.35%），但销量 Q^C 的大幅提高（1.51 倍～1.65 倍），使得企业的总体利润 π^C 和独立减排时相比反而略有增加（0.05%～4.84%）。

5.3.4   结果讨论与分析

1）利润的变化。各企业减排前后利润对比如图 5-7 所示。

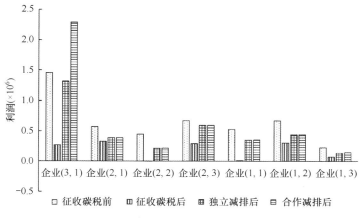

图 5-7   各企业减排前后利润对比

　　从企业层面来看，征收碳税后，由于额外的碳税成本，企业的利润出现不同程度的下降，甚至产生小幅亏损现象。企业进行独立减排后，通过使用先进的绿色技术来减少碳排放，从而在一定程度上抵销碳税成本，使得企业利润大致恢复到征收碳税前的水平。为了使自身减排后的利润最大化，核心企业（3，1）利用自己在供应链中的优势地位，联合其他企业进行合作减排。合作减排后，核心企业（3，1）的利润有较大幅度的增加，其他企业的合作利润较独立减排时有小幅的增加，0.05%~4.84%。

　　从供应链层面来看，征收碳税前，7 个企业的总体利润为 4 560 107 元，征收碳税后锐减为 1 267 059 元。各企业进行独立减排后，总体利润回升为 3 434 403 元，较征收碳税前有一定程度的减少。各企业在核心企业的带领下进行合作减排后，总体利润进一步回升，变为 4 424 428 元，与征收碳税前大致持平。

　　所以，从经济层面上来说，合作减排模式比独立减排模式更有优势。

　　2）碳排放的变化。各企业减排前后的碳排放对比如图 5-8 所示。图 5-8 中的碳排放是指核心企业（3，1）生产单位终端产品时，各企业生产相应数量的中间产品所产生的碳排放。

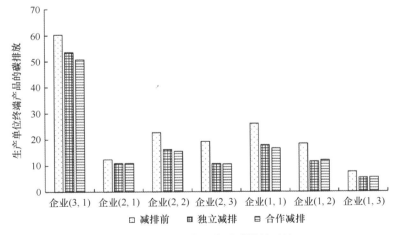

图 5-8　各企业减排前后碳排放对比

　　从企业层面来看，各企业在进行独立减排后都在一定程度上减少了碳排放量，分别为 11.17%、11.54%、28.46%、44.08%、31.59%、37.04%、29.99%。合作减排时，由于减排资金流向了减排效率较高的企业［即核心企业（3，1）、合作企业（2，2）和合作企业（1，1）］，这些企业的碳排放减排量有较大幅度的增加，分别为 4.65%、3.15% 和 4.80%；而合作企业（1，2）和合作企业（1，3）由于流出的减排资本的较多，它们的碳排放减排量有一定程度的减少，分别为 2.90% 和 1.59%。

从供应链层面来看，减排前生产单位终端产品的 7 个企业的总碳排放为 166.72；独立减排后，生产单位终端产品的总碳排放减少为 126.27；合作减排后，生产单位终端产品的总碳排放进一步减少到 122.03。相比于独立减排模式，合作减排模式虽然没有显著提高碳减排量，但通过减排资金的合理分配实现了减排结构的优化。

因此，从社会责任层面上来说，合作减排模式比独立减排模式更有优势。

5.4 碳税驱动的供应链上非对等企业绿色技术协同合作的优化模式

核心企业在组织其他企业通过合作减排以应对碳税政策时，可以通过以下步骤来安排各企业最优的绿色技术合作策略：

（1）对政府制定的碳税政策进行分析，得到独立减排模型和合作减排模型中碳税税率 r 的值。

（2）核心企业确定合作企业的范围，得到类似于图 5-1、图 5-2 或图 5-5 所示的合作供应链结构图。

（3）合作范围内的各个企业对自己的每个生产环节进行分析，获取每个生产环节 P_i 所有可用的新技术 $P_{i,j}$ 及其对应的相关数据（如生产成本 $pc^{i,j}$，来自非合作企业的原料采购成本 $rc^{i,j}$，来自合作企业的原料需求量 $q^{i-1,t}$，生产中产生的碳排放 $pe^{i,j}$，技术升级成本 $uc^{i,j}$），形成类似于附录 B 中的表 B-1~表 B-7 所示的备选绿色技术表。

（4）各个企业根据自身情况，分析可用于技术升级的资金，即获取初始减排资金 UC^{limit} 的值。同时，各个企业根据各自的减排预期制定各自产品的价格 P^I。

（5）各个企业将相关数据代入独立减排模型中，计算各自独立减排时的最优技术升级策略。在问题规模较小时，可以通过枚举法进行精确求解；在问题规模较大时，可以通过使用第 4 章提出的 IMASGA+ 方法进行数值求解。

（6）通过式（5-9）~式（5-11），各个企业依次计算各自在独立减排情景下的利润，并以此作为合作减排的利益基础。

（7）将相关数据代入合作减排模型中，通过 MASE 方法进行优化求解，以获得各个企业最优的合作策略：①通过分析变量 UC^{share}，可以得到各个企业重新分配后的减排资金。②通过分析变量 P^C，可以得到各个企业产品的协议采购价格。③通过分析变量 $RI^{i,k}$ 来避免技术冲突，即观察哪一种合作技术对应的 $RI^{i,k}$ 值等于 1，可以知道第 P_i 个生产环节选择了哪一种合作技术；若生产环节 P_i 的所有 $RI^{i,k}$ 值均等于 0，则说明生产环节 P_i 中不存在技术合作。④通过分析变量 $NI^{i,j}$ 和 $RI^{i,k}$，可以得到各企业最优的技术升级策略。⑤此外，通过分析变量 π^C_{core}，可以知道核心企业在当前合作范围内，通过组织合作减排，最大可能获取的利益。

本章研究了碳税政策下，在企业地位不对等的供应链中，核心企业如何通过合理分配减排资金，协调上下游企业间低碳生产技术升级策略的选择，使得在不损害合作企业利益的基础上，核心企业的利润最大化。首先，构建了独立减排模型，用于分析企业独立减排时的最优技术升级策略及其对应的总成本、利润等信息。然后，在此基础上将企业细分为核心企业和合作企业两类，并通过引入技术合作模式和资金合作模式构建了合作减排模型。最后，通过引入多 Agent 系统，提出了 MASE 方法，用于模拟各企业之间的协商，以实现合作模型的优化求解。

通过算例的应用，对独立减排模型、合作减排模型及其求解算法的合理性进行了验证。计算结果表明，合作减排模式比独立减排模式更有优势，它通过合理分配减排资金，协商企业间的内部价格和相关的合作技术，能进一步优化供应链中各企业的减排结构，进而提高各企业的利润空间。

参 考 文 献

[1] 黄守军，任玉珑，孙睿，等. 双寡头电力市场垂直合作减排的随机微分对策模型 [J]. 中国管理科学，2014（2）：101-111.

[2] 刘名武，万谧宇，吴开兰. 碳交易政策下供应链横向减排合作研究 [J]. 工业工程与管理，2015（3）：28-35.

[3] 谢鑫鹏，赵道致. 低碳供应链企业减排合作策略研究 [J]. 管理科学，2013（3）：108-119.

[4] 张汉江，张佳雨，赖明勇. 低碳背景下政府行为及供应链合作研发博弈分析 [J]. 中国管理科学，2015（10）：57-66.

[5] 张林，徐勇，刘福成. 多 Agent 系统的技术研究 [J]. 计算机技术与发展，2008（8）：80-83，87.

[6] 张少苹，戴锋，王成志. 多 Agent 系统研究综述 [J]. 复杂系统与复杂性科学，2011，8

（4）：1-8.

［7］赵道致，原白云，徐春秋. 低碳环境下供应链纵向减排合作的动态协调策略［J］. 管理工程学报，2016（1）：147-154.

［8］BENJAAFAR S，LI Y Z，DASKIN M. Carbon footprint and the management of supply chains：insights from simple models［J］. IEEE transactions on automation science and engineering，2013，10（1）：99-116.

［9］CARO F，CORBETT C J，TAN T，et al. Double counting in supply chain carbon footprinting［J］. M&SOM：manufacturing & service operations management，2013，15（4）：545-558.

［10］LOU G X，XIA H Y，ZHANG J Q，et al. Investment strategy of emission-reduction technology in a supply chain［J］. Sustainability，2015，7（8）：10684-10708.

［11］LUO Z，CHEN X，WANG X J. The role of co-opetition in low carbon manufacturing［J］. European journal of operational research，2016，253（2）：392-403.

［12］ROCHE R，IDOUMGHAR L，SURYANARAYANAN S，et al. A flexible and efficient multi-agent gas turbine power plant energy management system with economic and environmental constraints［J］. Applied energy，2013，101：644-654.

［13］WOOLDRIDGE M，JENNINGS N R. Intelligent agents：theory and practice［J］. Knowledge engineering review，1995，10（2）：115-152.

第 6 章

——

碳交易驱动的供应链上非对等企业间绿色技术选择策略

碳交易是联合国基于外部性理论（Pigou，1920；Meade，1952）和产权理论（Coase，1960；Hardin，1968），为应对全球气候变化问题、减少温室气体排放而设计的一种新型国际贸易机制（宋海云等，2013）。与碳税政策相似，碳交易政策也通过将碳排放造成的环境损失转化成为碳排放者的内部成本，来促使企业进行碳减排。从第5章的研究中可以看到，在碳税政策背景下，企业间的合作减排能够优化供应链中各企业的减排结构并提高各企业的利润。那么，在碳交易政策背景下，企业间的合作减排能否实现类似的优化减排效果？核心企业又该如何组织其他企业参与合作减排？这些问题就是本章需要重点讨论的内容。

本章首先梳理了研究背景、系统边界和基本假设，并在此基础之上明确了需要解决的主要问题。其次，在第5章研究的基础上，本章根据碳交易机制的特点，构建了新的企业独立减排模型，并通过进一步引入碳交易信息共享机制，构建了新的企业合作减排模型。然后，基于新模型的特点，对MASE方法进行了改造，提出了MASE+方法用于新合作减排模型的求解。最后，通过一个数值算例验证了优化模型的合理性和求解方法的有效性，分析了合作减排对利润、碳排放量等的影响，并给出了企业间的绿色技术合作策略的优化方式。

6.1 碳交易驱动的供应链上非对等企业间绿色技术选择与升级问题的识别

碳交易政策与碳税政策相比，主要有两方面的不同：①在碳税政策中，企业一般没有免税额度，排放多少二氧化碳就需要缴纳多少碳税；而在碳交易政策中，参与企业一般享有一定额度的免费的初始碳配额（姜睿，2017）。②在碳税政策中，碳税的税率是相对稳定的；而在碳交易政策中，碳市场上的碳价是实时变动的，会随着参与企业减排情况的改变而动态变化。因此，这些因素将是本章建模时考虑的主要内容。

由于在现有的关于企业合作减排的研究中，基于企业间"非对等关系"的研究几乎没有（谢鑫鹏等，2013；赵道致等，2016；刘名武等，2015；张汉江等，2015；Benjaafar等，2013；Caro等，2013；Lou等，2015；Luo等，2016），因此，与第5章类似，本章也以企业间的"非对等关系"为合作减排问题的研究背景。本章中，"合作策略"的界定同第5章保持一致，即包含以下三方面的内容：一是各个企业分配后的技术升级资金；二是各个企业间产品的协议采购价格；三是各个企业的技术升级策略。

▶ 6.1.1　研究的系统边界

在本书第 5 章碳税政策背景下的研究中，由于"发散型"供应链（如图 5-1 所示）和"收敛型"供应链（如图 5-2 所示）在模型构建时差别较小，因此第 5 章建立了相对统一的模型和求解方法。本章中，由于碳交易政策的两个重要特点（一定额度的免费初始碳配额和实时变动的碳价），本章在构建模型时需要考虑更多因素。相应地，在设计模型的求解方法时也变得更为复杂。为了陈述的方便，本章不再建立统一的模型，而以"收敛型"供应链为例，进行模型的构建和求解方法的设计，"发散型"供应链可以进行类似处理。

本章将参与碳市场交易的企业分为 4 类（如图 6-1 所示），即 ①核心企业；②供应链上参与合作减排的企业；③供应链上不参与合作减排的企业；④非供应链上参与碳市场的企业。其中，第①类企业和第②类企业是进行合作减排的主要对象，是本章研究和建模的主要目标，因此本章在碳市场上的系统边界如图 6-1 中左下角的虚线框所示。第③类企业与前两者在供应链上存在原料供应关系，因此将在一定程度上纳入本章的建模范围中，即本章在供应链上的系统边界与第 5 章保持一致，如图 5-2 中的虚线框所示。

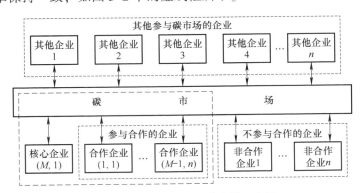

图 6-1　碳市场上的系统边界示意图

▶ 6.1.2　研究的基本假设

本章研究的大部分假设与第 4 章和第 5 章保持一致，下述假设中只有假设（6）～（8）是根据本章研究问题特点而新设立的：

（1）以单位产品作为分析与建模的基本对象，企业内部生产过程中的数量关系按照比例折算到单位产品中进行考虑，以适当减少模型中需要考虑的变量个数。

（2）假设市场供给充足，非合作企业提供的原料的采购成本不受合作企业采购量的影响，使用新技术不会造成原料供应不足或原料供应价格上涨等问题。

（3）假设各企业实施技术升级后，绿色新技术的生产产能充足，即在最优合作策略下，各企业每个需要升级的生产环节只需选择一种绿色技术。

（4）假设每个企业只生产一种产品，只对外销售一种产品。生产或销售多种产品的企业可以分拆成多个并行的子企业分别进行考虑。

（5）假设上游企业生产的中间产品主要销售给下游的合作企业或核心企业，即供应链系统边界内的企业。销售中间产品给非合作企业的企业可以拆分成两个子企业进行考虑：一个子企业放在系统边界内，作为合作企业；另一个子企业放在系统边界外，作为非合作企业。

（6）假设每个参与合作减排的企业至少存在一种绿色新技术，使得该企业在一定时期内减少的碳交易成本大于该绿色技术的技术升级成本。否则，该企业无法通过技术升级的方式获得减排收益，可能将退出合作。

（7）假设企业进行独立减排时，由于企业之间不交换技术升级信息，因此上游企业认为下游企业生产单位产品过程中需要该企业的中间产品数量近似不变。

（8）假设企业买入或卖出碳配额会对碳市场上的均衡价格造成一定的影响，交易量越大，影响越显著。

▶ 6.1.3　待解决的主要研究问题

与碳税政策相比，企业在碳交易政策下进行合作减排时，除了可以共享减排资金、协商绿色减排技术外，还可以交换碳交易信息。由于企业对未来碳价的预测会影响企业的减排规划，因此如何提高预测的准确度是影响企业减排决策合理性的一个重要因素。而企业间进行合作减排时，通过交换碳交易信息，共同判断未来碳价趋势，可以在一定程度上提高碳价预测的准确性，使得企业的减排规划更为可靠。因此，这将是促使企业间展开合作减排的又一动力。

本章主要研究了碳交易政策背景下，供应链中非对等关系的企业之间如何通过技术升级的方式进行合作减排的问题。在已知企业间的供应关系、各企业每个生产环节的各种潜在绿色技术及其基本参数（生产成本、碳排放、技术升级成本等）、各企业初始减排资金和初始碳配额、终端产品的初始销量和价格弹性、碳市场的初始碳价和各企业估计的碳价影响系数等信息的情况下，本章主要研究了核心企业如何通过合理分配减排资金，协调企业间绿色合作技术的选择以及共享企业间的碳减排信息，以在不损害合作企业利益的基础上，达到利润最大化。

6.2 碳交易驱动的供应链上非对等企业间绿色技术选择的优化模型

本章在第 5 章研究的基础上，根据碳交易政策的特点，分别对第 5 章中的独立减排模型和合作减排模型进行了相应的修改和拓展，提出了用于解决本章问题的"新"独立减排模型和"新"合作减排模型。然后在分析"新"模型特点的基础上，使用多 Agent 系统理论，分别提出了这两个模型的优化求解方法。

▶ 6.2.1 主要变量及其解释

为了便于模型的修改和拓展，本章使用的变量名称与第 5 章基本保持一致。本章也使用变量 (m,n) 来区分不同层次的不同企业。在本章的公式中，使用下标 (m,n) 来区分不同企业中的相关变量。同时，为了表述的简洁，在文中描述变量时，若该变量无特殊标明，则表示该变量含有默认下标 (m,n)。

本章模型中使用的主要变量、外生参数及其相关解释如下（以变量的英文字母顺序排序，本章新增的变量或含义发生变化的变量前已使用★标注）：

★ $\alpha_{M,1}$：核心企业 $(M,1)$ 生产的终端产品的价格弹性，核心企业 $(M,1)$ 估计的产品价格对产品销量的影响，可以通过对历史数据进行回归等方法来确定，是模型的**外生参数**。

★ β：独立减排模型中，单个企业独立估计的碳价影响系数，表示该企业的减排程度对碳市场上均衡价格的影响，可以通过对历史数据进行回归等方法来确定，是模型的**外生参数**。

★ γ：合作减排模型中，所有合作企业整合信息后估计的碳价影响系数，表示这些企业整体的减排程度对碳市场上均衡价格的影响，可以通过对历史数据进行回归等方法来确定，是模型的**外生参数**。

CUC^i：到第 i 个生产环节为止，企业累积所需的技术升级成本，是独立减排模型求解过程中使用的中间变量。

★ CTC^i：到第 i 个生产环节为止，企业生产 Q^1 单位产品累积所需的总成本，是独立减排模型求解过程中使用的中间变量。

★ EQ：企业初始分配获得的碳排放配额。

★ EQ_{total}：合作减排模型中，所有合作企业共获得的碳排放配额。

$I^{i,j}$：独立减排模型中，绿色技术 $P^{i,j}$ 的示性函数，是模型的**决策变量**。$I^{i,j}$ = 1 表示第 i 个生产环节采用第 j 种技术进行生产，$I^{i,j}$ = 0 表示第 i 个生产环节不采用第 j 种技术进行生产。

$\text{input}_{m,n}$：企业 (m,n) 的上游合作企业的企业编号的集合。

LTC^i：企业技术升级成本累积到第 i 个生产环节时的上限值，是独立减排模型求解过程中使用的中间变量。

$\text{NI}^{i,j}$：合作减排模型中，非合作技术 $P^{i,j}$ 的示性函数，是模型的**决策变量**，定义同 $I^{i,j}$ 类似。

$\text{pc}^{i,j}$：第 i 个生产环节使用第 j 种技术生产单位产品时，所需的生产成本。

$\text{pe}^{i,j}$：第 i 个生产环节使用第 j 种技术生产单位产品时，所产生的碳排放。

$P_{m-1,t}^{\text{C}}$：合作减排模型中，合作企业 $(m-1,t)$ 提供的原料的单位协议采购价格，是模型的**决策变量**。

$P_{m-1,t}^{\text{I}}$：独立减排模型中，合作企业 $(m-1,t)$ 提供的原料的单位采购价格，是模型的**外生参数**。

★　PE^{C}：合作减排模型中，所有企业整合信息后估计的碳价。

★　$\text{PE}_{\text{I}}^{\text{C}}$：合作减排模型中，所有合作企业整合各自独立减排时的减排信息后估计的碳价，仅在修正企业独立减排的利润 $\hat{\pi}^{\text{I}}$ 时使用。

★　PE^{I}：独立减排模型中，单个企业独立估计的碳价。

★　$\text{PE}^{\text{Initial}}$：碳市场上初始的均衡碳价。

$q^{i,j,t}$：第 i 个生产环节使用第 j 种技术生产单位产品时，所需的来自合作企业 $(m-1,t)$ 的原料数量。

$Q^{m-1,t}(I^{i,j})$：独立减排模型中，企业选择技术升级策略 $\{I^{i,j}\}$ 后，生产单位产品所需的来自合作企业 $(m-1,t)$ 的原料总量。

$Q^{m-1,t}(\text{NI}^{i,j},\text{RI}^{i,k})$：合作减排模型中，企业选择技术升级策略 $\{\text{NI}^{i,j},\text{RI}^{i,k}\}$ 后，生产单位产品所需的来自合作企业 $(m-1,t)$ 的原料总量。

★　Q：产品在一定时期 T 内的销量。

$Q_{M,1}^{\text{Initial}}$：核心企业 $(M,1)$ 生产的终端产品在不受价格影响的情况下，在一定时期 T 内的理想销量；用于和 $\alpha_{M,1}$ 配合，估计终端产品的实际销量，是模型的**外生参数**。

$\text{rc}^{i,j,s}$：第 i 个生产环节使用第 j 种技术生产单位产品时，所需的第 s 种非合作企业的原料的采购成本。

$\text{RI}^{i,k}$：合作减排模型中，合作技术 $P^{i,k}$ 的示性函数，是模型的**决策变量**，定义同 $I^{i,j}$ 类似。

★ TC^I：企业生产 Q^I 单位产品的预期总成本，包括生产成本、碳交易成本和技术升级成本，是独立减排模型求解过程中使用的中间变量。

TE：企业生产单位产品产生的总碳排放。

★ TE_{total}：合作减排模型中，所有合作企业产生的总碳排放。

TPC：企业生产单位产品的总生产成本。

TUC：企业进行技术升级所需的总成本。

TE^0：技术升级前，企业生产单位产品的总碳排放。

TPC^0：技术升级前，企业生产单位产品的总生产成本。

$uc^{i,j}$：第 i 个生产环节升级到第 j 种技术进行生产时，所需的升级成本。

UC^{limit}：独立减排模型中，企业初始的减排资金，即企业可用于技术升级的总成本的上限值，是模型的**外生参数**。

UC^{share}：合作减排模型中，企业重新分配后的减排资金，是模型的**决策变量**。

★ π^0：独立减排模型中，企业不减排时的利润。

π^C：合作减排时，企业的利润。

π^I：独立减排时，企业的利润。

★ $\hat{\pi}^I$：合作减排模型中，经过信息修正，企业独立减排后的利润。

6.2.2 独立减排模型

企业通过技术升级的方式进行碳减排时，选择不同的技术升级策略 $\{I^{i,j}\}$ 将导致企业进行技术升级所需的总成本 TUC 不同，企业生产单位产品产生的总碳排放 TE 和所需的总生产成本 TPC 也将不尽相同，如第 5.2.2 小节的分析过程所示。企业在不同的减排政策情景下，将根据实际情况决定自己最优的技术升级策略 $\{I^{i,j}\}$，使得它的这些成本均处在合理范围内。因此，总生产成本 TPC、总碳排放 TE 和进行技术所需的总成本 TUC 的计算公式与减排政策无关，主要取决于企业的技术升级策略 $\{I^{i,j}\}$。因此，在本章的模型中，它们的计算公式同第 5 章保持一致，见式（6-1）~式（6-3）：

$$TPC_{m,n} = \sum_i \sum_j pc_{m,n}^{i,j} I_{m,n}^{i,j} + \sum_i \sum_j \sum_s rc_{m,n}^{i,j,s} I_{m,n}^{i,j} +$$
$$\sum_{t \in input_{m,n}} Q_{m,n}^{m-1,t}(I_{m,n}^{i,j}) P_{m-1,t}^I \tag{6-1}$$

$$TE_{m,n} = \sum_i \sum_j pe_{m,n}^{i,j} I_{m,n}^{i,j} \tag{6-2}$$

$$TUC_{m,n} = \sum_i \sum_j uc_{m,n}^{i,j} I_{m,n}^{i,j} \tag{6-3}$$

式中，$Q_{m,n}^{m-1,t}(I_{m,n}^{i,j})$ 是用于计算来自合作企业 $(m-1,t)$ 的中间产品数量的函数，可以通过式（6-4）来具体计算；$I^{i,j}$ 是示性函数，表示第 i 个生产环节是（$=1$）否（$=0$）升级到第 j 种绿色技术进行生产。

根据第 6.1.2 小节的假设（3），企业的每个生产环节只需选择一种新技术，因此生产环节 P_i 的各种绿色新技术 $P_{i,j}$ 的示性函数 $I^{i,j}$ 之间需要满足式（6-5）的约束：

$$Q_{m,n}^{m-1,t}(I_{m,n}^{i,j}) = \sum_i \sum_j q_{m,n}^{i,j,t} I_{m,n}^{i,j} \tag{6-4}$$

$$\sum_j I_{m,n}^{i,j} = 1 \tag{6-5}$$

核心企业 $(M,1)$ 生产的终端产品将销售给系统边界外的零售商或者其他下游企业，如图 5-2 所示。因此，它的销量会受到它的零售价格的影响。本章中，为了模型简化，使用线性函数来表示这个关系，见式（6-6）：

$$Q_{M,1} = Q(P_{M,1}) = Q_{M,1}^{\text{Initial}} - P_{M,1}\alpha_{M,1} \tag{6-6}$$

根据第 6.1.2 小节的假设（5），上游企业生产的中间产品主要销售给下游的合作企业或核心企业。因此，位于上游的企业的产品销量 $Q_{m,n}$ 将取决于下游企业的产品销量 $Q_{m+1,v}$ 和它的技术升级策略 $\{I_{m+1,v}^{i,j}\}$ 所决定的对该产品的单位需求量 $Q_{m+1,v}^{m,n}(I_{m+1,v}^{i,j})$，见式（6-7）

$$Q_{m,n} = Q_{m+1,v} Q_{m+1,v}^{m,n}(I_{m+1,v}^{i,j}) \tag{6-7}$$

企业在碳市场上的交易情况取决于它的初始碳配额 EQ 和它的实际碳排放 $Q \cdot$ TE 之间的差值。当 $Q \cdot$ TE$>$EQ 时，企业需要买入欠缺的碳配额；反之，企业将卖出多余的碳配额。企业在碳市场上的交易会使得碳市场上的供需发生变化，这将在一定程度上影响未来碳价的均衡价格。因此，为了便于企业更好地进行决策，本章模型中引入了企业对未来碳价的预测函数。假设碳市场上初始的均衡碳价为 PE^{Initial}，企业独立减排时估计该企业交易的配额量对均衡碳价的影响系数为 β，则企业独立减排时预测的碳价 PE^{I} 可以通过式（6-8）来计算：

$$PE_{m,n}^{\text{I}} = PE(Q_{m,n}, TE_{m,n}) = PE^{\text{Initial}} - (EQ_{m,n} - Q_{m,n}TE_{m,n})\beta_{m,n} \tag{6-8}$$

实施碳交易政策后，企业若不进行技术升级，使用原有技术继续进行生产时，企业一般需要买入一定数量（$Q \cdot$ TE^0 $-$EQ）的碳配额。因此，企业在计算不减排时的利润 π^0 时，需要减去购买碳配额的碳交易支出，见式（6-9）：

$$\pi_{m,n}^0 = Q_{m,n}(P_{m,n}^{\text{I}} - TPC_{m,n}^0) -$$
$$(Q_{m,n}TE_{m,n}^0 - EQ_{m,n})PE(Q_{m,n}, TE_{m,n}^0) \tag{6-9}$$

企业通过技术升级进行减排时，将减少单位产品的碳排放 TE，从而减少碳配额的购买量（甚至出售一部分碳配额），降低碳交易成本。但是，相应地，企业需要额外支出技术升级费用 TUC。因此，企业独立减排后的预期利润 π^{I} 变为式（6-10）：

$$\pi^{\mathrm{I}}_{m,n} = Q_{m,n}(P^{\mathrm{I}}_{m,n} - \mathrm{TPC}_{m,n}) - (Q_{m,n}\mathrm{TE}_{m,n} - \mathrm{EQ}_{m,n})\mathrm{PE}(Q_{m,n},\mathrm{TE}_{m,n}) - \mathrm{TUC}_{m,n}$$

$$(6\text{-}10)$$

在本章构建的独立减排模型中，由于碳交易政策具有周期性，政府在一定周期内为企业发放初始碳配额并核查碳排放的匹配情况，因此企业的优化目标设定为该周期内的预期利润 π^{I} 最大化。由于企业用于技术升级的减排资金一般是有限的，因此进行技术升级所需的总成本 TUC 存在一个上限约束 $\mathrm{UC}^{\mathrm{limit}}$。此外，企业本质上是追求利益的，因此技术升级后的预期利润 π^{I} 应大于不进行技术升级的利润 π^0。综上所述，本章构建的企业的"新"独立减排模型见式（6-11）：

$$\max \ \pi^{\mathrm{I}}_{m,n}$$
$$\mathrm{s.\,t.} \begin{cases} \mathrm{TUC}_{m,n} \leqslant \mathrm{UC}^{\mathrm{limit}}_{m,n} \\ \pi^{\mathrm{I}}_{m,n} > \pi^0_{m,n} \\ \sum_j I^{i,j}_{m,n} = 1 \\ I^{i,j}_{m,n} \in \{0,1\} \end{cases} \qquad (6\text{-}11)$$

6.2.3 合作减排模型

在本章构建的合作减排模型中，主要考虑了三种合作模式，即技术合作模式、资金合作模式和碳交易信息共享机制。其中，前两种合作模式因与减排政策关联不大，因此本章中构建的模型与第 5 章保持一致；而碳交易信息共享机制是本章根据碳交易政策的特点而新增加的。

（1）技术合作模式。通过使用示性函数 $\mathrm{NI}^{i,j}$ 来代表非合作技术的选择，即独立减排模型中原有绿色技术的选择；通过使用示性函数 $\mathrm{RI}^{i,k}$ 来代表合作技术的选择，即需要合作企业对特定的生产环节进行相应的技术升级，以避免技术冲突，防止产品加工时不兼容，体现企业之间的技术协商和合作。具体的建模过程见第 5.2.3 小节，本章为了模型陈述的简便，只罗列建模结果，见式（6-12）~式（6-18）：

$$\mathrm{NI}^{i,j}_{m,n} \in \{0,1\} \qquad (6\text{-}12)$$

$$\mathrm{RI}^{i,k}_{m,n} \in I(\mathrm{RI}^{\mathrm{related}}_{m+1,u},\mathrm{RI}^{\mathrm{related}}_{m-1,v}) = \begin{cases} \{0\}, & \mathrm{RI}^{\mathrm{related}}_{m+1,u} = 0 \ \text{和} \ \mathrm{RI}^{\mathrm{related}}_{m-1,v} = 0 \\ \{0,1\}, & \mathrm{RI}^{\mathrm{related}}_{m+1,u} \ \text{和} \ \mathrm{RI}^{\mathrm{related}}_{m-1,v} \ \text{均未决定} \\ \{1\}, & \mathrm{RI}^{\mathrm{related}}_{m+1,u} = 1 \ \text{或} \ \mathrm{RI}^{\mathrm{related}}_{m-1,v} = 1 \end{cases} \quad (6\text{-}13)$$

$$\sum_j \mathrm{NI}_{m,n}^{i,j} + \sum_k \mathrm{RI}_{m,n}^{i,k} = 1 \tag{6-14}$$

$$\mathrm{TPC}_{m,n} = \sum_i \sum_j \mathrm{pc}_{m,n}^{i,j} \mathrm{NI}_{m,n}^{i,j} + \sum_i \sum_j \sum_s \mathrm{rc}_{m,n}^{i,j,s} \mathrm{NI}_{m,n}^{i,j} + \sum_i \sum_k \mathrm{pc}_{m,n}^{i,k} \mathrm{RI}_{m,n}^{i,k} +$$
$$\sum_i \sum_k \sum_s \mathrm{rc}_{m,n}^{i,k,s} \mathrm{RI}_{m,n}^{i,k} + \sum_{t \in input_{m,n}} Q_{m,n}^{m-1,t} (\mathrm{NI}_{m,n}^{i,j}, \mathrm{RI}_{m,n}^{i,k}) P_{m-1,t}^{C} \tag{6-15}$$

$$Q_{m,n}^{m-1,t}(\mathrm{NI}_{m,n}^{i,j}, \mathrm{RI}_{m,n}^{i,k}) = \sum_i \sum_j q_{m,n}^{i,j,t} \mathrm{NI}_{m,n}^{i,j} + \sum_i \sum_k q_{m,n}^{i,k,t} \mathrm{RI}_{m,n}^{i,k} \tag{6-16}$$

$$\mathrm{TE}_{m,n} = \sum_i \sum_j \mathrm{pe}_{m,n}^{i,j} \mathrm{NI}_{m,n}^{i,j} + \sum_i \sum_k \mathrm{pe}_{m,n}^{i,k} \mathrm{RI}_{m,n}^{i,k} \tag{6-17}$$

$$\mathrm{TUC}_{m,n} = \sum_i \sum_j \mathrm{uc}_{m,n}^{i,j} \mathrm{NI}_{m,n}^{i,j} + \sum_i \sum_k \mathrm{uc}_{m,n}^{i,k} \mathrm{RI}_{m,n}^{i,k} \tag{6-18}$$

其中，式（6-12）、式（6-13）是示性函数 $\mathrm{NI}^{i,j}$ 和 $\mathrm{RI}^{i,k}$ 初始值的取值范围；式（6-14）表示它们之间需要满足第 6.1.2 小节中假设（3）的约束；式（6-15）~式（6-18）是企业的技术升级策略从 $\{I^{i,j}\}$ 变成了 $\{\mathrm{NI}^{i,j}, \mathrm{RI}^{i,k}\}$ 后，对式（6-1）~式（6-4）进行的相应扩展。

（2）资金合作模式。通过使用决策变量 P^C 来替换独立减排模型中的外生参数 P^I，体现企业间在原料采购价格上的协商与合作，如式（6-15）中所示；通过使用决策变量 $\mathrm{UC}^{\mathrm{share}}$ 来替换独立减排模型中的外生参数 $\mathrm{UC}^{\mathrm{limit}}$，体现企业间在减排资金上的协商与合作。此外，由于所有企业进行技术升级所需的总成本之和是一定的，因此重新分配后的技术升级所需的总成本之和应小于这个总量，见式（6-19）：

$$\sum_m \sum_n \mathrm{UC}_{m,n}^{\mathrm{share}} \leqslant \sum_m \sum_n \mathrm{UC}_{m,n}^{\mathrm{limit}} \tag{6-19}$$

（3）碳交易信息共享机制。企业之间通过合作减排，一方面可以掌握更多的碳市场份额［包括总初始配额 $\mathrm{EQ}_{\mathrm{total}}$ 和总需求配额 $\mathrm{TE}_{\mathrm{total}}$，分别见式（6-20）、式（6-21）］，具有更大的话语权。

$$\mathrm{EQ}_{\mathrm{total}} = \sum_m \sum_n \mathrm{EQ}_{m,n} \tag{6-20}$$

$$\mathrm{TE}_{\mathrm{total}} = \sum_m \sum_n Q_{m,n} \mathrm{TE}_{m,n} \tag{6-21}$$

另一方面，企业之间通过交换碳交易信息，可以掌握更多的碳市场动态，在共同进行分析与讨论后，有助于更准确地估计碳价的价格影响系数 γ，使得对未来碳价的均衡价格 PE^C 的预测更为准确，见式（6-22）：

$$\mathrm{PE}^C = \mathrm{PE}^{\mathrm{Initial}} - (\mathrm{EQ}_{\mathrm{total}} - \mathrm{TE}_{\mathrm{total}})\gamma \tag{6-22}$$

此外，由于碳价会在一定程度上影响企业的预期利润，从而影响企业的合作减排决策，而合作减排后预测的碳价 PE^C 比各企业单独减排时预测的碳价 PE^I 更为准确，因此在构建合作减排模型时需要对各企业独立减排后的预期利润进行修正。首先，基于各企业独立减排模型的计算结果，通过式（6-22）预测得到更为准确的碳价均衡价格 $\mathrm{PE_l^C}$。然后，使用 $\mathrm{PE_l^C}$ 统一替换独立减排模型中各企业各自预测的碳价 $\mathrm{PE^I}$，得到各企业修正后的预期利润 $\hat{\pi}^I$，见式（6-23）。最后，使用 $\hat{\pi}^I$ 作为各企业之间合作协商的基准利益。

$$\hat{\pi}_{m,n}^{\mathrm{I}} = Q_{m,n}(P_{m,n}^{\mathrm{I}} - \mathrm{TPC}_{m,n}) - (Q_{m,n}\mathrm{TE}_{m,n} - \mathrm{EQ}_{m,n})\mathrm{PE_I^C} - \mathrm{TUC}_{m,n} \tag{6-23}$$

合作减排后，企业在分析预期利润 π^{C} 时，除了需要使用共同预测的碳价 $\mathrm{PE^C}$ 替换独立预测的碳价 $\mathrm{PE^I}$ 外，还需要除去技术升级资金的净流出部分（$\mathrm{UC^{limit}} - \mathrm{UC^{share}}$），见式（6-24）：

$$\pi_{m,n}^{\mathrm{C}} = Q_{m,n}(P_{m,n}^{\mathrm{C}} - \mathrm{TPC}_{m,n}) - (Q_{m,n}\mathrm{TE}_{m,n} - \mathrm{EQ}_{m,n})\mathrm{PE^C} -$$
$$(\mathrm{UC^{limit}} - \mathrm{UC^{share}}) - \mathrm{TUC}_{m,n} \tag{6-24}$$

与独立减排模型一致，本章构建的合作减排模型中也以企业的预期利润 π^{C} 最大化为优化目标。由于资金合作模式会使企业之间的技术升级资金进行再分配，因此企业技术升级总成本 TUC 的上限约束变为 $\mathrm{UC^{share}}$。而企业追求利益的本质使得它期望参与合作后的利润 π^{C} 应大于独立减排时的利润 $\hat{\pi}^I$。综上所述，本章构建的企业的"新"合作减排模型如式（6-25）所示：

$$\max \pi_{m,n}^{\mathrm{C}}$$
$$\mathrm{s.\,t.} \begin{cases} \mathrm{TUC}_{m,n} \leqslant \mathrm{UC}_{m,n}^{\mathrm{share}} \\[4pt] \pi_{m,n}^{\mathrm{C}} \geqslant \hat{\pi}_{m,n}^{\mathrm{I}} \\[4pt] \sum_j \mathrm{NI}_{m,n}^{i,j} + \sum_k \mathrm{RI}_{m,n}^{i,k} = 1 \\[4pt] \mathrm{NI}_{m,n}^{i,j} \in \{0,1\} \\[4pt] \mathrm{RI}_{m,n}^{i,k} \in I(\mathrm{RI}_{m+1,u}^{\mathrm{related}}, \mathrm{RI}_{m-1,v}^{\mathrm{related}}) \end{cases} \tag{6-25}$$

核心企业（$M,1$）作为合作减排的组织者，其最终目的是希望通过自身在供应链中的优势地位来联合其他合作企业，实现其合作后的利润 $\pi_{M,1}^{\mathrm{C}}$ 的最大化。此外，核心企业在协调技术升级资金的再分配时，应保证分配后的减排资金总量不超过原始的减排资金总量，即应考虑公式（6-19）。所以，核心企业（M，1）的控制模型见式（6-26）：

$$\max \pi_{M,1}^{\mathrm{C}}$$
$$\mathrm{s.\,t.} \sum_m \sum_n \mathrm{UC}_{m,n}^{\mathrm{share}} \leqslant \sum_m \sum_n \mathrm{UC}_{m,n}^{\mathrm{limit}} \tag{6-26}$$

▶ 6.2.4　独立减排模型的求解方法

独立减排模型中，各企业分别独立进行减排决策，企业的决策过程不受到其他企业的影响，因此各企业可以基于自己的数据，各自通过式（6-11）独立求解自己优化后的技术升级策略。式（6-11）本质上是一个 0-1 型的整数规划模型，在问题规模较小的时候，可以通过枚举法直接进行精确求解；在问题规模较大时，可以将式（6-11）进行适当变形，使用第 4 章提出的 IMASGA+方法进行数值求解，过程如下：

在对式（6-11）目标函数中的 π^{I} 进行适当拆分后，可以得到 4 部分内容，即总收入 QP^{I}、生产总成本 $Q \cdot \mathrm{TPC}$、碳交易总成本 $C（\mathrm{TE}）$（与 TE 有关的二次函数）和进行技术升级所需的总成本 TUC。后三者合并后组成了企业的预期总成本 TC^{I}，见式（6-27）：

$$
\begin{aligned}
\pi^{\mathrm{I}}_{m,n} &= Q_{m,n}(P^{\mathrm{I}}_{m,n} - \mathrm{TPC}_{m,n}) - (Q_{m,n}\mathrm{TE}_{m,n} - \mathrm{EQ}_{m,n})\mathrm{PE}(Q_{m,n}, \mathrm{TE}_{m,n}) - \mathrm{TUC}_{m,n} \\
&= Q_{m,n}P^{\mathrm{I}}_{m,n} - Q_{m,n}\mathrm{TPC}_{m,n} - C(\mathrm{TE}_{m,n}) - \mathrm{TUC}_{m,n} \\
&= Q_{m,n}P^{\mathrm{I}}_{m,n} - \mathrm{TC}^{\mathrm{I}}_{m,n}
\end{aligned}
\tag{6-27}
$$

由于在独立减排模型中，各企业产品的价格 P^{I} 是外生参数，是给定的固定值，因此根据式（6-6）、式（6-7）和第 6.1.2 小节的假设（7），各企业产品的销量 Q 也是固定值。因此，各企业的总收入 QP^{I} 是一个固定值。模型中的优化目标可以从企业的预期利润 π^{I} 最大化转变为企业的预期总成本 TC^{I} 最小化，见式（6-28）：

$$
\begin{aligned}
&\min \mathrm{TC}^{\mathrm{I}}_{m,n} \\
&\mathrm{s.\,t.} \left\{
\begin{array}{l}
\mathrm{TUC}_{m,n} \leqslant \mathrm{UC}^{\mathrm{limit}}_{m,n} \\
\pi^{\mathrm{I}}_{m,n} \geqslant \pi^{0}_{m,n} \\
\sum_{j} I^{i,j}_{m,n} = 1 \\
I^{i,j}_{m,n} \in \{0,1\}
\end{array}
\right\}
\end{aligned}
\tag{6-28}
$$

式（6-28）在去除 $\pi^{\mathrm{I}}_{m,n} \geqslant \pi^{0}_{m,n}$ 的约束后，在形式上与式（4-15）、式（5-8）相似，符合 IMASGA+方法的一般求解要求，因此可以使用第 4 章提出的 IMASGA+方法进行求解，其对应的各生产环节 i 的子模型见式（6-29）。而约束条件 $\pi^{\mathrm{I}}_{m,n} \geqslant \pi^{0}_{m,n}$ 可以放在 IMASGA+方法的遗传算法部分的选择操作中进行考虑，作为判断个体是不是可行解的条件之一。

$$
\begin{aligned}
&\min \mathrm{CUC}^{i}_{m,n} \\
&\mathrm{s.\,t.} \left\{
\begin{array}{l}
\mathrm{CTC}^{i}_{m,n} \leqslant \mathrm{LTC}^{i}_{m,n} \\
\sum_{j} I^{i,j}_{m,n} = 1 \\
I^{i,j}_{m,n} \in \{0,1\}
\end{array}
\right\}
\end{aligned}
\tag{6-29}
$$

▶ 6.2.5 合作减排模型的求解方法

合作减排模型中，由于企业之间的 3 种合作模式，独立减排模型中的一些外生参数变成了决策变量（$\text{RI}^{i,k}$、P^C、UC^{share}、PE^C、Q、TE）。这些决策变量在模型求解时会互相产生影响，使得各企业在求解时存在一定的联系性。而这些决策变量在确定后，各企业又可以独立地通过式（6-25）进行优化求解，分析自己优化后的技术升级策略。这种既相互联系又相对独立的求解关系符合多 Agent 系统应用的一般特征。因此和第 5 章一样，本章也利用多 Agent 系统来对合作减排模型进行优化求解。本章在第 5 章提出的 MASE 方法的基础上，根据式（6-25）的特点，提出了 MASE+方法用于式（6-25）的求解。

本章使用的多 Agent 系统由多个合作 Agent、一个核心 Agent 和一个碳价 Agent 组成。其中：合作 Agent（m,n）模拟了合作企业（m,n）的减排决策过程，它的个数取决于参与合作减排的企业的数量；核心 Agent 模拟了核心企业的减排决策过程；碳价 Agent 模拟了碳市场上碳价的调整过程，用于实时调整均衡碳价 PE^C，使其他 Agent 的决策结果更可靠。

合作 Agent 和核心 Agent 的工作机制与第 5 章基本相同（具体内容见第 5.2.4 小节），不同之处如下：①在通信机制中，需要增加 PE^C、Q、TE 等变量的通信，以及与碳价 Agent 的通信关系。②由于式（6-25）中含有利润比较的约束，因此需要将利润计算机制合并到技术决策机制中进行考虑。

碳价 Agent 包含 3 种工作机制：①通信机制，用于与其他 Agent 交换相关变量，包括从其他 Agent 中获取 Q 和 TE，向其他 Agent 反馈 PE^C 等。②碳价动态调整机制，即在每个合作 Agent 或核心 Agent 完成优化后，通过通信机制获取相关变量，并根据公式（6-22）实时调整均衡碳价 PE^C。③碳价反馈机制，即将调整后的均衡碳价 PE^C 通过通信机制反馈给各个合作 Agent 和核心 Agent。

在本章构建的多 Agent 系统中，合作 Agent、核心 Agent 和碳价 Agent 之间通过 $\text{RI}^{i,k}$、P^C、UC^{share}、PE^C、Q、TE 等变量耦合在一起，如图 6-2 所示。

其中，在技术合作模式中，各个合作 Agent 和核心 Agent 之间通过变量 $\text{RI}^{i,k}$ 联系在一起，变量 $\text{RI}^{i,k}$ 是双向传递关系，如图 6-2a 所示。在资金合作模式中，核心 Agent 和各个合作 Agent 之间通过变量 P^C 和 UC^{share} 联系在一起，变量 P^C 和 UC^{share} 由核心 Agent 传递给合作 Agent，是单向传递关系，如图 6-2b 所示。在碳交易信息共享机制中，碳价 Agent 和合作 Agent、核心 Agent 之间通过变量 PE^C、Q 和 TE 联系在一起，变量 Q 和 TE 由合作 Agent 或核心 Agent 传递给碳价 Agent，变量 PE^C 由碳价 Agent 传递给各个合作 Agent 和核心 Agent，均是单向传递关系，如图 6-2c 所示。此外，合作 Agent 在计算它的销量时，需要获取下游合作（核心）企业的销量，因此合作 Agent 和核心 Agent 在变量 Q 上存在一个单向传递关系，如图 6-2d 所示。

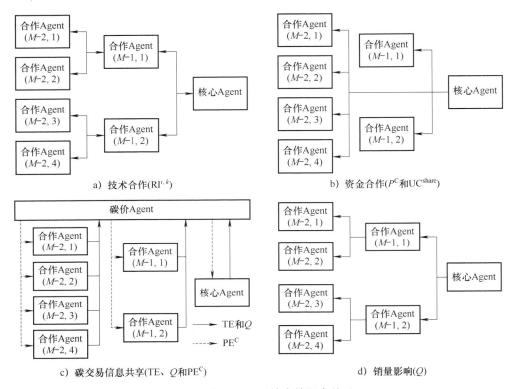

图 6-2　多 Agent 系统中的耦合关系

本章提出的基于该多 Agent 系统的 MASE+方法的优化流程如图 6-3 所示。

具体来说，基于多 Agent 系统的 MASE+方法的优化步骤如下：

步骤 1：企业信息的初始化。这即对多 Agent 系统的一些基础数据进行设定或修正，其流程如下：

（1）合作协议的初始化，即核心 Agent 初始分配各个合作企业 P^C 和 UC^{share}，并通过通信机制传递给对应的合作 Agent。

（2）基于各企业独立减排模型的优化结果（Q 和 TE），通过式（6-22）计算独立减排情景下，碳交易信息共享后的碳价均衡价格 PE_I^C。

（3）通过式（6-23），修正各企业独立减排时的预期利润 $\hat{\pi}^I$。

（4）令 $PE^C = PE_I^C$。

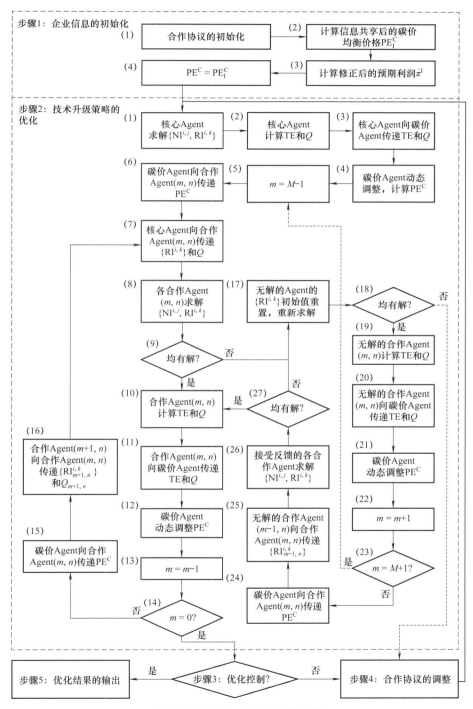

图 6-3 **MASE+方法的优化流程**

步骤2：技术升级策略的优化。首先，由于核心企业（$M,1$）在合作减排中起主导作用，因此由核心企业（$M,1$）先决定自己的技术升级策略，即步骤（1），并动态调整均衡碳价 PE^C，即步骤（2）～（6）。然后，由与核心企业联系较为紧密的上游合作企业（$M-1, n$）决定它们的技术升级策略，即步骤（7）～（8），并动态调整均衡碳价 PE^C，即步骤（10）～（12）。最后，由与合作企业（$M-1, n$）联系较为紧密的上游合作企业（$M-2, n$）决定它们的技术升级策略及动态调整均衡碳价 PE^C，并以此类推，即步骤（7）～（16）。此外，若下游企业选择的合作技术使上游企业无解，则需要通过回溯机制进行重新求解，即步骤（17）～（27）。具体的优化过程如下：

（1）核心 Agent 通过技术决策机制，求解它的最优技术升级策略 $\{NI^{i,j}, RI^{i,k}\}$。

（2）核心 Agent 根据优化后的技术升级策略 $\{NI^{i,j}, RI^{i,k}\}$ 通过式（6-17）计算生产单位产品的碳排放 TE，并根据它的协议价格 P^C 通过式（6-6）计算产品的销量 Q。

（3）核心 Agent 通过通信机制将碳排放 TE 和销量 Q 传递给碳价 Agent。

（4）碳价 Agent 通过碳价动态调整机制计算新的碳价均衡价格 PE^C。

（5）令 $m = M-1$。

（6）碳价 Agent 将调整后的碳价 PE^C 传递给合作 Agent(m,n)。

（7）核心 Agent 将它的合作技术的升级策略 $\{RI^{i,k}\}$ 和产品的销量 Q 传递给它的上游合作 Agent（m,n）。

（8）各个合作 Agent（m,n）通过技术决策机制，分别求解自己的最优技术升级策略 $\{NI^{i,j}, RI^{i,k}\}$。

（9）若所有合作 Agent（m,n）均有解，跳转到步骤（10）；反之，需要通过回溯机制进行调整，跳转到步骤（17）。

（10）各个合作 Agent（m,n）根据自己优化后的技术升级策略 $\{NI^{i,j}, RI^{i,k}\}$，分别通过式（6-7）、式（6-17）计算各自的销量 Q 和生产单位产品的碳排放 TE。

（11）各个合作 Agent（m,n）通过通信机制将自己的碳排放 TE 和销量 Q 传递给碳价 Agent。

（12）碳价 Agent 通过碳价动态调整机制计算新的碳价均衡价格 PE^C。

（13）令 $m = m-1$。

（14）若 $m = 0$，则说明所有合作 Agent 已完成优化，跳转到**步骤3**。

（15）碳价 Agent 将调整后的碳价 PE^C 传递给合作 Agent（m, n）。

（16）合作 Agent $(m+1,n)$ 将它的合作技术的升级策略 $\{RI_{m+1,n}^{i,k}\}$ 和产品的销量 $Q_{m+1,n}$ 传递给它的上游合作 Agent (m,n)，跳转到步骤（7）。

（17）将"无解"的合作 Agent (m,n) 中合作技术的升级策略 $\{RI^{i,k}\}$ 的初始取值均赋值为 $\{0,1\}$，并重新通过技术决策机制进行求解。

（18）若均有解，跳转到步骤（19）；反之，说明合作协议分配不合理，需要进行调整，跳转到**步骤 4**。

（19）"无解"的合作 Agent (m,n) 根据自己"重新优化"后的技术升级策略 $\{NI^{i,j}, RI^{i,k}\}$，分别通过式（6-7）、式（6-17）计算各自的销量 Q 和生产单位产品的碳排放 TE。

（20）"无解"的合作 Agent (m,n) 通过通信机制将它的碳排放 TE 和销量 Q 传递给碳价 Agent。

（21）碳价 Agent 通过碳价动态调整机制计算新的碳价均衡价格 PE^C。

（22）令 $m = m+1$。

（23）若 $m = M+1$，则说明已经回溯到核心企业，且已经完成调整，跳转到步骤（5）；反之，转跳到步骤（24）。

（24）碳价 Agent 将调整后的碳价 PE^C 传递给"无解"的合作 Agent $(m-1,n)$ 的下游合作 Agent(m,n)。

（25）"无解"的合作 Agent$(m-1,n)$ 将它的合作技术的升级策略 $\{RI_{m-1,n}^{i,k}\}$ 传递给它的下游合作 Agent (m,n)。

（26）接受反馈的下游合作 Agent (m,n) 重新通过技术决策机制进行求解。

（27）若均有解，回溯调整结束，跳转到步骤（10）；反之，需要继续回溯调整，跳转到步骤（17）。

步骤 3：优化控制。核心 Agent 基于优化控制机制，通过式（6-26）进行判断，若未达到优化目标，跳转到**步骤 4**；反之，跳转到**步骤 5**。

步骤 4：合作协议的调整。核心 Agent 基于协议调整机制，对各合作企业的 P^C 和 UC^{share} 进行调整，并跳转到**步骤 2（1）**。

步骤 5：优化结果的输出。多 Agent 系统给出合作减排模型的最优解及相关计算结果，包括优化后的合作协议（P^C 和 UC^{share}），各企业的技术升级策略 $\{NI^{i,j}, RI^{i,k}\}$，各企业合作后的预期利润 π^C，各企业需要购买或出售的配额 $EQ-Q \cdot TE^C$，预测的碳价均衡价格 PE^C 等。

6.3 数值算例验证与讨论

为了验证本章碳交易政策背景下构建的"新"独立减排模型和"新"合作

减排模型的合理性，以及改造后的 MASE+方法求解的有效性，本章通过一个数值算例进行了测试。通过对数值算例优化结果的进一步分析，本章讨论了不同减排政策对企业技术升级决策的影响。

▷▷ 6.3.1 数值算例的描述

本章构建的数值算例中，企业技术升级的基础数据与第 5 章保持一致，即每个企业的各种潜在绿色技术的有关数据（生产成本 pc，来自非合作企业的原料成本 rc，来自合作企业的原料需求量 $q_{i,j}$，生产中产生的碳排放 pe，技术升级成本 uc）见附录 B 中的表 B-1~表 B-7。各企业之间的供应链关系如图 5-5 所示。各企业技术升级策略的描述性统计见表 5-1，减排前主要指标见表 5-2。

独立减排模型和合作减排模型中，各企业的外生参数的设定见表 6-1，即：

（1）各企业初始分配获得的碳排放配额 EQ 采用"祖父原则"[⊖]设定，即设定为初始总排放的 82%。

（2）考虑到交易量越大对市场均衡价格的影响越大，因此各企业独立估计的碳价影响系数 β 与它潜在的交易量成正相关关系，见表 6-1 中 β 列的所设定。

（3）各企业的初始减排资金 UC^{limit} 设定为初始碳配额购买资金的 50%，即 $50\% \times PE^0$（$Q^0 \cdot TE^0 - EQ$）。

（4）独立减排后，产品的价格 P^I 保持不变，即设定为 P^0。

表 6-1 各企业主要外生参数的设定值

企 业 编 号	初始总碳排放	EQ	β	UC^{limit}	P^I
（3,1）	238 089	195 233	0.000 012	332 441	5637.50
（2,1）	48 874	40 077	0.000 003	66 096	1033.04
（2,2）	89 393	73 302	0.000 008	121 716	3288.78
（2,3）	76 032	62 346	0.000 006	103 205	755.68
（1,1）	103 292	84 699	0.000 009	141 000	910.14
（1,2）	72 733	59 641	0.000 006	98 703	823.93
（1,3）	30 201	24 765	0.000 002	40 802	864.26

此外，碳价的初始均衡价格 $PE^{Initial}$ 设定为 15，企业间共同估计的碳价影响系数 γ 为 0.000 007，核心企业（3,1）的产品销量函数设定为 $Q(P_{3,1}) =$

⊖ 在美国环境法中，"祖父原则"赋予既存的旧工厂等以特权，让它们在旧有的标准下继续运营；但新设的设施只有在满足新制定的、更加严格的标准的情况下才能设立。

$64\,328-10.71P_{3,1}$。

▶ 6.3.2 独立减排模型的计算结果

本章基于第6.2.4小节提出的变形方法，使用第4章提出的IMASGA+方法对独立减排模型进行数值求解，其优化结果见表6-2、表6-3。

表6-2 独立减排时各企业的技术升级策略

生产环节编号	选择的技术						
	企业(3,1)	企业(2,1)	企业(2,2)	企业(2,3)	企业(1,1)	企业(1,2)	企业(1,3)
1	2	1	1	1	2	2	1
2	1	1	3	3	3	2	1
3	4	1	1	4	1	2	2
4	1	1	3	4	2	1	1
5	3	1	1	1	1	1	1
6	—	1	2	—	1	1	2
7	—	2	2	—	3	—	2
8	—	1	1	—	—	—	—

表6-3 各企业独立减排后的主要指标

企业编号	TE^I	Q^I	卖出的配额	PE^I	π^0	π^I
(3,1)	49.28	3950	559	14.99	792 211	1 907 583
(2,1)	19.57	2370	−6309	15.02	438 204	477 060
(2,2)	18.48	3753	3950	14.97	201 344	485 905
(2,3)	9.84	5096	12 202	14.93	463 710	916 821
(1,1)	13.56	5930	4295	14.96	245 015	660 026
(1,2)	11.95	4166	9861	14.94	470 725	774 817
(1,3)	17.95	1376	67	15.00	140 980	209 679

表6-2展示了各企业进行独立减排时采用的技术升级策略，即每个生产环节用于技术升级的绿色技术。

表6-3展示了各企业独立减排后的主要指标，包括生产单位产品产生的碳排放 TE^I、产品的销量 Q^I、各企业可以卖出的配额 $Q^I \cdot TE^I - EQ$、独立估计的碳价 PE^I、独立减排后的利润 π^I 等。

从表6-3、表5-2的对比中可以看到，各企业均减少了生产单位产品时产生的碳排放 TE，分别为原来的 82%、95%、78%、66%、78%、68%和 82%。

由于核心企业的产品价格 P^I 保持为 P^0 不变，根据第 6.2.4 小节的分析，各企业产品的销量 Q^I 也均未发生变化，见表 6-3。这使得单位产品的碳排放 TE 将在很大程度上决定企业所需购买或售出的配额量。而各企业的减排幅度（ΔTE）均较大，因此大部分企业均有一定数量的碳配额可以出售，只有企业（2，1）需要买入碳配额。

但与它们的初始配额 EQ 相比，这些交易量均较小，使得它们独立估计的碳价均变化不大，仍在初始均衡价格 $PE^{Initial}$（=15）附近。

实施碳交易政策后，若企业不采取减排措施，则需要额外购买碳配额，使企业的综合利润 π^0 会出现一定程度的下降，分别为原来的 54%、77%、45%、69%、46%、70%和 63%。企业独立减排后，由于大部分企业的减排幅度较大，可以出售一定数量的碳配额，从而弥补技术升级成本，使得大部分企业的利润 π^I 反而有所提升，各企业的利润与原来的利润的比值分别是 1.31、0.84、1.09、1.37、1.25、1.16 和 0.94。

6.3.3 合作减排模型的计算结果

本章使用第 6.2.5 小节提出的 MASE+方法对合作减排模型进行数值求解。合作减排模型中，控制模型〔即核心企业（3，1）的预期利润 $\pi^C_{M,1}$〕的动态优化过程如图 6-4 所示，企业间整合减排信息后共同估计的碳价 PE^C 的动态调整过程如图 6-5 所示。

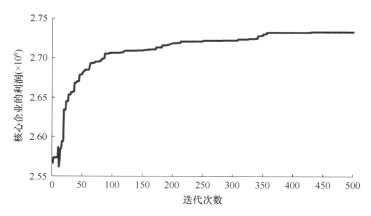

图 6-4 核心企业（3，1）的动态优化过程

从图 6-4 中可以看到，在前 100 次迭代过程中，模型的优化幅度较大；随后，模型的优化幅度逐渐减小，使得模型的优化结果逐渐趋于稳定；在约第 360

次迭代后，模型基本到达优化解。

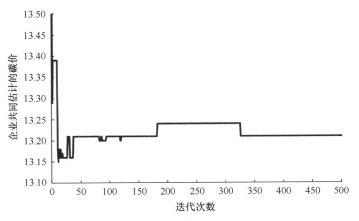

图 6-5　碳价 PE^C 的动态调整

从图 6-5 中可以看到，在前 50 次迭代过程中，碳价 PE^C 的调整幅度相对较大。这是因为 MASE+方法中使用了"贪心算法"，在每一轮迭代过程（即步骤 2）中只对 PE^C 进行 1 次优化，通过多轮迭代来使 PE^C 逐渐收敛到一个相对稳定值。因此，这个收敛过程会在一定程度上放大 PE^C 的调整幅度。但与传统的在每一轮迭代过程中通过内部多次循环使 PE^C 直接达到稳定值的方法相比，"贪心算法"可以节约大量的计算时间，故被本章使用。在迭代早期，由于各企业的产量 Q^C 和单位产品的碳排放 TE^C 变动较大，企业整体的碳排放 EQ_{total} 波动较大，所以从式（6-22）中可以发现这是导致 PE^C 调整幅度较大的又一重要原因。迭代早期碳价 PE^C 较大幅度的调整使得模型的优化结果存在一定的波动，特别是在第 11 次和第 12 次迭代时，出现优化结果小于前几轮优化结果的现象，如图 6-4 左下角部分所示。

各企业进行合作减排时采用的技术升级策略见表 6-4。其中，只有合作技术 C_3 被企业采用（见表 6-4 中带框部分），合作技术 C_1、C_2 和 C_4 均未被企业使用（见表 6-4 中带圈部分）。

表 6-4　各企业进行合作减排时采用的技术升级策略

生产环节编号	选择的技术						
	企业(3,1)	企业(2,1)	企业(2,2)	企业(2,3)	企业(1,1)	企业(1,2)	企业(1,3)
1	1	1	1	2	2	2	1
2	2	1	3	3	1	2	①

（续）

生产环节编号	选择的技术						
	企业(3,1)	企业(2,1)	企业(2,2)	企业(2,3)	企业(1,1)	企业(1,2)	企业(1,3)
3	④	①	1	④	1	1	1
4	1	1	①	4	2	1	1
5	①	1	1	1	1	1	1
6	—	1	2	—	4	1	2
7	—	2	3	—	3		2
8	—	1	1	—	—	—	—

各企业合作减排后的主要指标见表 6-5，包括生产单位产品产生的碳排放 TE^C、产品的协议价格 P^C 和销量 Q^C、各企业可以卖出的配额 $Q^C \cdot TE^C - EQ$、合作减排后的利润 π^C、重新分配后的减排资金 UC^{share} 等。

表 6-5　各企业合作减排后的主要指标

企业编号	UC^{share}	P^C	TE^C	Q^C	卖出的配额	$\hat{\pi}^I$	π^C
(3,1)	319 642	5805.58	53.54	2150	80 109	1 907 490	2 732 976
(2,1)	100 931	995.90	19.57	1269	15 249	478 267	479 249
(2,2)	118 547	3137.89	19.86	1914	35 296	485 349	493 854
(2,3)	122 889	765.61	8.61	2688	39 204	915 611	917 482
(1,1)	132 495	861.77	13.65	3024	43 426	659 452	661 215
(1,2)	79 536	855.08	13.65	2105	30 906	773 701	776 620
(1,3)	27 065	827.34	19.09	699	11 425	209 667	210 303

从表 6-5 和表 6-3、表 5-2 的对比中可以看到，合作减排后各企业生产单位产品时产生的碳排放 TE 分别变为原来的 89%、95%、83%、58%、78%、78% 和 87%。与独立减排相比，只有企业（2,1）的单位碳排放 TE 保持不变，企业（2,3）的单位碳排放 TE 有所下降，而其他企业的单位碳排放 TE 均略有增加。这主要是由于企业间的资金合作模式使得各企业的技术升级资金进行了优化分配。企业（2,3）由于重新分配后的 UC^{share} 变为原来 UC^{limit} 的 1.19 倍，因此有更充裕的资金进行更大幅度的技术升级，从而使得单位碳排放 TE 下降。而虽然

企业（2，1）重新分配后的 UC^{share} 比原来的 UC^{limit} 有所增加，但由于增加的资金不足以支持企业进行第 2 项技术升级，因此它的单位碳排放 TE 保持不变。其他企业由于减排资金的流出，因此只能在部分生产环节进行相对便宜的技术升级，使得其单位碳排放 TE 略有回升。

企业合作减排前，根据各自独立减排时的计算结果，通过式（6-22）分析得到该减排模式下碳价的均衡价格 PE_1^C 为 14.83。因此，根据式（6-23），各企业修正后的预期利润 $\hat{\pi}^1$ 见表 6-5 中的 $\hat{\pi}^1$ 列，总体看是有小幅减少（约 0.1%）。合作减排后，核心企业（3，1）的利润有较大幅度的增加（约 43.28%），其他企业的利润并未受到损失，反而有小幅增加（约 0.2%~1.7%），符合核心企业（3，1）组织合作减排的目的。因此，模型的优化结果是有效的。

在进行合作减排时，综合考虑产品的利润、碳配额收益、减排资金分配收益等因素后，各企业均采取减少产品销量（约为原来的 50.53%~54.43%）、出售多余碳配额的模式进行经营，这使得各企业均有大量的配额可以出售，见表 6-5 中的"卖出的配额"列。因此，企业间共同估计的碳价 PE^C 有较大幅度的下降（如图 6-5 所示），碳价 PE^C 的最终估计价格为 13.21。

6.3.4 碳交易政策和碳税政策对企业技术升级策略的影响比较

为了分析不同的减排政策是否会对企业的技术升级决策造成影响，本节通过引入"资金充裕度"和"减排努力度"，比较它们的排序是否一致来进行讨论。"资金充裕度"用于表示企业规划时对碳减排的资金投入程度，定义为计划用于技术升级的资金投入除以技术升级最多需要的资金，见式（6-30）。"减排努力度"用于表示各企业实际决策时实现碳减排的努力程度，定义为实际减少的碳排放除以技术升级最多可以减少的碳排放，见式（6-31）。

$$资金充裕度 = \frac{UC^{limit} \text{ 或 } UC^{share}}{UC_{max}} \tag{6-30}$$

$$减排努力度 = \frac{TE^0 - TE^1 (\text{或 } TE^C)}{TE^0 - TE_{min}} \tag{6-31}$$

由于第 5 章算例的基础数据和大部分参数设定与本章一致，且本节主要分析企业之间的排序问题，因此本节使用第 5 章算例的计算结果作为本章算例计算结果的比较对象。通过对表 5-1、表 5-2、表 5-4、表 5-6、表 6-3 和表 6-5 的综合整理，可以得到各企业在独立减排模式和合作减排模式下的"资金充裕度"和"减排努力度"及其排序，分别见表 6-6 和表 6-7。

表 6-6 独立减排模式下"资金充裕度"与"减排努力度"比较

企业编号	碳 税				碳 交 易			
	资金充裕度	充裕度排序	减排努力度	努力度排序	资金充裕度	充裕度排序	减排努力度	努力度排序
(3,1)	49.10%	6	42.43%	6	52.11%	4	69.29%	③
(2,1)	19.86%	7	33.88%	7	18.13%	7	17.18%	7
(2,2)	68.81%	3	67.51%	3	53.52%	3	64.03%	④
(2,3)	145.47%	1	99.53%	1	92.94%	1	80.13%	1
(1,1)	57.62%	4	62.33%	4	36.34%	5	51.19%	5
(1,2)	95.17%	2	79.05%	2	64.70%	2	79.05%	2
(1,3)	51.05%	5	60.29%	5	33.31%	6	44.00%	6

注：圈数表示"充裕度排序"和"减排努力度"排序不一致的情况。

表 6-7 合作减排模式下"资金充裕度"与"减排努力度"比较

企业编号	碳 税				碳 交 易			
	资金充裕度	充裕度排序	减排努力度	努力度排序	资金充裕度	充裕度排序	减排努力度	努力度排序
(3,1)	63.48%	3	60.09%	⑤	50.10%	4	42.43%	⑤
(2,1)	20.75%	7	33.88%	7	27.68%	6	17.18%	⑦
(2,2)	78.55%	2	77.10%	2	52.13%	3	47.48%	④
(2,3)	121.94%	1	100.00%	1	110.66%	1	99.53%	1
(1,1)	54.26%	5	72.15%	③	34.15%	5	50.00%	③
(1,2)	54.94%	4	71.16%	4	52.14%	2	54.66%	2
(1,3)	37.42%	6	54.68%	6	22.09%	7	31.46%	⑥

注：圈数表示"充裕度排序"和"减排努力度"排序不一致的情况。

从表 6-6 中可以看到，企业独立减排时：碳税政策下的"资金充裕度"的排序和"减排努力度"的排序完全一致，说明企业在减排资金上投入越大，实现减排效果就越好；碳交易政策下两者的排序基本一致，只有企业（3，1）和企业（2，2）之间出现了"逆序"现象，说明碳配额的可交易属性会在一定程度上影响企业的减排决策，使得企业（3，1）做出更激进的减排决策。

从表 6-7 中可以看到，企业合作减排时，碳税政策下的"资金充裕度"的排序和"减排努力度"的排序出现了部分"逆序"现象，说明合作减排对企业的减排决策有一定的影响。企业（1，1）由于合作技术的实施，使得它的"减排努力度"的排序有一定的上升，而企业（3，1）由于流入的减排资金较多，使得它的"资金充裕度"的排序有较大的上升，因此它们出现了"逆序"现象。在碳交易政策下，两者的排序基本错位，只有企业（2，3）和企业（1，2）保持一致，说明合作减排进一步放大了碳配额的可交易属性的影响，各企业间减排资金的流动和绿色技术的选择受到了碳价的影响。因为碳价的估计情况，会影响绿色技术的综合成本，进而影响企业的减排决策。

总体而言，碳税政策下，企业投入的减排资金越多，企业决策时就会选择减排效果更好的绿色技术，使得实际的减排效果更好；碳交易政策下，企业决策时将受到减排资金和碳价的双重影响，企业投入的减排资金多，不一定会选择减排效果更好的绿色技术。

6.4　碳交易驱动的供应链上非对等企业间绿色技术协同的优化模式

核心企业在组织其他企业通过合作减排以应对碳交易政策时，可以通过以下步骤来安排各企业最优的绿色技术合作策略：

（1）核心企业确定合作企业的范围。

（2）合作范围内的各个企业对自己的每个生产环节进行分析，获取每个生产环节 P_i 所有可用的备选绿色技术 $P_{i,j}$ 及其对应的相关数据，形成类似于附录 B 中的表 B-1 ~ 表 B-7 所示的备选绿色技术表。

（3）各个企业从碳市场中得到各自的初始碳配额 EQ 的数值，并分别对碳市场的趋势进行判断，得到各自独立估计的碳价影响系数 β。

（4）各个企业根据自身情况，分析可用于技术升级的资金，即获取初始减排资金 UC^{limit} 的数值。同时，各个企业根据各自的减排预期，制定各自产品的价格 P^I。

（5）各个企业将相关数据代入独立减排模型中，各自计算独立减排时的最优技术升级策略。[在问题规模较小时，可以直接通过枚举法进行精确求解；在问题规模较大时，通过将独立减排模型转变为式（6-28）所示的形式，使用第 4 章提出的 IMASGA+ 方法进行数值求解。]

（6）各企业交换并整合碳交易信息后，共同对碳市场的趋势进行判断，得到共同估计的碳价影响系数 γ，并根据式（6-23）调整自己独立减排的预期利润 $\hat{\pi}^I$，以此作为合作减排的利益基础。

（7）将相关数据代入合作减排模型中，通过第 6.2.5 小节提出的 MASE+方法进行优化求解，以获取各个企业最优的合作策略：①通过分析变量 UC^{share}，可以得到各个企业重新分配后的减排资金。②通过分析变量 P^C，可以得到各个企业产品的协议采购价格。③通过分析变量 $RI^{i,k}$ 来避免技术冲突，即观察哪一种合作技术对应的 $RI^{i,k}$ 值等于 1，可以知道第 P_i 个生产环节选择了哪一种合作技术；若生产环节 P_i 的所有 $RI^{i,k}$ 值均等于 0，说明生产环节 P_i 中不存在技术合作。④通过分析变量 $NI^{i,j}$ 和 $RI^{i,k}$，可以得到各企业最优的技术升级策略。⑤通过分析变量 $\pi^C_{M,1}$，可以知道核心企业在当前合作范围内，通过组织合作减排最大可能获取的利益。

本章研究了碳交易政策下，在企业地位不对等的供应链中，核心企业如何通过分配减排资金，协调企业间绿色合作技术升级以及共享企业碳减排信息，使得在不损害合作企业利益的基础上，核心企业的利润最大化。首先，本章构建了独立减排模型，用于分析企业独立减排时的最优技术升级策略及其预期的利润、碳价、交易配额等信息，以此作为合作减排的利益基础。其次，将企业细分为核心企业和合作企业两类，通过引入技术合作模式、资金合作模式和碳交易信息共享机制，构建了合作减排模型。最后，通过引入多 Agent 系统，提出了 MASE+方法，用于模拟各企业之间的协商过程，以实现合作模型的优化求解。通过算例应用，对独立减排模型、合作减排模型及其求解算法的合理性进行了验证。计算结果表明，合作减排模式比独立减排模式更有优势，它不仅能显著提高核心企业的利润，还能使其他合作企业的利润也略有提升。同时，合作减排模式还使各企业的总碳排放量有一定程度的下降。与碳税政策下正相关的减排决策相比，碳交易政策下，企业决策时将受到减排资金和碳价的双重影响，即便企业投入的减排资金多，也不一定会选择减排效果更好的绿色技术。

参 考 文 献

[1] 姜睿. 我国碳交易市场发展现状及建议 [J]. 中外能源，2017（1）：3-9.

[2] 刘名武，万谊宇，吴开兰. 碳交易政策下供应链横向减排合作研究 [J]. 工业工程与管理，2015（3）：28-35.

[3] 宋海云，蔡涛. 碳交易：市场现状、国外经验及中国借鉴 [J]. 生态经济，2013（1）：74-77.

[4] 谢鑫鹏，赵道致. 低碳供应链企业减排合作策略研究 [J]. 管理科学，2013（3）：108-119.

[5] 张汉江，张佳雨，赖明勇. 低碳背景下政府行为及供应链合作研发博弈分析 [J]. 中国

管理科学，2015（10）：57-66.

［6］赵道致，原白云，徐春秋．低碳环境下供应链纵向减排合作的动态协调策略［J］．管理工程学报，2016（1）：147-154.

［7］BENJAAFAR S, LI Y Z, DASKIN M. Carbon footprint and the management of supply chains：insights from simple models［J］. IEEE transactions on automation science and engineering，2013，10（1）：99-116.

［8］CARO F, CORBETT C J, TAN T, et al. Double counting in supply chain carbon footprinting［J］. M&SOM：manufacturing & service operations management，2013，15（4）：545-558.

［9］COASE R H. The problem of social cost［J］. Journal of law & economics，1960，3：1-44.

［10］HARDIN G. The tragedy of commons［J］. Science，1968，162（3859）：1243-1248.

［11］LOU G X, XIA H Y, ZHANG J Q, et al. Investment strategy of emission-reduction technology in a supply chain［J］. Sustainability，2015，7（8）：10684-10708.

［12］LUO Z, CHEN X, WANG X J. The role of co-opetition in low carbon manufacturing［J］. European journal of operational research，2016，253（2）：392-403.

［13］MEADE J E. External economies and diseconomies in a competitive situation［J］. The economic journal，1952，62（245）：54-67.

［14］PIGOU A C. The economics of welfare［M］. London：Macmillan，1920.

第 7 章

——

供应链上企业绿色技术选择与升级典型案例

7.1 行政管制驱动的企业绿色技术选择与升级 策略——河钢集团案例

7.1.1 河钢集团简介

河钢集团有限公司（以下简称河钢集团）是由中国唐钢集团与邯钢集团两个大型钢铁集团强强联合组成的超大型钢铁集团，总部坐落在河北省省会石家庄。

作为世界最大的钢铁材料制造和综合服务商之一，河钢集团以"建设最具竞争力钢铁企业"为愿景，致力于为各行各业提供最具价值的钢铁材料和工业服务解决方案。目前，河钢集团已经成为中国第一大家电用钢、第二大汽车用钢供应商，海洋工程、建筑桥梁用钢领军企业，在冶金工业规划研究院（MPI）发布的中国钢铁企业竞争力排名中获"竞争力极强"最高评级，是世界钢铁协会会长单位、中国钢铁工业协会轮值会长单位。

近年来，河钢集团树立全球、全产业链理念，推进"钢铁向材料""制造向服务"的转型升级，形成钢铁材料、新兴产业、海外事业与产业金融深度融合、高效协同的格局，努力成为具有世界品牌影响力的跨国工业集团。

在做强做优钢铁材料的同时，河钢集团以钢铁产业链条纵向延伸、横向拓展为主线，大力发展战略性新兴产业，面向上下游企业提供工业技术、工程技术、数字技术、工业贸易、产业金融等多元服务，积极培育新的战略支撑点和效益增长点。按照"全球拥有资源、全球拥有市场、全球拥有客户"的定位，河钢集团加快实施全产业链全球化布局，先后收购并成功运营南非最大的铜冶炼企业——南非矿业、全球最大的钢铁材料营销服务商之一——瑞士德高、塞尔维亚唯一国有大型钢铁企业——斯梅代雷沃钢厂，形成"四钢两矿一平台"的海外格局。目前河钢集团直接或间接参股、控股境外公司70多家，控制运营海外资产超过90亿美元，商业网络遍及全球110多个国家和地区，成为我国国际化程度最高的钢铁企业。

截至2020年，河钢集团在全球拥有员工近12.1万人，其中海外员工1.3万人，实现年营业收入3640亿元，总资产达4855亿元。连续13年位列世界企业500强，2021年居第200位，在2020年"中国企业500强""中国制造业企业500强""中国跨国公司100大"排行榜中分别位列第59位、第18位和第35位。

▷ 7.1.2 河钢集团面临的节能减排行政管制的压力

▷ 1. 我国钢铁企业面临的减排行政制的现状

（1）关停并转。关停并转是企业关闭、停办、合并、转产的简称，是我国提出的优化工业结构和对企业进行整顿的措施。实施对象主要是产品长期没有市场、原材料和能源没有来源、工艺水平与技术落后且产品质量不过关、经营不善而导致长期亏损、严重污染环境但没有能力治理或者拒绝治理的企业。

确定企业是否关停并转的依据是：主导产品受国家明令规范或淘汰生产的企业必须转产；产品价质不符，竞争能力薄弱、超正常库存以及原料没有来源保证的企业进行转产改造或者企业兼并；资不抵债和濒临破产的企业，无法弥补长期经营亏损，产品无法销售，无发展前景，实施破产；对由于管理不善，产品质量不高但价格高，积压损失严重，生产损失大于停产损失，难以实施兼并的，已经通过管理整顿和产品结构调整，并且预期生产经营状况有所改善的企业实施生产整顿；少数无能为力的企业无法转产，无法合并，停产整顿仍旧不见起色的企业应关闭。

2016年6月，河北省政府发布《关于钢铁行业化解过剩产能实现脱困发展的实施意见》（冀政发〔2016〕28号），对张家口市过剩钢铁产能的退出提出明确要求；河钢集团暂时关闭了宣钢公司，并对沿海钢铁的生产建设做出减量决定。2017年3月，河北省政府通过河钢集团进行产业升级以及宣钢的产能转移，以其炼钢炼铁的现有产能为基线，按照减量置换的原则，在乐亭建设了乐亭钢厂，钢和铁的年产量分别达到747万t和732万t。2018年6月，河北省委及省政府发布《河北省钢铁行业去产能工作方案（2018—2020年）》（冀传〔2018〕1号），要求2019年年底前，河钢集团旗下的宣钢公司裁减全部钢铁产能。2019年1月，河北省政府办公厅下发《河钢集团转型升级规划（2018—2025）》（冀政办字〔2019〕6号），要求河钢集团的宣钢公司进行域外搬迁，其现有所有钢铁产能必须退出张家口，并制定了搬迁具体实施方案。宣钢公司在张家口市的钢铁产能全部关停，有利于河钢集团钢铁业务的未来长远发展，有利于改善京津冀地区大气质量，还有利于张家口市"首都水源涵养功能区和生态环境支撑区"项目的建设。

企业实施关停并转还需要经过政府的审批。其财务处理中，要求减少国家财产损失，做好财产、债权与债务的清理工作。要采取多种就业渠道和安置途径，鼓励自力更生寻找职业或者办集体企业。河钢集团则通过发展战略性的新兴产业与盘活企业土地资产等方式，最大限度地减少企业损失、尽最大努力妥善安排企业职工，有效防范和化解经济风险和社会风险。

（2）落后产能淘汰。1999 年，国家经济贸易委员会发布了《淘汰落后生产能力、工艺和产品的目录》。2000 年，中国人民银行和国家经济贸易委员会发布了《关于对淘汰的落后生产能力、工艺、产品和重复建设项目限制或禁止贷款的通知》。2010 年 2 月 6 日，国务院发布《关于进一步加强淘汰落后产能工作的通知》。根据要求，各地区与各部门要切实落实淘汰落后产能，增强社会责任感与改革紧迫感，充分调动所有有利因素，抓住中心问题，突破重难点，加快淘汰落后产能的进程，大力调整产业结构并进行优化升级。通知中对钢铁行业做出了明确要求，2011 年年底前，钢铁行业必须淘汰 $400m^3$ 及以下产能的炼铁高炉和 30t 及以下产能的炼钢转炉和电炉。

在消除落后的产能方面，河北省压力最大。在工信部公开的名单中，命令关停河北省 34 家企业以及超过 1500 万 t 的炼铁与炼钢产能，占全国总淘汰规模的 1/3，其中就包括河钢集团旗下的邯钢、唐钢这样的国有钢企。

为积极响应国务院加大工作力度、确保"十一五"节能减排目标实现的指示，落实工信部提出的 2010 年 9 月底之前彻底消除落后产能的要求，完成河北的"双三十"环保节能减排指标，集团在原有改造情况上进一步加强节能减排。2010 年 9 月 28 日，集团位处邯郸的分公司进行第一炼钢厂的拆除，按原计划停产并拆除了 3 座 25t 级的炼钢转炉及其配套设备，完全淘汰了落后炼钢产能约 90 万 t。

（3）雾霾限产。雾霾是对大气中各种悬浮颗粒物含量超标的笼统表述，而 PM2.5 被认为是造成雾霾天气的"元凶"。PM2.5 来源非常复杂，源头几乎涵盖了工业生产、交通、居民生活、城市管理等方方面面。为了真正有效地管理 PM2.5，控制污染物来源极其重要。专家认为京津冀地区的钢铁、水泥和化工等工业是导致雾霾 PM2.5 愈加严重的重要原因。我国是世界上最大的钢铁生产国，而河北各钢铁企业的产量连续 13 年在我国排名第一。2013 年，河北省生产了 1.8 亿 t 钢铁，占我国钢铁产量的近 1/4，对雾霾的产生有极大的影响。钢铁工业面临的改造问题不可能很快得到解决，因为制造业产能过剩和经济结构重组使得钢铁行业面临的情况非常复杂且困难。

2014 年《政府工作报告》指出：对产能严重过剩的行业，强化环保、能耗、技术等标准，清理优惠政策，消化现有存量，严控新上增量；明确要求淘汰钢铁 2700 万 t、水泥 4200 万 t 和平板玻璃 3500 万 TEU⊖等落后产能，确保

⊖ TEU 为 Twenty Feet Equivalent Unit 的简写，即 20 英尺标准集装箱。

"十二五"淘汰任务提前一年完成，真正做到压下来，决不再反弹。2016年，河北省大气办也发布通知：12月1日8时启动省中南部区域红色（Ⅰ级）应急响应；同时，包括唐山、沧州在内的区域启动橙色（Ⅱ级）应急响应。同时，对企业发布以下主要措施要求："利剑斩污行动"和之前大气污染防治调度令中并未做停产要求的工业企业，也要最低减少50%的大气排放污染物。

每到冬季供暖时期，很多地区都要求加强大气污染控制治理，河北更是在每年的秋冬时期进行"攻坚战"。2017年8月，国家发展改革委、环保部、工信部等印发《京津冀及周边地区2017—2018年秋冬季大气污染综合治理攻坚行动方案》。方案中要求，2017年10月至2018年3月，京津冀的大气污染传输途径即"2+26"城市的PM2.5平均浓度同比下降15%以上，重污染天数同比下降15%以上。

在2017年采暖季11月15日前，京津冀及周边区域被要求提前完成淘汰过剩产能的任务，"2+26"城市需要完成72台机组、398万kW的燃煤机组的淘汰，并且淘汰的燃煤机组要实现电力解列或者烟道物理割断。"2+26"城市还要实施钢铁企业分类管理，根据污染排放的绩效水平，2017年9月底前制订出错峰限制停产方案。而河钢集团位处河北省，且规模巨大，承受的限产压力以及限产所带来的影响也更为突出。

▶▶ **2. 减排行政管制对河钢集团的影响**

（1）迫切需要提高资源利用效率。钢铁行业是使用大量资源和能源的行业，如铁、煤、水、电等。钢铁公司使用了全国10%的能源。全国50%以上的由铁矿短缺引起的进口需求已经导致全球矿石和运输价格大幅上涨；而我国钢铁企业平均消耗的钢铁是全球平均水平的两倍（王宇，2019）。煤炭相对丰富，但煤炭储量不足。

近年来，河钢集团对铁矿石的需求增加，而我国的铁矿石供应无法满足国内钢铁企业的需求，因此只能进口更多的铁矿石，这相当于该集团每年总需求量的70%~80%。我国钢铁公司的铁矿石需求很高，但议价能力不强，而且更高的价格会增加购买国外铁矿石的成本。此外，钢铁企业需要24小时持续供应的大量水电，而我国的水资源供应更短缺，水价几乎每年都在上涨，这是不小的成本，因此，河钢集团面临的能源压力正在不断增加（韩鼎琪，2019）。

如果资源不能充分利用，企业生产成本就会变高，市场竞争能力也会减弱；就钢铁行业来看，原燃料成本占其生产成本的近70%，严重的资源利用不合理导致的浪费又会加速资源短缺。因此，能源效率、资源效率的提高和循环经济的发展不仅是河钢集团的迫切要求，也是可持续发展的客观要求。

钢铁企业在消耗大量资源的同时，也排放大量的二氧化碳和烟尘、废水、固体废物等污染物，环境污染严重，整个行业的粉尘排放量就达到全国工业粉尘排放总量的 1/4，烟尘、二氧化硫、污水、废渣等污染物的排放量在各行业中也都位列前排。随着经济社会的发展，人们对环境的关注越来越多，对钢铁行业资源消耗、能源利用、环境保护状况的要求也越来越严格。中国钢铁企业面临的问题是，如何正确利用资源，提高能效，做好资源综合利用，缓解资源紧张，并尽到保护环境的社会责任。

（2）经济效益受到影响。河钢集团是传统的高污染、高耗能工业型企业，必然会对环境产生污染。只要河钢集团继续发展，发生的环境支出就会不断上升，企业的成本就会相应地增加。在我国经济的发展进程中，只看速度不看质量的发展方式造成了严重的环境污染。针对此种情况，我国已于 2018 年 1 月 1 日起正式实施《环境保护税法》。环境支出不断增加，河钢集团的经济效益受到影响。

（3）企业面临技术升级的挑战。随着科技的发展，钢铁市场的需求发生了巨大变化，高增值、高技术和高质量产品的消费量在总钢材消费量中所占的比重日益增加。2010 年，河北钢铁工业中具有较高技术含量产品（如普通低合金钢和合金钢等品种）的产量仅仅只占粗钢总量的 23.73%，虽然比起 2009 年已经提升了 5 个百分点，但总体情况仍是以中低端产品为主、中高端产品偏少；销售利润率仅有 2.01%，而先进钢铁企业的销售利润率则达到了 7.5%，有的甚至高达 11%。因此，推进河钢集团的产业升级进程非常有必要。

公司受到环境限制的影响，生产成本上升，盈利能力下降。公司需要优化生产组织，以提高使用钢的比例，提高技术设备的效率，增加高质量的品种，等等。河钢集团今后发展需要技术平台和研究力量的支持，技术创新和商业发展将成为新一轮发展的突破。

7.1.3 河钢集团绿色技术选择与升级策略

1. 河钢集团应对减排行政管制的战略举措

为了全面落实绿色发展战略，河钢集团结合"十三五"规划制订了《绿色发展行动计划》，明确了绿色发展的总体思想、基本原则与目标，着力实现保有经济效益的绿色发展，符合"六位一体"的总布局，涵盖绿色生产制造、绿色物流管理、绿色产业发展、绿色产品制造、绿色采购和绿色矿山，以此构建河钢集团经济和社会效益兼顾的绿色发展方式。自确定目标以来，河钢集团坚持"绿色发展，生态优先"，累计共投入 165 亿元，还实施了 430 多项与节能减排有关的重点项目，换来了国内领先的优秀环保绩效和花园式工厂景观。

《绿色发展行动计划》的主要内容包括：一是坚持思想的更新与企业实际相结合。随着人们对绿色发展认识的不断深入，绿色发展的内涵也不断拓宽和发展，河钢集团也将结合企业的实际情况，保持绿色发展的理念并与时俱进。二是效益导向与绿色投资同步结合。在市场中获取竞争性经营效益是企业发展的基础，河钢集团将树立绿色投资的概念，强调实际结果、重视实用性，统筹协调经济环境效益的发展。三是坚持综合推进与关键突破相结合。河钢集团将加强顶层设计和整体推广，同时围绕紧迫问题和重大需求，调控人财物等资源，实现重点企业、重点方向和重点项目的率先突破。

▶▶ 2. 河钢集团应对减排行政管制的减排合作举措

（1）作为项目承担单位，河钢集团牵头国家重点研发计划"大气污染成因和控制技术研究"专项（以下简称大气专项）的"钢铁行业多工序污染物协同控制技术"项目，与中科院过程工程研究所等多家国内外顶尖科研院所共同开展研究。该项目针对钢铁行业五个关键工序开发多污染物协同控制技术与设备，将建成五个示范项目，争取实现主要污染物排放全面低于最新排放标准，其中，球团烟气要实现超低排放，促使产业化后，将主要支撑行业主要污染物的排放强度下降50%以上，为减少钢铁行业污染物总量排放做出重大贡献，并引导整个行业实现污染物超低排放。目前，烧结烟气低温氧化脱硝示范工程1套已建设完毕，NO_x 出口浓度小于 100 mg/m³，已经达到特别污染物排放标准，经济与技术指标都处于国内先进水平。河钢集团以国家重点专项为依托，还对烟气排放控制、多污染物的协同治理、脱硫脱硝等 10 余项引领性技术深入进行了创新性研究。这些绿色形式的颠覆性技术发展，让河钢集团的绿色技术和设备更为强大（王新东，2019）。

（2）河钢集团还致力于搭建全球化技术研发平台。为了深化产学研用的全球合作，促进基础科学技术成果转化和生产线的投入使用，河钢集团聚集全球技术创新的要素，建立了以河钢集团产业研究院为代表的全球研发平台，建立了开放创新平台，共同参与国家和行业重大需求和前景问题研究。河钢集团先后与中科院过程工程研究所、中国钢研科技集团、北京科技大学等国内高端研究机构建立共 8 个战略合作平台，还与韩国浦项钢铁集团、西门子公司、澳大利亚卧龙岗大学及昆士兰大学等国外知名企业和科研院所合作建立了多个战略合作平台，为技术优化、材料创新、可持续发展、绿色智能制造、高端专业人才培养和全球学术交流提供了重要支持。全球技术研发平台的成立和发展加速推动了前沿技术的开发和运用，河钢集团多类技术成果都位于国际领先水平，引导了行业的持续发展（王新东，2018）。

> **3. 河钢集团应对减排行政管制的资源循环利用举措**

在资源循环利用方面，河钢集团唐钢公司建立起了物质材料循环利用、能源循环利用及废弃物资源化的资源生产体系，全面促进节能、节水、减耗及资源综合利用等技术水平的进步，资源利用和能源使用效率等指标达到国内同行业的先进水平。

（1）提高铁素资源利用效率。采用新工艺技术，使生产过程朝着简单化、繁凑化和规模连续化的方向发展，并最大限度地减少进入生产过程中的物料和能源流量，从而减少废物的产生和排放。

（2）提高能源循环利用率。集团在高炉煤气生产中开发使用以蒸汽为动力的高炉鼓风机，研发使用汽轮机背压形式的蒸汽发电新工艺；通过研发对转炉蒸汽进行回收发电的技术，从而降低全厂的综合能源消耗，总体提升能源使用效率。积极运用干熄焦技术，循环回收时运用显热，节约用水，保护环境；建立一个灵活、高效且反应及时的能源调节体系，有利于实现能源均衡预测和优化系统；做好转炉煤气的优化回收利用；对用能设备设置热工监测，研究所有耗能设备的热效率等。河钢集团投资近 3 亿元，进行了 3 台炼钢转炉煤气的回收改造，仅 2006—2008 年这 3 年就回收转炉煤气累计 5.9 亿 m^3，相当于 13.6 万 t 标准煤。焦化厂中的 3 台燃煤锅炉都转换为烧煤气，以实现蒸汽系统的"无煤"生产。2006 年，该公司投资 9.2 亿元建设了河北省第一个燃气–蒸汽联合循环发电项目（CCPP），并且成功并网。加上已建设完成并投入运营的 1.05 亿 kW·h TRT⊖ 发电量，公司自产电能达到全部工业用电的 31%。新区建设完毕后，自产发电能力将大概达到 60%。同时，通过变频调速改造了 14 台（套）关键设备，共节约 1300 万 kW·h。

（3）提高水循环利用率。河钢集团重视工序内部、厂内、厂际多级用的水循环思路，以增加水循环的浓缩度，减少水资源消耗和循环系统的工业废水排放。具体举措是：配合主体技术改造，采用少用水甚至不用水的技术及大型设施，从源头上减少用水量；采用安全高效的水处理先进工艺技术，提升水的循环利用率，进一步减少每吨钢消耗的新水量；采用先进技术，有效处理循环水系统中的排污水及其他排水，使工业废水成为资源，实现工业废水的"零排放"。河钢集团投资 1.9 亿元进行节水技术改造，建成了两个大型污水处理厂，日处理污水能力达 17.2 万 m^3，并建成了 8 个先进软水站。企业的全部工业污水

⊖ TRT 为炉顶煤气余压透平发电装置。

在污水处理厂处理后，直接进行回收或通过软水站站内软水转化，实现闭路循环再利用。目前，邯钢公司的水资源循环使用率高达 97.13%。唐钢公司水处理中心是华北地区最大的城市再生和预处理工业废水区域，通过对城市再生和工业废水的深度处理，使得千万吨级钢铁企业实现了生产新水"零采集"与废水"零排放"。每年深井水和地表水节省量约为 2450 万 m^3，节省的水量相当于两个西湖。

（4）提高固体废弃物利用率。通过采用一系列有效措施，过去排放的固体废物，如炼铁高炉的瓦斯灰、炼钢产生的除尘污泥、轧钢氧化铁皮以及转炉钢渣等，都实现了高度回收利用。每年回收含铁尘泥达 33 万 t，相当于品位 64% 的精粉 22 万 t。2008 年产生的 260 万 t 固体废弃物，全部得到综合利用。在铁水生产过程中，高炉冲水渣废料可以运送到水泥厂制造水泥或与锅炉灰混合，用于生产高强度砖或铺路。瓦斯灰的含铁量约为 18% ~ 20%，运用磁选提高品位，将其作为烧结原材料。所有高炉煤气都运用于轧钢的加热炉和锅炉。炼钢产生的钢渣的主要成分是氧化钙，将钢渣粉碎后可以替代石灰作为混合烧结原料；再经磁选回收钢渣中的可用金属，将其加入转炉再次炼钢。污泥中的含铁量约为 40%，可直接作为烧结原料。轧钢生产过程中产生的氧化铁皮再用于烧结造球，或压制成球作为提钒炼钢的冷却用剂。

▶▶ **4. 河钢集团应对减排行政管制的绿色技术升级举措**

绿色生产方式是绿色发展的重要组成部分，绿色制造是生产领域中绿色发展理念的具体体现。河钢集团坚持推进供给侧的结构性改革，集中优势工艺力量，加大技术创新与技术提升力度，促进战略性产品的国产化作为替代解决方案，全面推进钢铁产品向高端发展（宝富钢铁，2018）。近年来，河钢集团切实有效地履行了社会责任，一直坚持人、钢铁、环境和谐共处的理念，率先制订了行业《绿色发展行动计划》，坚持绿色制造、生产"绿色产品"、建设"绿色产业"，领导中国钢铁行业的低碳发展。在创新的带动下，河钢集团的发展质量不断提升。如今，河钢集团的烟粉尘和二氧化硫的控制指标、每吨钢的能耗、每吨钢所耗新水、自我发电的比例以及厂区的绿色覆盖率等都处于行业先进水平。河钢集团的环保绩效和花园式工厂建设更是全国领先（郝媛媛，2018）。

（1）清洁生产技术。实施了"先进的抑尘除尘、钢渣气淬、干熄焦、TRT、烧结、转炉等余热余压利用，煤气综合利用，烧结机脱硫，消纳城市中水作为补充水及其废水深度处理回用，固体废弃物高效综合利用"等一系列节能减排技术，达到国际领先水平，被树为钢厂与城市协调发展的典范。

（2）绿色矿山开发技术。将"绿色矿山"理念贯穿于勘察、规划、开采、土地复垦和生态环境恢复整个矿山企业生命周期的各个环节；实施了智能采选、地下充填、无尾排放等关键技术，实现了数字化矿山建设、资源高效利用与全自动化选矿，建成了"安全、绿色、智能、高效"的生态化矿山。

（3）节能减排技术。河钢集团创造出国内第一个在创新应用方面国际领先的专利技术——脱硫和反硝工艺技术，达到了世界上最低的 $435m^2$ 烧结机排放指数，并促进了世界六大节能技术在钢铁行业的应用，实现了清洁节能炼铁、一键全封闭自动炼钢和洁净炼钢，形成了全过程清洁生产体系（王新东，2018）。

河钢集团积极贯彻"生态优先、绿色发展"的理念，坚决贯彻实施《打赢蓝天保卫战三年行动计划》，不断探索优化绿色生产的解决方案，达到超低排放水平，创造了优美的企业环境，对整个行业起到了引领作用。为了破解控制一氧化碳排放的技术困难，在国内外缺乏成熟经验的情况下，河钢集团经反复多次的证明，成为第一个采用以氮气作为炉顶料罐一次均压气源的技术的企业，该技术从根本上解决了炉顶均压均衡过程中一氧化碳的排放问题。仅 $3200m^3$ 高炉每天就可以减少 6 万 m^3 的一氧化碳排放。绿色工艺技术的成功应用在唐山地区甚至整个钢铁行业都起到了优良示范作用（刘国慧，2011）。

（4）低成本生产技术。河钢集团采用低成本的环保绿色炼钢技术，使用密闭料场技术、厚材料层烧结技术，优化炉料结构模型，使用高风温顶压、富氧、大型喷吹冶炼技术，高炉使用寿命延长控制技术、大型高炉低燃料比冶炼技术。低成本炼铁等技术的应用使得高炉燃料比等主要指标都上升至国内同级高炉的领先水平。

根据汽车市场向轻量、安全及绿色节能环保发展的趋势，河钢集团从成分部分进行优化与精准控制，并对过程温度匹配等进行充分研究，陆续解决了限制热成型钢在薄板坯产线中的难题，如开发炼钢、连铸及薄规格轧制，成功实现了 $1.8mm$ 的型号在 $2000MPa$ 级别热成型钢的开发，这是全球薄板坯连铸和轧制技术生产的最高强度级别钢种，填补了世界上薄板坯连铸连轧制工艺生产在超高强钢部分的空白。

▶ 7.1.4 河钢集团应对减排行政管制的效果

▶ 1. 生产效率评价

河钢集团坚持优化科技创新的顶层设计，完善运行机制，专注于产线升级和跟进行业前沿技术，绿色智造，全球引智和协同优化创新，大力发展自有核心技术，并努力突破产品升级和结构调整的共性、关键困难，提升了产品创造效益的能力；同时发挥领导作用，积极承担社会责任，还与其他机构合作研究了许多重大科研项目（马鸿雁，2009）。

（1）新工艺技术助力升级产业线。河钢集团将产品质量把控、新产品研发、生产降耗、工艺技术优化等方面列为重点，实施开展了生产线诊断；围绕发展优势装备的潜力和解决产线短板，开展了针对性的技术研究攻关，实施技术创新，促使主要设备持续优化升级，成功推广应用了百余项新工艺技术。新工艺技术的实施促进了产线升级与结构调整，质量也有所提升，有利于降本增效和提升工业生产线竞争力。

（2）提升产品质量。新工艺技术在生产线的运用助力产品质量提升，有利于提升产品形象和客户满意度。例如，关键集成技术在微合金钢连铸坯角部裂纹控制中的应用大大减少了连铸坯的表面裂纹，特殊钢筋通用技术的应用提高了特殊钢材的质量（改善了脱碳、氧化、筛孔、带状等），比例控制技术改善了酸洗板的表面质量。

≫ 2. 经济效益评价

新技术的应用降低了产品加工成本，减少了工序，提升了产品的创新与效能，例如，唐钢公司的厚板产品化学成分进行减量、热机械控制工艺（Thermo-mechanical Control Process，TMCP）优化应用后，每吨钢的生产成本显著降低80~147元；邯钢公司低 MgO 以及较低碱度烧结两者的配矿技术开发应用后，每吨铁的生产成本降低超过10元。针对其现场烧结矿产生的 MgO 与 SiO_2 含量较高的问题及球团使用受限的情况，发展低成本烧结配矿、低硅较低碱度烧结和低 MgO 炼铁技术的研究与运用，突破了传统烧结矿强度差的技术难关。技术运用后，2017—2018 年，烧结与高炉炼铁的程序创造了优良经济和技术工艺指标。烧结生产：烧结矿中 MgO 低于 1.8%，碱度由 1.92 降为 1.80，烧结矿的品位从56.7%升至57.2%，攻破了低硅、低碱度烧结的技术难关。高炉生产时，其入炉品位从 58.0% 升至 58.3% 以上，渣量从 342kg/tHM 到低于 330kg/tHM，焦比从372kg/tHM 到低于 360kg/tHM。炉渣中 MgO/Al_2O_3 比率控制在 0.50 左右，使高 Al_2O_3 炉渣对高 MgO 的依赖和联系减弱，此技术同时也达到了世界先进水平（王新东，2018）。

≫ 3. 社会效益评价

河钢集团落实承担社会责任，秉持着人、钢铁、环境和谐共处的理想信念，竭力实现为人类文明制造绿色钢铁的目标，领先制订《绿色发展行动计划》，为行业的绿色发展做出了优良示范。河钢集团主要环保指标均达到国内领先水平，采用先进工艺技术、强化生态环境治理，致力于绿色智造、绿色生产，从而打造绿色产业，引导中国钢铁行业发展的低碳化和绿色化。

河钢集团在大气污染物防治方面的工作是富有成效的。2018 年第一季度，每吨钢生产的综合能耗达到 586.6kg 标准煤。主要大气污染物的排放指标达成情况如下：每吨钢生产排放的粉尘都在 0.52kg 以下、每吨钢生产排放的 SO_2 在 0.63kg 以下，每吨钢生产排放的 NO_x 在 0.92 kg 以下，均处于行业领先水平。全流程除尘的技术有大型封闭料场技术（集团在京津冀地区都严格实施料场全封闭）、高炉煤气干法布袋除尘技术和转炉除尘技术等。

另外，以国家大气专项为依托，河钢集团与北京科技大学合作研发了焦炉烟气多污染物低温同步催化净化技术，研发了多污染物共同净化多效催化剂，结合企业的半干法脱硫除尘设施，实现焦炉烟气 NO_x、CO、Hg、H_2S、SO_2 等多污染物的短工序高效同步治理。粉尘浓度、SO_2 和 NO_x 的技术指标分别低于 $10mg/m^3$、$15mg/m^3$ 和 $100mg/m^3$。除此之外，还与中科院过程工程研究所、北京科技大学等科研院所联合开发了 3 条烧结烟气多污染物实现超低排放的技术路线（王新东，2018）。

河钢集团还实现了高炉转炉除尘灰、转炉污泥、轧钢氧化铁皮和钢渣水渣等钢铁其他产物的回收再利用，实施井下填充采矿法等先进工艺技术，减少了露天堆存尾矿的存在。

在能源循环再利用方面，河钢集团采用余热回收发电、钢包全程覆盖、钢坯热装热送等环保节能措施，尽可能地减少了生产过程中的能源浪费。

▶ 7.1.5　案例启示

（1）建立推广创新的企业文化。企业文化对员工具有潜在的影响，在企业文化中可以提倡创新精神与行为，有利于创造良好的创新氛围，这对企业员工，尤其是对研究人员有着重要且积极的领导作用。这种积极的创新文化氛围能够调动科技工作人员，甚至企业全体员工的积极性，引导他们投身创新工作，也有利于充分提升科技工作人员的创新思维与创造能力。河钢集团上下一心，根据国家政策进行工艺技术的创新变革，取得了重大进展。因此，我国的钢铁企业要勇于打破企业中阻碍创新的要素，积极建立创新引导型企业文化，鼓励企业员工进行创新，才能提升自身的技术实力，打造创新型钢铁企业。

（2）创新资源要进行科学配置。河钢集团在改造过程中对资源进行合理配置，有侧重地分配不同的资源，下属企业协调配合，最终改造成功。由此可见，钢铁企业在进行转型升级时，要理性分析投入成本与创新成果的配置，防止盲目投入资源，避免造成资源堆积和浪费；要合理设置研究岗位、科学配置创新资源、有效把握企业创新的工作成本与效益的具体情况。

（3）提高科研产出质量。河钢集团在关停并转过程中创造了许多新工艺、新技术，促使生产效率和排放水平都得到了优化。提升绿色技术创新效率的核心是提高科研产品质量，人才是掌控科研成果质量的最主要因素，因此，提升科研产出质量要先从提升科研人员素质入手。首先，在招聘的源头就要严格把关，选择聘用满足岗位资质需求的高技术人才。其次，重视与科研机构的联合培养，通过钢铁企业与科研院校项目合作的方式，增进科研人员的创新能力、学习科研院校的新思路；还要加强钢铁企业之间的交流合作、促使创新要素进行共享，这也是提升钢铁企业整体科研产出质量与水平的重要方式。

（4）企业进行自我管理。钢铁企业自己就是节能减排的主要贡献者。首先，企业应当认真研究国家环保法律法规和整体行业要求，自我反省检查并梳理以往环保工作上的问题，积极回应国家节能减排与绿色发展的相关政策。其次，从具体企业行动上看：一是要增加钢铁企业对绿色固定资产的投入，提升除尘、脱硫、脱硝等废气处理能力，并且保障废水和废渣处理回收设施的运行，保证这三类废污染物达到排放标准；二是提高废水废气废渣"三废"资源的循环再利用，尽力实现零排放和零污染，降低企业生产对环境的负担；三是要促使环保工艺技术的覆盖运用，从而提升钢铁企业整体环保节能的技术水平，强化三废的排放控制，实现钢铁企业的清洁生产和绿色创造，强化可持续发展观。

（5）完善相关的环境保护法律法规。健全的法律法规能够积极引导钢铁工业生产制造。对于钢铁企业的高污染、高排放情况，政府要严格管理排放权，促使钢铁制造过程中的污染物排放标准和种类趋向规范化和具体化，使污染排放情况成为一种透明且定期公开的减排成效展示，且要督促减排不达标的企业，针对必要情况要给予奖惩措施。只有这样，国家才能为绿色发展提供更有力的政策支持与保障。

7.2 碳税驱动的供应链上游企业绿色技术选择与升级策略——挪威国家石油公司案例

7.2.1 挪威国家石油公司简介

1. 企业发展历程

挪威国家石油公司（Equinor），2006 年由挪威国家石油公司（Statoil）和挪威海德罗公司（Norsk Hydro）合并而成，是一家拥有石油和天然气业务的跨国公司和上市公司。2017年营业额为612亿美元，净利润达到了46亿美元，总资产达到1111亿美元，资产净值为399亿美元。

1972年，挪威政府为参与大陆架石油工业，并在石油工业内建立起挪威能力以及建立国内石油工业的基础，成立挪威国家石油公司并要求挪威国家石油公司向议会提交年度报告。

1973年，公司开始在石化行业获得业务，促进了Rafnes工厂的扩大化发展。1980年，公司决定成立一家完全一体化的石油公司，并开始着手建立Statoil的加油站品牌。从挪威诺罗尔加油站到丹麦和瑞典加油站到1992年收购爱尔兰加油站，公司在东欧地区已经建立了属于自己的加油站网络。

2006年，挪威国家石油公司（Statoil）和挪威海德罗公司（Norsk Hydro）完成合并，新公司改名为挪威国家石油海德罗公司（Statoil Hydro）

2007年9月，挪威国家石油海德罗公司和巴西石油公司Petrobras签署了一项旨在扩大勘探、海底和生物燃料合作的协议。

2009年，挪威国家石油海德罗公司（Statoil Hydro）改称挪威国家石油公司（Statoil）。

2018年，Statoil改称Equinor。

▶▶ **2. 企业治理结构组成**

挪威国家石油公司主要从事石油和天然气有关的工作：石油和天然气的勘探、开发、运输、生产、提炼和市场营销，以及与此相关的业务活动。

挪威国家石油公司相比较其他一般的公司，具有更特殊的章程与治理结构。其中较为明显的不同是，挪威国家石油公司的董事会拥有明确的业务权力，同时能够和工业部、能源部进行联络。

（1）股东大会——股东代表由能源部部长担任。挪威国家石油公司100%的股权由国家掌控，挪威能源部部长受国家指定主管公司的股东大会，在挪威国家石油公司拥有最高的权力。但能源部部长并不能给公司下达具体的命令。

（2）公司会议成员——员工选举的仅占1/3，股东大会任命的占绝大多数（李兆熙，2001）。十二名成员组成会议成员，每届会议成员任期两年。股东大会会从非官员的外部专家中挑选出八名担任成员；同时按照规定，公司会议还要从成员中选举出主席、副主席各一名；为了对董事会和公司总裁进行监督和审计，公司每年最少召开两次会议。

（3）董事会成员——员工选举的占1/3，股东大会任命的占绝大多数。董事的任期也为两年，其中六名成员由非政府官员的石油行业代表担任。剩余三名董事由公司员工选举产生。董事会每个月开会一次，负责公司的发展大计等事宜，向股东大会汇报年度绩效，并参与重大问题决策。

7.2.2 挪威国家石油公司面临的碳税政策压力

1. 碳税政策介绍

碳税是指针对二氧化碳排放所征收的税。对燃煤和石油下游的汽油、天然气等化石燃料产品按照比例征税，可减少化石燃料的燃烧，降低二氧化碳的排放，进而推动替代能源的使用（王美田等，2012）。同时，通过碳税获得的收入可以直接用于环境保护项目，这与传统的控制排放的管理方式不同，加上非常少的管理成本即可实现征收碳税的目的。

20 世纪 90 年代初期，北欧四国（挪威、瑞典、丹麦、芬兰）率先掀起了一场影响世界的税制改革——通过征收碳税来减少对劳动征收的税费。经过了 20 多年的发展，挪威碳税在国内生产总值（GDP）中所占的比重不断提高，与此息息相关的劳动税的占比不断下降。碳税的征收在控制碳排放问题的同时，也极大地降低了失业率以及经济增长受到的冲击。在完成《京都议定书》的谈判后，各个签约国为了兑现各自的承诺，相继出台了关于减少温室气体排放的各项政策。挪威政府也在 21 世纪初发布了关于气候政策的白皮书，将完成《京都议定书》的主要方法制定为建立碳排放交易体系。

2. 挪威碳税特点

从征税范围和对象来看，挪威政府与瑞士政府同时在 1991 年提出了碳税政策，只对石油和相关产品、煤炭等征收碳税；对清洁能源，如可燃冰、天然气则不征收碳税（Sumner 等，2009）。

关于税率方面，挪威政府对碳税税率的设置比较合理，平均每排放 1t 二氧化碳征收 21 欧元的碳税。为了照顾相关企业，挪威的政府制定了相应的优惠政策和税收减免政策，以保持自己国家企业的竞争力。这使得实际碳税税率在不同能源产品和不同产业中差异很大——从零赋税到 40 欧元不等。

在税收减免方面，挪威政府存在着一定的地区差异，对于北海地区的企业与本土大陆的企业施用不同的税率。但产业差异的效应远远大于地区差异的影响，在挪威，冶金、渔业等行业的税收减免幅度较大，同时，北海地区也享受到了较大的碳税优惠福利。

关于税收的使用，挪威政府的碳税收入主要是通过减少雇主和雇员支付的社保税来降低企业支付的劳动力成本来实现的。

3. 挪威碳交易体系的建立

挪威当局为了确立以市场为基础的温室气体减排交易制度，在 2005 年公布了《温室气体排放交易法》（以下简称《交易法》），即以法律的形式确保了碳市场交易的公平。《交易法》涉及多项产业，企业如果二氧化碳等温室气体排放量过大，就必须经过政府的审批才能获得排放权交易，政府会统筹全局，按需分配碳排放额。挪威政府为保障《交易法》的顺利实施而划分了三个阶段，在实施的第一个阶段（2005—2007 年）和第二个阶段（2008—2012 年），政府为配额企业免费分配一部分排放配额，全国排放总量及配额的具体分配办法由议会确定，环保部门根据配额企业 1998—2001 年在生产过程和能源使用过程中的实际排放情况核定分配到各个企业的具体数额，并通过挪威碳交易注册系统分配至各企业账户。除去分配到企业的配额外，政府还将预留一部分配额应用到高效能热电厂以及应用碳捕捉技术的天然气厂。若企业未能及时提交碳排放报告，或存在虚报、瞒报等情况，相关部门将采取暂停其配额交易权以及处以强制罚款等措施。第二阶段未使用完的配额可转移至第三阶段（2013 年以后）使用。进入第三阶段后每年发放的碳配额以 1.74% 的速度递减，而航空业的年排放限额为基准排放量（2004—2006 年均排放量）的 95%。企业主要通过竞拍的方式获得，免费发放的配额将在 2030 年前彻底取消。

4. 挪威碳税征收标准

挪威的碳税征收始于 1991 年。征税项目包括汽油、轻质和重质燃料油。纸浆和造纸业、鱼粉行业、国内航空、国内货物运输等支付较低的费率；外国航运、在挪威捕鱼、在遥远海域捕鱼和对外航空都免税。挪威温室气体排放量的大约 50% 都适用于其碳税税率。挪威将碳税收入直接划入政府一般账户。挪威利用这笔资金和发放近海钻探许可证的额外收入资助了一项特别养老基金，早在 2007 年年底，该基金就已有 3730 亿美元，即每个挪威人近 8 万美元。挪威工业效率的提高可能是因为碳税的缘故。2003 年每单位生产的排放量比 1991 年减少了 22%。自 1996 年以来，单位产量的排放量一直保持稳定甚至略有上升。

5. 挪威国家石油公司面临碳税的挑战、机遇

作为北欧地区最大的油气公司，挪威国家石油公司面临的碳税压力的挑战是全方位的，它曾宣布，将在未来 30 年里大幅降低该公司油气生产领域温室气体排放量，直至 2050 年实现零碳排放。

2018 年，该公司海上油田以及陆上工厂二氧化碳排放量为 1300 万 t，与 2005 年持平。根据计划，到 2030 年，该公司将与其他合作伙伴一道投资约 500 亿挪威

克朗，以减少排放二氧化碳 500t。到 2040 年公司减排目标为 70%以上，而到 2050 年则将实现零碳排放。要实现这一目标，公司认为，未来 30 年里挪威需建成完善的税收制度，稳定电网投资，并从政策及资金上始终大力支持碳减排。

在油气开发领域，公司表示第一步是使用可再生能源发电为油气开采设备提供电力，以替代现有的天然气发电，其中可行的方法包括利用海上风电以及由海底电缆传送的水电。随后，公司将进一步巩固基础设施以及开发新技术。多年以来，挪威是北欧地区主要的油气出口国，挪威碳总排放量的大约 1/4 来自于挪威国家石油公司，公司能够实现的任何减排将对整个国家都产生重大影响，此举将有助于挪威实现对《巴黎协定》的承诺。

面对碳税压力，减排的成本问题成为企业面临的最重要的问题。几十年前的挪威国家石油公司为了解决天然气的排放问题，建设了世界上最大的天然气管道网络之一，并且将碳成本纳入到实际的会计结算当中。2017 年，公司将每桶原油储藏中的 9kg 的二氧化碳强度减少了 10%。近年来，挪威国家石油公司一直在完善将二氧化碳注入地下永久封存的方法。公司正在巴西投资太阳能发电场，并正在北海一个名为 Hywind 的项目中投入使用世界上第一台全尺寸浮动式风力发电机的海上工程技术。该风力发电机有埃菲尔铁塔般大小，装机容量为 6MW。这些解决方案是受到数十年建造翼梁式浮动海上石油平台经验的启发。安装 100 个这样的海上大型机组可以产生 1 个典型燃气发电厂的发电能力。

为早日实现零排放的目标，同时加强技术突破与创新，挪威国家石油公司给自己设立了以下目标：

2020 年，上游碳排放强度控制在 9kg 二氧化碳当量/桶油当量（强度目标）。

2026 年将可再生能源产能提高 10 倍，发展成为全球海上风电专业公司，以及加强其在碳高效生产方面的行业领先地位，力争到 2030 年在全球实现碳中和。

2030 年，上游碳排放强度控制在 8kg 二氧化碳当量/桶油当量（强度目标）。

2030 年，二氧化碳排放量对比 2017 年减少 3 000 000 t（绝对目标）。

2030 年，消除正常工况火炬（火炬排放目标）。

2030 年，致力于达到全球运营碳中和，巩固在低碳高效生产方面的行业领先地位。

2050 年，从能源的生产到最终消费实现净零排放。

7.2.3 挪威国家石油公司绿色技术选择与升级策略

1. 公司应对碳税政策的管理措施

（1）公司应对碳税政策的内部管理措施。面对碳税压力，董事会层面针对低碳相关议题进行监管，作为企业最高决策机构，其监管反映了公司对该问题的重视程度和管理水平，董事会在定期会议上讨论与气候变化风险相关的重大问题，监测和监督在实现解决气候变化问题的目标和指标方面取得的进展。

企业低碳管理的难点在于低碳问题涉及企业较多的传统管理部门，容易造成多头管理、分工交叉的现象。清晰界定分管部门，形成职能准确、责任清晰、权限明确的管理体系，代表着企业具备较高的低碳管理水平，能更好地应对未来气候变化带来的诸多风险。

企业建立低碳激励机制，是鼓励管理层及员工应对气候相关风险和机遇、保证低碳战略目标实现的重要手段之一。

面对碳税，在金融危机和气候变化的双重压力下，企业提升低碳竞争力的重要举措就是碳信息披露。碳信息披露能够促进相关的利益方相互沟通理解，同时是体现环境责任的重要举措。21世纪初成立的组织：碳信息披露项目（CDP，非政府组织），每年都会发布8个等级（A、A-、B、B-、C、C-、D和D-）的碳信息披露项目评分。从2017年国际大型石油公司碳信息披露项目评分等级来看，BP、道达尔、埃尼石油和挪威国家石油公司为A-级企业，处于行业内领先水平；康菲、壳牌、雪佛龙为B级企业，代表其针对气候变化实施了战略及措施；戴文石油、西方石油、埃克森美孚为C级企业，代表其识别了气候变化风险。

企业高度重视安全生产和市场风险管理。跨国石油公司非常重视两项风险管理：一是存在的市场风险；二是存在的生产经营事故。2015年的数据显示，跨国石油公司的风险管理效果值得肯定。油价越是低迷，决策管理者就越应该重视风险管理。鉴于各跨国石油公司的资源条件、公司业务以及管理文化等方面存在差异，风险管理和风险控制手段各有特色，归纳起来，主要有风险识别和细化层级管理两个方面的内容。首先是明确分工，细化层级管理。其次是风险识别与建议，其中风险识别分为安全事故风险控制和市场风险识别。如埃克森美孚公司设有专门的机构和组织对市场风险进行识别和研究，目标是消除或者将其控制在可接受的范围内。

（2）公司应对碳税政策的投资战略。近年来，国际大型石油公司有计划地开展低碳业务投资和研发投入。道达尔、壳牌和埃尼石油公司在低碳投资方面位居各石油公司前列，每年在低碳领域投入高达10亿美元；挪威国家石油公司则紧随其后，每年低碳投资约5亿美元。挪威国家石油公司在低碳领域投资金额巨大，但是对油气主营业务的投资相对还较低。挪威国家石油公司计划到2030年新能源投入占公司总资本的15%～20%，但仍以油气主业投资为主。在投资方式上，对于明确的业务方向，挪威国家石油公司选择直接投资或兼并来加速低碳转型。

对于前景不明确的业务向，挪威国家石油公司以建立风险投资基金为主。对于前沿性技术，正在加强研发储备，与国际领先的能源研发机构开展合作投资，攻关低碳能源技术。

目前，挪威国家石油公司的低碳投资包括：2018 年投资新能源 5 亿美元；到 2030 年，新能源可能占投资/年度资本支出的 15% ~ 20%。[⊖]

石油公司可实施的减排行动，主要包括减少碳排放（提高能效、控制甲烷、减少火炬），产业结构优化（提高天然气产量、重碳资产撤资、发展新能源等），实施 CCS 等。

（3）公司应对碳税政策的商业战略。公司的业务战略代表了组织的长期方向和范围，包括公司的企业社会责任战略。在 2007 年年报中，公司介绍了其"增长战略"，代表了当时对未来事件的看法：公司的战略是在扩大国际产量的同时，最大化挪威大陆架（NCS）的价值和潜力。公司是一家专注于上游和技术驱动的能源公司，拥有强大的天然气和下游头寸。公司 2012 年后的扩张主要发生在国际上。公司在 2007 年年报中指出，通过收购加拿大北美油砂公司，公司不仅在地理上，而且在生产方法方面都将变得更加多元化，可利用被收购公司的经验和技术能力获得竞争优势。公司将其活动重点放在 HSE（健康、安全和环境）上，作为其运营的竞争优势和基础。从长远来看，重点是开发前景和项目，使公司卓越并有利可图地增长："我们努力以负责任和可持续的方式采取行动，不断提高我们生产过程中的能源使用和环境保护效率"。对于公司来说，可持续发展是一种商业机会、一种竞争优势、一种增长战略和增加运营许可证的筹码。公司要成为石油和天然气行业中最好的运营商。公司在 CCS 领域处于行业领先地位，保持增长的战略是继续开发技术和能力，以创建有利可图的业务并减少排放。

公司将气候变化视为"挑战和机会"：它面临的挑战是减少温室气体排放，机会是更环保的解决方案和产品的商业化。公司的应对措施包括让核心业务变得更清洁和更节能，并加强对新能源的参与，这就是公司致力于提高能源效率和发展环境技术的原因。而且公司也有一个明确的生态现代化框架，生态现代化可能以更清洁的技术等渐进式改进的形式出现，也可能以清洁技术和能源的有效利用等创新的形式出现。只要公司有足够的远见，而不是只对快速赢利感

⊖　资料来源：http://wap.cnki.net/touch/web/Newspaper/Article/SHCA201805210062.html。

兴趣，那么企业就有充分的动机拥抱而不是抵制生态现代化。

通过数据管理实现生产优化一直是公司努力的方向。公司在其炼油厂和一些海上平台上使用 AspenTech 的数据管理解决方案已有 10 多年之久。AspenTech 为能源、化工、工程建造以及其他通过化学过程制造和生产产品的行业提供过程制造优化软件，使过程制造商可以实现最佳实践，优化运作。

另外，公司使用不同的信息专业化生产系统（IMS）来收集、储存和显示不同工作地点的过程数据，例如基于网络的功能和性能，无须安装软件，即可快速方便地访问移动设备上的高级报告、趋势曲线和过程图形。

（4）公司应对碳税政策的媒体战略。公司发言人负责回答有关公司运营的媒体请求，与媒体接触时应遵循以下五项原则：

1）诚实：发言人对媒体说的每一句话都必须是真实的。

2）责任：发言人必须接受这一责任，并承认他们有义务就公司情况与媒体进行沟通。

3）尊重：所有来自媒体的询问都必须得到尊重，同时尊重媒体的作用。

4）清晰：代言人只能代表团队发言，不能代表其他任何人。

5）基于知识的信息：所有信息都是基于知识的，这意味着公司的所有声明都必须基于相关文档。发言人不得对谣言或假想事实发表评论。

面对碳税政策，挪威国家石油公司积极利用互联网来展示信息，因为互联网提供了更多的材料，而且通过互联网能接触到更多的受众。

▶▶ 2. 公司应对碳税政策的技术战略

气候变化已成为全球面临的最重大的系统风险，延伸的灾害影响及对重大资产的损害被视为金融稳定及经济可持续发展的重大制约因素。几乎所有的样本公司都会将气候变化风险整合到公司范围内的多学科风险识别、评估和管理流程中。加强对风险的认识，完善风险管理体系，目标是通过协调一致的办法更好地整合风险管理。气候变化相关风险可分为转型风险和物理风险。

转型风险是指在低碳经济转型过程中，相关的政策、法律、技术以及市场变化，转型时机和速度不确定的不利影响给企业传统商业模式带来的运营风险。物理风险是指气候变化引起的相关的灾害。例如极端天气（急性事件）或是海平面上升（慢性事件），可能会直接对公司造成财务风险，也可能对整个供应链条造成一定的影响（吴淑艳，2016）。对气候变化风险识别得越全面越详细，就越有利于减少风险的发生。

挪威国家石油公司应对节能减排采取的措施包括：

首先是减少直接碳排放，提高绩效、控制甲烷排放、减少火炬排放。通过对产业结构进行优化，提高天然气占比，重碳资产撤资，大力发展太阳能和风能，同时加大对氢能利用的投资。企业计划发展 CCS 以及发展森林碳汇，开展碳交易。此外，企业公开设定减排目标，一方面是向公众展示其应对气候变化的决心，另一方面是为企业落实具体减排行动提供指标。根据减排目标完成情况，可以判断企业应对气候变化的举措是否成功。挪威国家石油公司就此设立了明确的目标。

公司正在减少运营和产品的排放量，重点是二氧化碳的存储和利用、低碳燃料运输解决方案以及平台的电气化。公司建立的可再生能源网络包括海上风能和太阳能。目前，公司通过可再生的海上风能为欧洲提供了足够的电力，可为 100 万户家庭供电。在全球范围内，公司正在扩大规模，在英国、美国东海岸和波罗的海地区建立重要的海上风能产业集群，并为英国、挪威和亚洲未来的浮动风能选择奠定了基础。预计到 2026 年，公司可再生能源项目的装机容量将达到 4~6GW，这就要求年平均增长率超过 30%。公司希望在 2035 年之前将可再生能源的装机容量进一步提高至 12~16GW，能否实现这一目标，取决于有吸引力的项目机会的可用性。

3. 公司应对碳税政策的减排合作

（1）与 Scatec Solar 的合作。公司和 Scatec Solar（挪威一家独立的综合太阳能生产商）也已达成独家合作协议，共同在巴西开发太阳能项目。Scatec Solar 的运营和在建资产组合为 1.5GW。为了增加在快速增长的可再生能源领域的投资，进一步补充产品组合，公司最早在 2018 年收购了 Scatec Solar 10% 的股份，又在 2019 年 12 月增持至 15.2%。公司在阿根廷的 Guanizul 2A 太阳能项目工厂中拥有 50% 的权益，该工厂位于阿根廷的圣胡安地区，于 2020 年第一季度投入运营，装机容量为 117MW，由 Scatec Solar 实际经营。

（2）与壳牌和道达尔的合作。目前，包括挪威国家石油公司在内的三家国际石油公司正在挪威大陆架上进行基础设施建设，以运输和储存来自各种陆上工业的二氧化碳。该项目称为"北极光"（Northern Lights），涉及通过管道将液化的二氧化碳输送到永久性的近海海底储存。"北极光"项目是挪威全面 CCS 项目的一部分。全面 CCS 项目包括从奥斯陆峡湾地区的工业捕集源（水泥和废物转化为能源）捕集二氧化碳，以及将液态二氧化碳运输到挪威西海岸的陆上码头。从那里，液化的二氧化碳将通过管道输送到北海近海的一个存储地点，以进行永久存储。

公司正在考虑的一个解决方案将具有每年约 150 万 t 二氧化碳的初始存储能力。一旦将二氧化碳捕获到岸上，它将通过船舶运输，注入并永久存储在海床以下 1000~2000m 处。该解决方案可以容纳来自欧洲各地的大量二氧化碳，否则这些二氧化碳会被排放。

▶ 4. 企业应对效果评价

挪威是第一个实施新标准的国家，根据新标准，石油、天然气和矿业企业必须公开企业向所有经营所在国政府支付的各项费用。企业更加透明，就可以使公民有机会监督每年数千亿美元的支付款，从而让政府对资金的使用更为负责。

依照挪威的标准，挪威国家石油公司公布了一份十分详尽的支付款项报告，具体到公司在全球的每一笔石油开采项目。而挪威国家石油公司成了主要油企中首个在新强制性透明度标准下发布报告的公司。美国证交会正在努力制定类似的透明度标准，以监督在美上市的石油和矿业企业。公布支付金联盟（Publish What You Pay）也呼吁美国监管部门效仿挪威的做法。

从现阶段的实践看，国际石油公司上游战略调整的核心仍是持续提高勘探开发业务的发展质量与效益，主要包括三个方面的内容。

1）坚持"资源战略"，持续推动"增储上产"。

2）稳步实现"降本增效"。2014 年下半年至今，随着国际油价自 100 美元/桶以上大幅跌至 50~75 美元/桶区间，国际石油公司普遍将低成本发展作为企业应对上游经营风险的重要策略，已取得较好的效果。

3）聚焦海外经营区域全球油气市场环境的整体变化及不同国家和地区油气合作领域资源、政策等方面的差异化变动，推动国际石油公司在 2014 年后不断收缩海外经营区域，明确未来发展的核心国家或地区，大幅提高了油气资产的集中度。

▶ 7.2.4 案例启示

挪威国家石油公司应对碳税政策的管理措施以及技术措施使得公司在碳税政策约束下能够稳定地发展。企业不断进行技术创新，并与其他企业保持良好的合作伙伴关系。总体上说，挪威国家石油公司应对碳税政策的各项措施是成功的，为其他企业应对碳税政策提供了有益的启示。

▶ 1. 提前部署碳资产管理研究和模拟交易，把握先机

气候变化方面的领导地位将是一个构建品牌和声誉的商业机遇，在与制定规则的政府进行谈判时握有发言权对公司十分关键。挪威国家石油公司率先建立了碳交易体系。从交易角度来看，控排企业的参与战略是减排责任在最低成

本的基础上得到履行。

挪威国家石油公司选用了集团层面统一制定战略、专业化交易公司集中运作的碳资产管理、决策和执行模式。公司制定了明确的量化目标，在实践中除满足各自集团内履约需求外，还将碳交易作为新的市场机遇，通过专业化碳资产运作获得额外的收益。欧盟碳交易体系在法律层级、试点设计、配额总量设定、市场调节机制、配额延续性、交易规则透明度与交易平台发展等方面，既有值得国内借鉴的经验，又存在需要避免的教训。

3. 多部门联合组成碳资产管理工作组，专业管理

每家实体企业都有一个碳排放工作组和管理委员会，由政策法规、合规、策略、交易、财税、采购、销售、法律、宣传和系统建设方面的成员组成，企业具体负责温室气体的监控、报告、验证（MRV）和企业所在区域碳排放控制履约。挪威国家石油公司在碳减排解决方案、新技术及新合作模式、全球碳减排交易、安全及操作风险四大方面为挪威国家石油公司下属企业提供支持服务，其中综合供应和交易（IST）部门对挪威国家石油公司全球的碳资产价格变动风险进行管理。

7.3 碳税驱动的供应链航运物流企业的绿色技术升级与协同策略——中国远洋海运集团案例

7.3.1 中国远洋海运集团简介

中国远洋海运集团有限公司（以下简称中国远洋海运集团）于 2016 年 2 月 18 日在上海正式成立。它是由中国远洋运输（集团）总公司和中国海运（集团）总公司合并而成的、由国务院国有资产监督管理委员会（以下简称国资委）直接管理的大型央企，涉及国家经济和民生，是国民经济的命脉。总公司位于上海浦东自由贸易试验区陆家嘴金融区，注册资本 110 亿元人民币，总资产 8800 亿元，职工 118 000 人。

2018 年 7 月 19 日，中国远洋海运集团在世界 500 强企业中排名第 335 位；2019 年 7 月，在《财富》500 强榜单上排名第 279 位；2019 年 9 月 1 日，中国服务业 500 强企业名单在济南公布，中国远洋海运集团排在第 40 位；2019 年"一带一路"中国百强企业位列第 52 位；2019 年 12 月 18 日，在《人民日报》

发布的"中国品牌发展指数"100强中，排名第95位。

截至2021年6月30日，中国远洋海运集团经营船队综合运力达11 367万载重吨/1376艘，排名世界第一。其中：集装箱船队规模达312万TEU/526艘，居世界第三；干散货船队运力达4440万载重吨/440艘，油轮船队运力达2903万载重吨/222艘，杂货特种船队运力达469万载重吨/151艘，均居世界第一。

中国远洋海运集团完善的全球化服务筑就了网络服务优势与品牌优势。航运、码头、物流、航运金融、修造船等上下游产业链形成了较为完整的产业结构体系。集团在全球投资码头58个，集装箱码头51个，集装箱码头年吞吐能力达12 940万TEU，居世界第一。全球船舶燃料销量超过2819万t，居世界第一。集装箱租赁业务保有量规模达370万TEU，居世界第二。海洋工程装备制造接单规模以及船舶代理业务也稳居世界前列。

中国远洋海运集团的发展蓝图是以中国经济全球化为使命，整合优势资源，构建以航运、综合物流及相关金融服务为支柱的多产业集群和全球领先的综合物流供应链服务集团。

围绕"规模增长、盈利能力、抗周期性和全球公司"四个战略维度，中国远洋海运集团集中在航运、物流、金融、装备制造、航运服务、社会产业以及互联网+相关业务"6+1"产业集群基于业务模式创新，进一步促进航运要素的集成，致力于成为全球领先的综合物流供应链服务提供商。

1）航运产业集群。由集装箱运输、码头投资经营、油轮运输、液化天然气运输、干散货运输、客轮运输等构成集团运输产业集群。作为核心产业集群，航空产业集群将进一步巩固中国远洋海运集团作为全球最大综合航运企业的地位。

2）物流产业集群。物流产业集群包括工程物流、货运代理、仓储网络、多式联运、船舶代理等业务。作为全球领先的综合性第三方物流服务商，中国远洋海运集团将成为中国企业走出去的全球物流合作伙伴的首选。

3）"一带一路"金融产业集群。以"一带一路"基础设施投资为主的金融产业集群，包括船舶租赁、运输保险、供应链金融、物流园区投资、股权投资、资产投资等。其发展目标是成为中国第一个航运金融和物流金融产业集群，立足中国，逐步在全球范围内建立领先地位。

4）装备制造业集群。装备制造业集群包括造船、海洋工程制造、船舶维修、容器制造业和其他行业。作为集团的一项重要产业群落，装备制造业集群将继续巩固在海洋工程装备、造船等相关领域的核心技术、市场份额等方面的领先优势。

5）航运服务产业集群。航运服务产业集群主要包括船舶管理、船员管理、船舶备件采购、通信技术管理、燃料、物资供应等业务，为主业航运业提供了坚实的保障。

6）社会化产业集群。社会化产业集群包括房地产资源开发、酒店管理、医院、学校等社会化服务业，打造新的产业孵化器和专业人才培育基地。

7）互联网+相关业务。以商业模式为基础进行革新的"互联网+相关业务"，以大数据的新业态、高质量服务推进各种服务转型和升级，使互联网资源应用与运输需求融合。

中国远洋海运集团将秉承"一个团队、一个文化、一个目标、一个梦想"的理念，向着打造"更规模化、更全球化、更有竞争力、更具价值"的优秀企业前行，努力成为国家战略更好的践行者，客户更好的服务提供商，供应商更好的合作伙伴，广大员工更好的事业发展平台。

7.3.2 中国远洋海运集团面临的欧盟碳税压力

1. 欧盟航海碳税的实施现状

近年来，欧盟制定了欧盟碳交易体系，以促进温室气体减排，同时积极促进国际海事组织采取各种减排措施。

海洋碳税是根据欧盟碳交易体系逐步形成的，可以分为以下步骤。首先，欧盟成员国可以要求通过 2003 年的贸易订单来减少诸如二氧化碳之类的温室气体排放。其次，欧盟在 2005 年实施了碳交易系统，通过"总量控制和排放交易"等规则为每个成员国的排放设置了限制，并允许每个成员国通过贸易许可证对二氧化碳排放进行分配。该系统已覆盖欧盟多家高能耗企业，可以控制欧盟 45% 的温室气体排放。

2009 年，欧盟提出了测量、报告和验证温室气体排放的措施。此后，欧盟委员会增加了"航行碳税"，并建立了用于航空和航运的全球碳交易系统。欧盟委员会于 2013 年推出了"监控、报告、验证"（Monitoring, Reporting, Verification, MRV）措施，以测量和验证航运业排放的温室气体。一些专家认为，该措施将有助于建立包括航运业务在内的碳交易系统。从 2018 年 1 月开始，船舶 MRV 系统对容量超过 5000t 的船舶实施检测。船舶应提供相关信息，例如船舶能效指数。

欧盟海洋碳税政策的基本框架和主要内容包括征税范围、对象、法律责任和措施。征税范围为：全程或部分在欧盟区域内的海运活动，不论其排放行为是否发生在欧盟区域内。征税对象为：所有驶入、驶出及途经欧盟成员国港口的船舶。法律责任包括罚金、禁止开展海运业务等处罚。税收措施有四种可能方案：①设立排放补偿基金，由船舶所有人或经营人为产生二氧化碳排放的船舶支付。②为了设定强制减排目标，可以根据历史排放或船舶能效指数来设定每艘船舶的减排目标。③建立碳排放交易制度，规定各航运企业的自由排放额度，不足部分或剩余部分可以交易。④征收排放税。船舶靠泊港口时，按年度碳排放缴纳税款（朱作鑫，2012）。

⟩⟩ 2. 我国远洋海运集团运输市场概况

目前，中欧经贸关系已成为世界上规模最大、发展最快的经贸关系之一。2004 年以来，欧盟成为我国最大的贸易伙伴，往来超越了美国和日本。欧盟已经连续十年成为我国最大的贸易伙伴，我国也已经成为欧盟的第二大贸易伙伴。欧盟和我国处于不同的经济发展阶段，在市场、技术和劳动力等资源上具有高度互补性。

亚欧航线是世界上最大的三大班轮航线之一，并且是近年来增长最快的航线。从亚欧航线运力供应的角度来看，亚欧航线的集装箱运力保持了约 15% 的增长速度。2007 年，欧洲航线的新增运力约为 70 万箱，占 2007 年新造船量的 47%，使亚欧航线的运输能力提高 30% 以上。到 2010 年年底，新造船的全球订单量为 388 万 TEU，占船队规模的 27.6%；2011 年，全球集装箱船队的净发货量可能达到 10%，其中 30% 将投资于亚欧航线。

从我国班轮运输能力的供给来看，中欧航线运输距离长，港口数量大。我国的班轮企业将近年来新造的新船和大型船纳入中欧航线，并开辟了许多新航线以确保港口的覆盖面和确保出港的频率（唐丽敏等，2014）。我国的班轮公司占了亚欧航线的 10.5%。其中，中国远洋海运集团通过开辟 10 条航线，运营约 5600~13 000TEU 的 77 艘船舶。

从 1980 年以来，我国航运业的二氧化碳排放量逐年增加，并且波动很小；1980 年，我国国际航海运输业的二氧化碳排放量约为 5 亿 t，为世界总量的 1.45%。随着我国航运业的发展，2010 年我国航运业二氧化碳排放量约为 66 亿 t，约占世界班轮运输业二氧化碳排放量的 10%。自从国际海事组织和欧盟提出减排建议以来，我国已经在《交通运输"十二五"发展规划》中设定了减排目标，2020 年港口生产单位吞吐量使综合能耗降低 8%，而营运船舶单位运输周转量的能耗和二氧化碳排放量分别降低 15% 和 16%。

班轮运输是航运业中增长最快的运输形式。一些研究表明，班轮运输制造了世界上最大的二氧化碳排放量，占海运业总碳排放量的 32%，是干散货运输的 1.3 倍、原油运输的 2.2 倍和杂货船运输的 2.5 倍（Ocean Policy Research

Foundation，2008）。2011 年，集装箱船的二氧化碳排放量占中欧航线二氧化碳排放总量的 86%。集装箱船的二氧化碳排放量约占所有船舶二氧化碳排放总量的 1/3（李雯等，2014）。中欧航线上集装箱船所排放的二氧化碳占排放总量的 80% 以上，因此，欧盟征收的航海碳税对我国的班轮运输业产生了重大影响。

▶▶ 3. 欧盟航海碳税对中国远洋海运集团的影响

（1）对经济效益的影响。在中欧航线上，中国远洋海运集团共有船舶 113 艘，年碳排放量约为 1847 万 t。欧盟根据欧盟航空碳税标准征收海洋碳税，估计我国航运业应缴纳的碳税金额，当碳税达到 25 美元/t 时，我国班轮公司每年根据其能力会被收取 4.6 亿美元的碳税。随着中欧贸易的持续增长，我国班轮公司的运输能力将不断提高，因此在未来的发展中，我国的班轮业仍将面临巨大的碳税压力。征收海洋碳税将增加班轮企业的经营成本，减少其利润空间。

（2）对减少排放技术的影响。在船舶设计方面，国际海事组织要求，根据不同的船舶能效设计指数（EEDI），大型船舶的碳排放减少量到 2020 年和 2025 年要分别达到 20% 和 30%。举例来说，中国远洋海运集团利用"主机增压器堵漏技术"和在线合成技术，提高了船舶主机动力油和系统润滑油的质量，降低了机器摩擦阻力，提高了船舶利用率，尤其是在主机燃料减少、船舶低速航行时，达到了节约能源和减排预期效果，为当前船舶市场的船舶减速运行创造了条件。但是，欧洲海运企业的减排压力小于我国，而且欧洲的节能减排技术一直处于世界前列。我国的新造船只为了满足能效设计指数的要求做了很多努力，但是我国现有船队大部分都是旧船，技术要求相对较低且碳排放量大，船主也会面临更新旧船的昂贵成本。

（3）对船舶运营的影响。国际海事组织对船业提出"船舶能源效率管理计划"，在船舶运营过程中实现了对能源消耗、能源利用效率和二氧化碳排放的严格控制和管理。由于紧缩的运营周期和快集装箱船的回转时间，石油消耗量增加，因此在所有类型的船舶中，油轮、散货船和集装箱船的二氧化碳排放量最大，占国际航运排放量的 82%。在高油价时代，大部分航运业体提速、减少油耗、提高燃料的利用效率，实现了船舶的效率管理。中国远洋海运集团采用更新运输能力、优化线路、缩短航程的方法，有效控制油耗，降低单位耗油。另外，可以通过提高船速使用低燃料油来控制温室气体排放。2014 年，中国远洋运输（集团）总公司总燃油消耗量为 346.26 万 t，其中轻燃油消耗 28.49 万 t，占总燃油消耗量的 8.23%，同比增长 1.75%，轻燃油的使用比例提高大幅降低了二氧化碳排放量。

（4）对管理成本的影响。管理成本是指将船舶公司员工所发生的业务和管理费用加在一起的成本。欧盟成员国对所有船舶征收航行碳税，对 5000t 以上船舶实施 MRV 计划，这些措施会增加运输企业管理成本。追加管理成本可以用初期设立费用、验证费用、法律费用、交易费用等来计算。欧洲航线 5000t 以上船舶管理成本每年增加约 2620 万欧元，平均每条船每年增加的管理成本约为 2300欧元。据推测，我国班轮企业的管理成本平均每年增加 3 亿欧元。因此，不能低估欧盟征收航行碳税对我国的航船行业造成的成本负担。

综上所述，欧盟海上碳税制对我国的轮船运输行业既有积极的影响，又有消极的影响。从积极的方面看，它能促使我们改善节能减排技术并减少排放量。从消极的方面来看，企业被征收的碳税很高，企业运营和管理成本也会增加。欧盟海上碳税的提出，削弱了我国班轮运输的国际竞争力。

7.3.3 中国远洋海运集团绿色技术选择与升级策略

1. 欧盟碳税压力下中国远洋海运集团的减排合作策略和管理优化创新

欧盟提出的"海事碳排放税"将对世界海运行业产生较大影响。我国应与非欧盟国家建立利益同盟，不违背《联合国气候变化框架公约》的法律框架中"有共同但有差异"的原则。特别是要加强与美国、日本、韩国海事组织及其他国际机构的沟通与协调。

第一，欧盟海上碳税征收体系尚不完善，船舶碳排放检验也不完善。每个国家都有测定碳排放量的方法，因此在国际上没有统一的标准。我国应该寻求同其他国家的合作，积极参与制定国际碳排放标准，参与国际碳排放限制的讨论和制定，巩固和加强中国在碳排放领域的领先地位，在世界气候问题上发出更多的声音。第二，根据航空碳税的惯例，我国可以与多个国家或地区一起制订措施。例如，禁止参加欧盟的碳交易体系，或向欧盟抗税。在《中欧海运协定》中，落实海上运输领域友好合作的条件，可以要求对未征收海洋碳税的国家或发展中国家给予一定程度的优惠。第三，联合联合国、国际海事组织等其他国际组织，实现与欧盟的对话和谈判，以国际组织协调机制为基础，公平分配航海碳排放权。

班轮行业具有周期性、单一的利润模式，因此市场出现问题时，例如碳税、过剩的运输能力和高油价等，创新的营运模式也能提高班轮行业的抗风险能力。第一，完善经营计划。由于航行距离长且我国和欧洲有许多港口相连，班轮公司要根据目的地线路、距离和具体情况，将目的港与泊位港的运输政策结合起来，设计和分配最好的线路。由于每个港口的碳税政策都不同，因此碳税成本也不同。另外，要结合重要港口的油类价格来确定每一港的加油方式，或者根据船队的容量，运用"提高船速或将船的速度保持在白天"的战略来降低运营成本。第二，通过多种方式分散危险。通过收购或建立自己的燃料油公司降低燃油成本，或者通过买卖燃油期货的方式来规避燃油价格风险。为了保证货运价格和货源，船公司与货运公司结成货运联盟并共同经营，不仅可以保证运输服务的质量，而且可以保证货源的稳定性。

2. 欧盟碳税压力下中国远洋海运集团的技术应对策略

要提升减少排放温室气体的技术水平。据资料显示，航运业每年排放二氧化碳超过 12 亿 t，约占全球二氧化碳总排放量的 6%。针对这种严重的环境污染，国际海事组织制定了船舶能效设计指标，提高了船舶设计和建设阶段利用主体的效率，从根本上解决了碳排放问题。虽然我国的造船业已达到最佳水平，但仍未能满足国际海事组织的标准。例如，对于载重约 30 万 t 的超大型油轮来说，其能源效率水平必须达到 72t/天的耗油量，而我国目前仅能达到耗油 74t/天。因此，只有提高节能减排的技术水平，才能从根本上解决排放问题。

（1）技术引进和革新。发达国家的节能减排技术比我国先进，可以积极引进国外的先进减排技术，扩大对这些技术的科研投资。鼓励企业和大学共同创新，优化船体结构，提高发动机效率。通过新技术、新材料、新设备等，使用清洁能源，从根本上减少船舶碳排放。同时，要给予政策保障。政府要向推动船舶节能技术发展的科研机构和企业提供保障和救济，减轻科研机构和企业的财务负担，建立补贴和专业的节能基金。提高减排技术水平，缩小与发达国家的差距，才能有效解决船舶温室气体排放问题，实现环保运输的可持续发展。

（2）更新船舶型号。我国目前集装箱吞吐量已升至世界第一位，然而旧船依然很多，燃料的效率低，碳排放量大。因此，业界应该加快集装箱生产能力的更新，主要从以下两个方面来考虑。

1）在船舶承运企业满足国际海事组织所提出的新船 EEDI 指标的基础上，应根据市场份额选择适当的大宗、高效率、低耗油的船型。目前，中国远洋海运集团已在中欧航线上增加了新船和大型船的船队，但仍有一些集装箱少于 1 万箱。

2）以海洋能为例，很多国家都选择液化天然气作为海洋动力燃料，以代替传统的燃料油。与其他船舶用燃料相比，液化天然气燃料最重要的优点是，对环境产生的影响较小，排出量较少。这不仅可以减少二氧化碳排放，还可以减少 90% 的氮氧化物排放以及 100% 的硫化物以及颗粒排出。而且，液化天然气燃料发动机不需要安装润滑油清洁设备，并且内部环境良好。此外，使用液化天然气作为船用燃料可以降低运营成本，改善航运业的运输经济结构，并为其他高能耗运输方式提供有效的节能减排措施。但是，目前船舶燃料领域的液化天然气开发利用是有局限性的，存在很多瓶颈，其中最需要切实解决的问题是液化天然气动力船的耐久性。在发展绿色航海运输的趋势下，班轮行业要加速技术创新和发展，突破技术难关，引进以液化天然气等燃料为动力的环保线路，减少班轮运输中的二氧化碳和其他温室气体排放以及水污染。

7.3.4 中国远洋海运集团应对欧盟碳税压力举措的效果评价

碳减排量是指在受欧盟航海碳税的影响下，由于减排技术的提高而带来的碳排放的减少量，是较不受碳税影响的正常排放量而言的概念。欧盟航海碳税的征收促进船舶企业减排技术的不断提高，减少班轮运输的碳排放，具有一定的环境效益。从减排量来看，碳减排量呈逐年上升的趋势；从减排价值来看，我国班轮企业每年因减少碳排放所带来的减排价值潜力巨大。到 2025 年，中国远洋海运集团的碳减排量预计为 700 万 t，碳减排率预计为 0.4。中国远洋海运集团近年来逐步替换旧船，采购以液化天然气等燃料为动力的清洁船舶。燃料的供能效率提高，碳排放量减小，而且集装箱生产能力不断提高，从环境效益来看，减排效果较好。

我国班轮企业因缴纳航海碳税而带来的收入减少额度远大于碳减排价值，欧盟的航海碳税政策虽然有利于减少二氧化碳的排放，却是以班轮企业的收入减少和利润损失为代价的。但是，随着欧盟碳税的征收及国家政策的引导，班轮运输业也应紧跟社会发展，多采用清洁能源船舶，通过碳税征收倒逼班轮行业结构优化，挖掘减排空间，促进班轮运输业低碳发展。减排二氧化碳付出的经济代价会明显影响班轮运输业的生产经营者，从而进一步提高企业低碳发展意识，优化企业生产经营活动，提高碳减排水平以应对航海碳税的征收。同时，航海碳税的征收能不断促进企业灵活地采取不同的减排技术、调整结构、加强合作和优化管理方法实现低成本减碳。中国远洋海运集团自碳税征收以来，结合自生优势，不断促进产能升级，在战略上确定了能源多元化战略，摆脱对进口能源的依赖，为实现到 2025 年可再生能源使用占比达到 20% 的目标做出了积极贡献。

7.3.5 案例启示

本案例的主要贡献是研究了欧盟航海碳税的由来、欧盟航海碳税对我国班轮运输业的影响和我国大型班轮运输企业中国远洋海运集团应对欧盟航海碳税的应对措施，并分析了中国远洋海运集团应对欧盟碳税压力举措的效果评价。

（1）提升企业管理水平，增强业务运营能力。欧盟提出的航海碳税政策对所有进出欧盟成员国港口的船舶征收碳排放税。中国远洋海运集团作为欧盟一些企业的贸易伙伴，航海碳税的征收对其发展有着深远的影响。欧盟航海碳税的征收给中国远洋海运集团带来了很大的负担，增加了经营成本和管理成本，使企业发展受到了严重阻碍。为应对欧盟航海碳税带来的冲击及未来长远的发展，中国远洋海运集团认真研究欧盟航海碳税的相关要求，自我检查梳理碳排放工作上的问题，积极回应欧盟节能减排相关政策。通过不断提升企业管理水平和管理能力，提高运营效率，科学合理地配置资源，有效地把握了企业工作成本与效益。

（2）促进技术创新，提高节能减排水平。欧盟征收通航碳税，迫使班轮行业通过调整船舶能源结构和技术水平来实现碳减排目标或经济效益。中国远洋海运集团利润空间受到压缩，需要进行技术创新。企业进行新技术的研究和开发，优化船体结构，提高发动机效率。通过使用新技术、新材料、新设备和清洁能源，提高资源的循环再利用效率，尽力实现低排放和低污染，降低企业船舶运输给环境造成的负担，实现船舶运输企业的清洁生产和绿色创造，从根本上减少船舶碳排放，实现碳排放和经济效益的目标，走可持续发展道路。

（3）加强合作水平和合作深度。中国远洋海运集团应与非欧盟国家企业团体建立利益同盟，特别是要加强与美国、日本、韩国海事组织及其他国际机构的沟通与协调，充分利用世界贸易组织（World Trade Organization，WTO）规则在贸易领域进行反制，实现与欧盟的对话和谈判，要求以国际组织协调机制为基础，公平分配航海碳排放权。中国远洋海运集团也应加强供应链上下游企业间的深度合作，船舶运输供应链的减排与上下游密切相关，尤其是与船舶制造供应商关系密切。船舶制造供应商应积极推动减排成本优化配置并逐步淘汰高耗能船舶产品，提升船舶供应链减排决策对市场需求的响应度，改善船舶运输供应链的整体减排效益。

7.4 碳税驱动的供应链下游企业绿色技术选择与升级策略——海尔集团案例

7.4.1 海尔集团简介

海尔集团，1984年创立于山东青岛，是一家大型的家电制造企业。成立以来，集团坚持以用户需求为核心，不断创新其体系从而驱动其持续健康发展，这使得海尔在世界同行业中处于技术领先水平，成为我国最具价值的品牌之一。

根据世界权威市场调查机构欧睿国际（Euromonitor）发布的 2016 年全球大型家用电器品牌零售量数据：2016 年，海尔大型家用电器品牌零售量占全球市场的 10.3%，位居世界第一。自 2009 年起，海尔集团在该榜单上已经八年蝉联第一的位置（乔欢欢，2015）。同时，冰箱、洗衣机等家用电器也分别以巨大的优势领先第二名的品牌零售量继续蝉联世界第一。

海尔集团作为全球领先的家电零售企业之一，销售足迹遍布世界各个国家和地区，早在 20 世纪 90 年代末，海尔集团就已进入"国际化战略发展阶段"，全力进军海外市场。随着全球化发展战略的实施，根据"海尔智家"三季报显示，2019 年前三季度，在处于需求疲软状态的北美市场收入同比增长 12%；在欧洲市场，2019 年 1 月，"海尔智家"完成了对意大利知名家电品牌 Candy 的并购，在欧洲市场上整体表现强劲，收入同比增长 25%；在东南亚市场，海尔的收入同比增长 22%，其中，海尔厨电的销售额在菲律宾厨电市场的中国自主品牌中排名第一；在南亚市场，海尔收入同比增长 14%，位居行业第一；在澳大利亚和新西兰市场，海尔收入增长 3%，其中新西兰斐雪派克（Fisher & Paykel Appliances，FPA；海尔集团旗下品牌）以 42% 的市场份额高居新西兰家电市场第一⊖。如今，海尔集团发展速度迅猛，在全球拥有 28 个工业园、122 个制造中心和 24 万个销售网点，用户遍布全球 160 多个国家和地区，服务全球 10 亿+用户家庭。

▶ 7.4.2 碳税政策对海尔集团的影响

▶ 1. 北欧国家碳税政策对海尔集团技术研究的影响

以芬兰为例，早在 1990 年，芬兰就开始对除运输燃料之外的所有能源产品征收碳税，成为欧洲最早引入碳税这一概念的国家，从每吨二氧化碳 1.2 欧元的初始税率开始，随后不断上涨，在 2008 年达到 20 欧元，十几年的时间里税率上涨了 15 倍（翁莉翀，2013）。2018 年，芬兰期望通过立法的方式，以求逐步淘汰煤炭资源。因此，芬兰的碳税价格迎来又一次大幅上涨，涨至约每吨二氧化碳 66 欧元。除此之外，芬兰对电力相关的能源税的征收管控得更加严格。1997 年以前，芬兰政府对电力一直实行的都是进项税制，即对发电所需的能源产品征收标准的能源税率；而随着电力市场自由化的进程，这一项税制与欧盟的相关内容完全相悖，因此，从 1997 年，芬兰开始实施了新的税制政策——销

⊖ 资料来源：http://www.twwtn.com/detail_269732.htm。

项税制，发电用能源是完全豁免能源税的，但是对电力的消费仍然要缴纳能源税（葛鹏浩，2012）。从各个角度来看，都不难发现芬兰政府对于减排和环境保护的重视程度。因此，在碳税政策里面，几乎没有实施任何减免税之类的特殊税收条款，严格的碳税政策确实对环境的改善起到了积极作用，1980年至今，能效的改善已经超过了50%。

因此，在以芬兰为代表的以环境保护为核心的北欧地区，海尔集团首先面临的就是绿色产品技术研发的问题，企业想要在北欧市场中拥有竞争力，提升自身产品的绿色环保价值就成了头号难题，在高昂的碳税为进出口带来的重重阻碍下，海尔集团需要不断改进自己的技术，以求达到海外市场的碳排放标准。

▶▶ 2. 英国碳税政策对海尔集团生产与减排的影响

相比于北欧国家，英国暂时没有形成复杂的能源税制结构，即它并没有一个针对天然气、煤和电力等能源产品普遍征收的总体能源税方案，仅仅是对运输用燃料征收能源税。2001年4月，英国政府引入气候变化税作为化石燃料税的替代，旨在激励企业提高能效、减少碳排放。气候变化税仅针对工业部门和公共部门等非民用能源。另外，对天然气、电力和煤的消费也需要缴纳气候变化税，对液化石油气的消费需要同时缴纳气候变化税和原有的能源税。

总体来说，相比于北欧国家，英国的碳税政策相对友好，但是英国政府对于化石燃料的碳税政策同样也对海尔集团的生产与减排过程造成了一定的影响。英国政府的这一系列碳税政策已经给企业的商业决策带来了一定的风险：库存运输的供应链改变、海平面上升的资本存货风险、客户需求的改变等问题尤为突出。在政策的约束下，海尔集团应当思考如何通过库存配送等运营策略的单项调整或集体协调来满足减排要求，或者通过减排投资、产量调整、订单改变等手段优化生产过程，从而遵循环境约束（周维良，2018）。

▶▶ 3. 美国碳税政策对海尔集团综合竞争力的影响

在美国，奥巴马政府通过了美国历史上第一个应对气候变化和温室气体减排的法案，并首创"碳关税"这一新名词。所谓碳关税，是指对高耗能的产品进口征收特别的二氧化碳排放关税，这实质是美国外交战略的重大调整，目的在于遏制新兴经济体的发展。

在这种环境下，海尔集团的出口将受到极大限制。目前，美国进口的高耗能产品多数由发展中国家生产，其中"中国制造"所占份额很大。我国目前的二氧化碳排放量中，大约有7%~14%是为生产出口美国的产品而产生的。在我国对美国出口的商品中，机电、建材、化工、钢铁、塑料制品等传统高碳产品占据了出口市场一半以上的比重，其中家电行业受影响尤为严重（郭毅等，2009）。世界银行的研究报告指出，如果碳关税全面征收，我国可能将面临平均26%的关税，出口量同比下降21%左右，海尔集团在美国的市场份额将大幅衰减。同时，海尔集团在美国市场同行业的竞争中将处于劣势，碳税政策将降低高耗能产业的国际竞争力，不利于处于高耗能经济发展阶段的国家的工业化进程。海尔集团的发展历史远远不如西方发达国家的企业那么悠久，企业构造、研发等处于相对落后的状态。海尔集团的发展过程也是中国工业化进程的缩影，若立即全面推行严格的碳减排制度，达到美国所规定的水平，海尔集团将面临严峻挑战，在进行全面低碳化升级改造的过程中，资金匮乏、技术不足等多方面的问题短期内不可能完全得到解决。在重压之下，海尔集团在美国市场上就很难与美国本土生产的同类商品进行竞争。

7.4.3 碳税政策下海尔集团面临的风险

1. 供应链整合风险

海尔集团在各国碳税政策的压力下，面临着碳减排的问题，这一约束使得海尔集团的生产成本与盈利模式发生了变化，这种变化将进一步改变海尔集团的经营行为。

在碳税政策的规制下，海尔集团的相应供应链企业的输入输出发生变化，面临着由"二维交易模式"向"三维交易模式"转变的难题。企业输入原材料、设备，生产销售成品与服务需要考虑到碳排放的约束，从而导致企业成本函数的改变。此时，企业的生产不仅要投入原有的生产要素，还要投入碳排放约束参与生产过程。新的模式下，海尔集团急需新的市场管理模式，从而适应新的供应链交易模式（周维良，2018）。

目前，在碳税政策下，许多大型跨国企业做出应对，实行"绿色供应链管理"的措施。这一措施已经成为挡在海尔集团发展之路上的新门槛，即跨国企业正在逐渐使用本国的商业排放标准来要求供应商。以沃尔玛为例，它要求10万家供应商必须完成碳足迹的追踪与验证，对相关产品加注碳标签，这已经影响超过500万家工厂，其中大部分为中国厂家。出口境外的供货企业、制造商、物流商、零售商必须进行碳足迹验证，承担减排责任，以缓解碳税政策所带来的压力。从长久趋势来看，海尔集团也面临着被纳入绿色供应链管理中的风险。我国很多企业一直难以形成超额利润的积累，一旦遭受上游原材料和能源价格不断上涨的困境，海尔集团产品的出口就将面临很大的难题（张焕波等，2013）。

因此，海尔集团正在面临着这一系列的供应链整合难题，也试图通过模块化的方式来实现供应链的整合，以"低碳"撬动家电制造业的产业链，在模块化的过程中，做到即需即供、放弃标准化产品的竞争，使产品本身的个性化既能符合消费者需求，又能实现"低碳"的追求。但是这个过程对海尔集团整合供应链的能力提出了极高的要求，尽管海尔集团已具有先进的企业管理模式，但是模块化经济本身仍然不成熟，应用其进行产业链的整合与管理仍存在一定的风险，一旦整合失败，不仅不能实现低碳经济以应对发达国家的碳税政策，而且还会使现有的"供应商-制造商"的渠道秩序被打乱，从而影响现有品牌的信誉，造成额外的损失。

▶ 2. 产品的研发生产风险

碳税政策正在向所有企业传达一个信号：未来经济竞争是绿色技术的竞争，企业如果能抓住这个机会，在一些新兴的领域和产业做出超前的部署，就能在未来经济竞争中赢得商机。企业应积极建立与低碳发展相适应的生产方式，进行必要的战略投资，开发低碳产品，利用低碳能源，抢占低碳经济的商机，实现企业发展。另外，缴纳碳税也使得消费者的消费模式向低碳转型，绿色消费的需求量增加，推动了高附加值的低碳、绿色产业和新型战略产业的快速发展，也是企业实现生产运营方式和产品服务市场战略低碳转型的重大机遇。企业自身技术改造一方面有利于提高资源环境利用效率，另一方面也是获得更高的经济效益和市场竞争力的重要手段，可以从多方面实现企业的可持续发展。

虽然海尔集团的科研力量在家电制造业中可以与世界级的科研力量相媲美，但是新产品的研发是一个长期的过程，从产品设计理念的提出到组织研发，再到投入生产，直至最终投向市场接受消费者的考验，资金和科研人员的投入都是一笔巨大的开销。产品研发生产面临着巨大的风险。首先，能否顺利完成技术攻关是前提。其次，设计理念能否顺应时代发展趋势、人类生存原则和碳税政策要求。最后，产品能否低成本、大规模生产。其中任何一项出现问题，企业所花费的沉没成本都将付诸东流。

▶ 3. 产品价格风险

虽然在供应链整合过程中从供应商到制造商的成本可能大大降低，但高额的研发费用和分销成本使得海尔产品的成本并没有降低，因此新产品的价格并没有降低。这就意味着海尔面临高价风险：一是高价使市场竞争程度白热化，从而导致高价目标失效；另一方面，高价为产品营销制造了困难，会因价格过高而流失一批消费者（杨洁，2010）。

7.4.4 海尔集团绿色技术选择与升级策略

有经济战略专家表示，中国能否在未来几十年里一直走在世界发展的前列，很大程度上取决于顺应低碳经济发展并做出相应调整的能力。在碳税政策下，海尔集团面临着重大风险与挑战，因此更加需要在新政策形势下重新梳理自己的价值链，更加需要致力于提高资源和能源的使用效率，在推进绿色发展、循环发展和低碳发展的过程中，为应对严峻的国际形势做出改变。

1. 企业理念的不断发展

对于任何企业来说，企业理念是企业在持续经营和长期发展过程中所自觉实践的信念，通过这种信念培育出激发企业活力、推动企业进步的团体精神。碳税政策下，要求海尔集团的发展理念不断与时俱进，不断超越发展。

1995年，在奥地利举行的联合国环境规划署《关于耗损臭氧层物质的蒙特利尔议定书》缔约国第七次会议上，海尔集团作为亚洲地区唯一代表受到大会邀请，并展示了最新成果：超节能无污染 BCD-268 冰箱，受到了联合国环境规划署、蒙特利尔基金会、欧洲绿色组织、世界银行以及多国政府要员的高度赞扬，他们认为海尔集团的产品规格更加符合碳税政策国家的标准。在多国对海尔集团产品表示肯定的同时，"世界多一个海尔，地球多一分安全"的企业理念也被国际社会所熟知，海尔集团向世界展示了中国的企业正在不断地为世界节能减排做出贡献，同时也努力为供应链上游的碳税征收国家的节能减排做出中国贡献。

从2005年至今，海尔集团一直秉承着"绿色、生态、环保、低碳、节能"的发展理念，已连续12年发布《企业环境报告书》，在面对高昂碳税压力的艰难处境下，海尔集团迎难而上，首先树立了勇于承担社会责任、敢于接受社会监督的企业形象。《企业环境报告书》不仅成为海尔集团持续完善环境管理体系建设的重要组成部分，更成为它向社会公众反馈企业成长与环境行为的重要平台。同时，在实际行动方面，作为全球高效节能空调的领头企业，它率先发起了低碳行动，以"双百方针"为指导思想，即定频空调100%一级能效、变频空调100%无氟，组织建立了全球首条无氟变频空调低碳产业链。

海尔集团首席执行官张瑞敏曾经说过："海尔应像海，为社会、为人类做出应有的贡献。只要我们对社会和人类的爱'真诚到永远'，社会也会承认我们到永远，海尔将像海一样得到永恒的存在。"海尔就像海一样，在面临碳税政策给企业带来的巨大压力下，像海一样以博大的胸怀纳百川而不嫌弃细流，容污浊且能净化为碧水，不断更新且丰富企业理念，壮大企业软实力。

2. 研发生产的可持续发展

为了缓解碳税政策给企业供应链整合方面所带来的压力，海尔集团建立起了完善的环境管理体系，从产品设计、制造、销售到产品回收、循环利用等各个营运环节，都秉持环保低碳理念。

首先，从生产源头开始严格把控，因此这需要海尔集团对原材料的选取标准更加严格，由于家用电器在使用过程中会因为材质不同而产生不同程度的碳排放，为了使碳排放量达到世界各国的标准，缓解消费者的碳税压力，海尔集团与日本三菱电机（压缩机）、日本 NEC（芯片）、中国宝钢（钢板）、美国霍尼韦尔（制冷剂）、芬兰诺尔达（铜管）等 50 余家全球顶级供应商建立了战略伙伴关系，选择绿色、可持续使用的原材料产品，从而降低产品全生命周期的环境负荷。

其次，在产品设计时加强了节能技术的应用，使得产品更加符合碳税征收国家的碳排放标准，在产品设计中注重以人为本，在充分考虑人的需求的前提下，本着保护生态系统的、安全的、绿色的设计界原则，在绿色产品科技战略和"开放、创新、全球协作"的研发体系支持下，设计出众多满足全球不同地区不同国家用户差异的节能产品。同时，海尔也成为全球首家实施低碳认证体系（ISO 14064 标准）的家电企业。

海尔集团勇攀设计高峰，首次实现了无氟变频空调 6.91 的行业最高能效，运行 24h 比普通变频空调省电 5.2kW·h，这相当于 94 只 11W 节能灯每天 5h 的用电量，也相当于节省了折合约 2.1kg 标准煤，这是对全球节能减排最强有力的支持。海尔取得的成绩也鼓舞了其他 8 家拥有全球顶级研发能力的供应商加入，包括三菱、霍尼韦尔、金龙、三花、菱电、松下、台达、瑞萨等。这一全球性产业链彻底颠覆了传统供需模式，建立起一种新的模式：以用户需求为起点、即需即供的模块化新模式，全面加速了无氟变频空调的普及，给为全球人民提供舒清新适的空气提出了最佳解决方案。海尔集团的这一举动不仅是助力全球实现低碳经济发展的一次伟大创举，更为我国其他企业的发展做出了表率。

在产品投入制造时，海尔集团按照集团设备外包的思路，建成合同能源管理（Energy Management Contracting，EMC）模式，利用第三方资金实现生产设备的升级改造，从而达到减排的目的。这一模式下，节电率最高可达 30% 以上，实现节电 746 万 kW·h，相当于节省了折合约 2956t 标准煤。

3. 推行绿色营销的策略

海尔集团的产品向世界各国供应的过程也是从供应链上游向下游流动的过

程，如何使自己的产品更多地流入消费者手中，如何获取更广泛的市场，是海尔集团需要思考的重要问题，海尔集团为此做出了另一个重大改变——绿色营销策略。

价格方面，价格的高低会在很大程度上刺激消费者的购买能力。产品研发的成本、原材料的严格选取、生产费用的增加势必会造成海尔产品价格的增长，从而在一定程度上引起消费者内心的波动。为了使企业持续盈利，取得竞争优势，海尔集团采取了分层定价的策略，以满足不同层次消费者的需求。

售后服务方面，海尔集团为了提升客户满意度，着重加强了有关售后方面的服务。海尔向用户承诺：无氟变频空调整机十年免费包修。无氟变频空调因此又一次引领了低碳消费的热潮，在我国牢牢占据自主品牌出口第一的位置。

同时，海尔集团在实施绿色营销过程中也建立了稳定的绿色营销渠道。在行业渠道里，海尔集团注重加强经销商的绿色营销创新能力，推出的产品在绿色环保方面注重差异化优势，为绿色营销增添卖点，让渠道商对海尔充满信心。为了从真正意义上实施绿色营销，海尔集团注重绿色交通工具的选择，绿色仓库的建立，绿色装卸、运输、贮存、管理办法的制定与实施，认真做好绿色营销渠道中的每一道基础工作。

▶▶ 4. 资源的协调整合与利用

面对碳税政策的压力，海尔集团不断整合、协调和利用多方资源，打造属于自己的生态圈与产业链。对内，海尔集团致力于打造"万链共享"的生态圈。海尔金控是海尔集团旗下的物联网金融平台，公司资产规模超千亿元，服务千万中小微企业及个人用户，注册资本的 117.366 亿元，主体长期信用等级为 AAA。秉承海尔集团人单合一模式，公司致力于发展金融生态、生命生态两大物联网平台。公司打造了"万链融通"金融生态品牌，金融业务涉及财务公司、消费金融、融资租赁、金融保理、互联网小贷、财富管理、资产交易等领域。公司坚持"产业为基、共创共享"理念，行业内首创"产业投行"模式。融通科技与风控，链接金融与产业，形成了万链云科、万链信用、Pluslink 等平台，构建起无边界的万链新生态，推动现代农业、智能制造、绿色环保等五十多类产业生态链的转型升级，努力让"金融，不止于金融"。

对外，海尔集团整合全球资源打造整套绿色家电。随着互联网的普及，消费者的需求日益个性化，这也使得各国优秀的企业通过强强联合的跨界合作方式共同满足消费者的需求，获得双赢。海尔集团与美国陶氏化学公司、欧洲第一大专业厨电制造商 Best、新西兰最大家电企业 Fisher & Paykel 签署战略合作协议，开创了绿色节能的新高度。早在 2010 年，海尔就为全球消费者提供了整套的绿色物联生活解决方案，并成为全球唯一一家荣获"全球可持续发展杰出成就奖"的家电企业。2011 年 3 月 26 日，海尔携手世界自然基金会在全球发起"海尔·地球一小时"的活动，并在中国、美国、日本、法国四个国家的分公司，利用社交网络服务（Social Networking Service，SNS）开展系列活动，倡导全球消费者与海尔一起以实际行动共创美好生活，关爱地球。

7.4.5　案例启示

全球范围内，一些发达国家已经相继征收碳税，中国企业海外投资的成本增加已经成为必然趋势。短期内，这种投资的增加和盈利的平衡仍然处于可控制范围之内；但从长远来看，仍然面临着巨大的风险，要求我国的企业积极应对，以降低投资风险的不确定性。在应对碳税政策所带来的风险与机遇方面，海尔集团的成功为企业带来了新的启示。

1. 企业理念的引领作用

任何一个企业都不是一座孤岛，作为社会一员的企业就应当积极履行相应的社会责任，因此企业应当树立正确的理念，面对世界的大环境——多国为了达到碳排标准而实行碳税政策，企业更应当在节能减排、绿色环保方面有所作为。海尔集团树立"责任驱动价值""责任创造未来价值""责任创新价值未来"的社会责任理念，提出只有通过对社会和人类真诚的爱，只有为社会和人类做出应有的贡献，社会才会承认海尔集团，海尔集团才能像海一样永恒存在。因此，海尔集团把低碳发展贯穿于企业发展的各个方面，并用低碳价值观引导更多的人践行绿色生活。

2. 建立科学完善的管理体系

企业良好的环境价值观内化为企业决策和行动过程需要科学完善的管理体系。海尔集团建立了完善的环境管理体系，从产品设计、制造、销售到产品回收、循环利用等每个营运环节都秉持节能减排的理念。海尔集团还拥有自主的技术研发、质量检测、信息网络等支撑保障体系，这是其产品在各国碳税政策大环境下竞争力提升的基础。企业应致力于建立一支专业的研发团队，把产品与人的全方位需求相结合，以环境友善、高效节能为目标，在全球的任何地方的生产管理都严格按照环境管理规范进行，实现产品与自然、人与生态的统一，真正打破在节能减排方面的技术壁垒，真正达到产品品质的国际化，从而缓解企业所面临的碳税政策压力。

3. 企业之间战略的联盟

建立科学完善的管理体系依赖于供应链上下游企业之间的良好合作，共同构建可持续发展的绿色供应链，企业不仅要考虑自身产品生产流程的影响，还要追溯到原材料的取得，延伸到产品的营销，甚至是废弃后的处置，使每一个环节确实达到节能减排的效果。这需要企业之间形成一个战略联盟，达成战略共识，企业之间共同以客户为导向，改变传统的生产运作模式，及时掌握市场动向，紧紧追随国际标准，建立起一种新型的伙伴关系，提高整个供应链的经营效率，提升客户满意度，增强自身的行业竞争力，树立良好的社会形象。

碳税政策的主要目的是调节能源资源消费，倡导可持续发展，应对碳税政策，减排是现阶段最为关键和核心的手段，我国企业一方面应该建立完善的内部管理机制，实实在在地推动节能减排技术的发展，另一方面企业也应当通过调整投资组合和投资结构，对回报率、贴现率等进行量化分析。在此基础上企业也要密切关注征税国家碳税的用途及监管流程，防止其成为削弱外资企业在本国竞争力的手段，造成实质上对中国海外投资的不公平。碳税政策的实施阻挡不了中国企业更深入地实施"走出去"战略，在风险中企业将会看到新的机遇，为中国企业进军海外市场提供更多途径。

7.5 碳交易驱动的供应链上游企业绿色技术升级与协同策略——中国华电集团案例

7.5.1 中国华电集团简介

中国华电集团有限公司（以下简称中国华电集团）成立于 2002 年年底，是国家进行电力体制改革组建的五家国有独资发电企业集团之一，受国资委的监管，主要从事与电力生产与供应相关的一系列专业技术服务。

随着中国电力市场的不断发展，中国华电集团取得了辉煌的成绩。2018 年，公司共完成发电量 5559 亿 kW·h，供热量 3.04 亿 J，煤炭产量 5078 万 t，为国民经济提供了基础性的保障。公司资产雄厚，业务广泛。截至 2018 年年底，公司资产总额共 8257 亿元人民币，连续 7 年上榜世界 500 强，在全国和海外十多个国家都有业务分布。

中国华电集团积极践行可持续发展理念，以"低能耗，低排放，高效率"为取向，促进中国电力市场的改革。截至 2018 年年底，公司发电机组达 1.48 亿kW（火电装机组 10 428 万 kW，水电装机组 2722 万 kW，风电太阳能等其他能源装机组 1632 万 kW），其中水电装机、天然气装机和天然气分布式装机的数量都位于同类企业的榜首。在发展过程中，中国华电集团还不断坚持创新，走在行业前端，创下多个"首个"，拥有国内首批百万千瓦超超临界机组燃煤发电厂、全球首座百万千瓦空冷机组发电厂、国内第一个智能化生态电厂等，是我国电力行业的领军企业。

▷▷ 7.5.2 碳市场给中国华电集团带来的机遇和挑战

▷▷ 1. 我国电力市场全面碳交易体系

从第一次工业革命到现在，世界经济得到了大力发展，但很多严重的问题也随之而来，比如资源枯竭与全球变暖问题。2015 年 12 月 12 日，巴黎气候变化大会上通过了《巴黎协定》，其主要目标是将 21 世纪全球平均气温上升幅度控制在 2℃以内，并将全球气温上升控制在前工业化时期水平之上 1.5℃以内。毫无疑问，这个目标完成是相当困难的，根据 *Nature* 杂志上的一篇评论文章来看，如果要达到不超过 2℃的温升目标，2020 年到 2030 年全球平均每年需碳减排约 3%；如果要达成不超过 1.5℃的温升目标，则平均每年要减排 7% 以上，这对世界各国的减排行动都敲醒了警钟（Niklas 等，2020）。

我国作为负责任的大国，正在积极投身全球碳减排进程中。2015 年，我国政府提出自主目标："到 2030 年，单位 GDP 二氧化碳排放到比 2005 年下降 60% 到 65%，非化石能源在一次能源消费比重提升到 20% 左右"⊖。这将引发我国能源市场的大变革，从而改变近十年的电力行业布局。

为了进一步践行国家可持续发展理念，减少碳排放，2017 年 12 月 19 日，国家发展改革委在碳交易试点的基础上，率先在电力行业启动了全国碳交易体系。政府将温室气体（初期仅限二氧化碳）排放权以配额的形式发放给各重点排放企业，企业可以在碳交易市场上进行碳排放配额的交易，进行碳排放额度的二次分配。一般来说，减排成本高的企业可以通过购买配额获得碳排量，满足碳排放额度要求的企业可以出售多余的碳排放配额来获得经济上的收益，企业可以综合比较权衡减排成本与购碳额度成本来获得最大的市场收益，政府也可以通过这种方式达到限制温室气体排放的目的。

率先在发电行业启动全面碳排放交易体系主要有五方面的原因：①电力行业集中度高、碳泄漏风险小，同时拥有高质量的历史数据，便于进行碳配额的分配。②初期纳入企业数量多，示范效应强。中国以火力发电为主，每年会产生大量的温室气体。即使仅仅将排放量 2.6 万 t 二氧化碳及其以上的企业纳入碳市场，也涉及 30 多亿 t 的碳排放量，数量、规模大，可为其他行业碳交易市场

⊖ 资料来源：http://www.ncsc.org.cn/SY/zywj/202003/t20200323_770030.shtml。

的建设提供较强的示范效应。③电力行业一般体量较大，国有企业非常多，制度健全，便于进行监管。④国际上有非常优秀的电力行业碳排放市场交易案例，容易借鉴相关经验。⑤减排效应巨大，电力行业是我国最大的二氧化碳排放部门，将其纳入全面碳交易体系中，将会大大降低我国的碳排放总量，实现清洁高效发电。

▶▶ 2. 碳市场对中国电力行业的影响

我国发电以火电为主，行业整体处于高能耗、高污染的态势。2016年，中国火电占比71.60%左右，这导致了大量的温室气体排放。2017年全面碳交易的推行，引发了电力行业的重大变革，极大地提高了我国电力行业的技术实力和全球竞争力。

全面碳交易的推行具体三个方面的影响：①促进了电力行业电源结构的调整。碳交易市场的全面推行改变了电力行业以往碳排放零成本的状况，实现了对高耗能发电企业的碳约束，激发了企业降低碳排放成本的动力。发电企业为了提高自身竞争力，必然会积极淘汰落后机组，升级现有机组，发展碳减排技术，提高煤电发电效率，减少耗煤量与单位碳排放量。同时也会不断发展新能源技术，逐步提高清洁能源装机比例，实现电力的长期清洁节能化。这将促进中国电力行业整体的转型升级与改造，实现电力行业从高耗能、高污染的发展态势向低耗能、低排放的发展态势转变。②提高电力行业整体的管理能力。为了节省成本，发电企业必然会实行精细化的管理战略，合理分配碳配额，进行碳资产管理，挖掘碳排放数据价值，这将大大提高我国电力行业整体的管理能力与企业价值。③提高了电力行业自主减排的灵活性（黄薇等，2020）。电力企业可以通过购买碳配额完成碳额度限制，也可以通过提高管理、技术等多项措施来降低企业的碳排放量，完成碳额度要求。同时，电力企业还可以通过出售多余的碳额度，来将减排效益转化为经济效益，这极大地提高了企业减排的自主选择性，便于企业从中选择最适合自己的道路。

从另一方面来讲，全面碳市场的推行也使得电力企业将面临碳排放额度履约的要求，无论额外购入碳排放额度还是升级改造能源结构，企业都需要耗费大量的资金，这在短时间会提高电力成本，削弱企业竞争力，还会淘汰一部分火电企业，极大地影响行业生态，使一些发电企业丧失发展机会。

▶▶ 3. 碳市场给中国华电集团带来的影响

在全面碳市场不断推行的前提下，电力企业作为全面碳市场的参与主体，必然会改变企业的运营模式和盈利模式，来更好地适应碳市场。对于以火力发电为主的中国华电集团来说，更是如此。在新的形势下，中国华电集团仅仅依靠简单理解和被动适应是不够的，还必须主动出击，降低企业的碳排放量，完成碳额度要求，这将给企业带来新的挑战和机遇（王志轩，2019）。

从发展机遇来看，碳市场将会提升中国华电集团的战略、技术和管理实力，实现企业的长远发展。首先从战略角度来看，中国华电集团将会积极进行自身战略的调整，加快落后机组的淘汰与新能源技术的发展，减少碳排放，从内而外地支持国家战略调整。其次，从技术的角度来看，高污染、高排放的火电技术已经无法适应现在的碳市场。面对全面碳市场的推行，中国华电集团将不断扩大技术资金投入，进行绿色技术研究，来提升企业长远竞争力。从管理角度来看，中国华电集团也将在短期内完善自身的碳管理机制，进行一系列的碳管理工作，包括进行碳排查、成立碳排放管理机构、建设碳排放数据管理系统等，来提高企业的碳管理能力，为更好地融入碳市场保驾护航。最后，从企业的长远发展来看，全面碳市场的建立对于中国华电集团实现弯道超车具有重要意义。在能源短缺和环境恶化的大背景前提下，未来中国电力市场的电源结构必然朝着清洁化的方向发展，目前这个阶段正是行业的重要转型期，因此中国华电集团如果能够抓住此次行业变革契机，积极参与碳交易市场，未来将会成为中国电力行业的领军企业，实现企业的长远发展。

同时，全面碳市场的推行，也给中国华电集团带来了挑战。这些挑战既包括由碳市场制度不完善所带来的，也包括企业内部自身的挑战。目前虽然电力行业已经被全面纳入碳市场中，但是中国碳交易市场仍然处于发展不完善阶段，很多规章制度、交易手段措施、配额发放和碳含量实测工作都仍在摸索中，这将加大企业的减排压力和减排风险，使得企业在面对碳市场时难以放开手脚。另外，中国华电集团作为以火电发电为主的电力企业，存在二氧化碳减排难度大的挑战。因此，对于中国华电集团而言，要想完成目前的减排任务，需要付出诸多的努力。而在技术性减排不断收紧、新能源技术研究难度大的前提下，可想而知，中国华电集团减排难度之大。另外，无论是落后机组的淘汰、火电机组的升级改造、新能源技术的发展、减碳技术的研究还是管理手段的革新，都将在短期内加重公司的财务负担，对企业的现金流有着重要的影响。

7.5.3 中国华电集团绿色技术选择与升级策略

1. 中国华电集团的绿色技术升级

在中国华电集团"2218"发展目标（实现到2020年，单位电能污染物排放较"十二五"末下降超过20%，单位电能化石能源消耗力争降低20g，国际业务收入占比达到 10%，净资产收益率不低于 8%）、《企业 2018—2035 年中长期发展规划》（到 2035 年，将实现非化石能源占比接近二分之一、清洁能源装机占比超过三分之二○）和"五三六战略"（五个坚持、三个转变和六个一流○）的前提下，中国华电集团以绿色技术创新为核心引导力，通过火电技术升级改造、碳排放技术的研究，以及新能源技术的发展，获得了巨大的减碳成效，提高了企业的竞争力。

根据目前我国的能源现状和技术发展水平，在未来的很长一段时间内火力发电将仍然会是我国主要的发电方式。中国华电集团积极履行国家能源战略部署，对落后机组进行淘汰更新，对现存的火电机组进行升级改造，对新建的大型机组采取新技术支持，以提高火电机组的发电效率与清洁度。2018 年，中国华电集团共淘汰落后产能 186 万 kW，减排二氧化碳近 700 万 t，分别占关停计划的 28% 和 15.6%。此外，2015—2018 年，中国华电集团年均投入约 85 亿元进行机组的清洁化改造，通过采用机侧优化、燃烧系统优化、变频改造、机组整体优化等成熟适用的节能技术，实现了中东部地区全部超低排放机组改造，提高了企业煤电的清洁化水平与发电效率。与此同时，中国华电集团还积极将先进的超超临界燃煤发电技术应用到新建发电机组，以提高机组效率与电力的清洁度，是国内首家同时拥有 4 台 100 万 kW 超超临界燃煤发电机组的大型发电企业。2019 年建成的江苏句容发电厂 2×100 万 kW 超超临界燃煤发电机组，是我国目前单机等级最高、效率最优的发电机组，为我国煤电技术的发展做出了巨大贡献。通过以上措施，中国华电集团的火电技术得到了升级，供电煤耗由 2010 年的 328.2g/kW·h 降至 2018 年的 300.3g/kW·h，下降 8.5%，降耗减排二氧化碳 1.1 亿 t。目前，中国华电集团正在朝着建立清洁化的火力发电体系的方向努力。

碳排放技术也是中国华电集团的关键性技术研究领域。早在 2015 年，中国华电集团就开展了入炉煤元素碳的实测工作，率先提出了一套以元素碳含量实测为核心的温室气体统计核算制。2018 年，中国华电集团搭建了电力行业首个碳排放在线检测实验平台，对碳排放的在线检测开展模拟研究，为碳排放的其他核心技术研究提供了实时数据检测支持。与此同时，中国华电集团也积极开展以碳检测、捕集和利用为核心的关键技术研究，开展了二氧化碳捕集、驱油、封存一体化研究工作。2019 年，中国华电集团建成了华电江苏句容发电厂烟气

○ 资料来源：http://gongyi.people.com.cn/n1/2019/1213/c431051-31505931.html。
○ 资料来源：http://www.cpnn.com.cn/zdyw/201901/t20190121_1118620.html。

碳捕集示范工程，这是我国首个将最先进的碳捕捉技术应用到百万千瓦燃煤机组的工程。据了解，该工程可以将捕捉到的二氧化碳进行浓缩提纯，达到食品级二氧化碳纯度标准，年产量可达 10 000 t，减碳效果显著。中国华电集团不断加强科技创新步伐，以碳排放技术为引导力，提高了企业应对全面碳市场的能力，实现了企业的节能减排与绿色发展。

但是单纯通过提高火电效率和去碳技术来减少碳排放，并不足以支持企业的长期发展，也不符合国家的可持续发展理念。近年来，中国华电集团致力于新能源技术研究，在水电、火电、太阳能发电和综合能源服务等多个新能源领域都实现了重要突破，为企业的发展添加了动力。中国华电集团充分利用我国不同地区的资源禀赋，因地制宜地发展新能源技术，取得了辉煌的成绩。在中西部等风能丰富地区，大力发展风电。其中：在甘肃投产运营风电达 175kW；宁夏风电总装机容量达 125 万 kW，占宁夏全区已投产风电总容量的 26.8%。另外，内蒙古的库伦风电场，总装机容量达 40 万 kW，是中国华电集团最大的风电场。除了陆地风电之外，中国华电集团还积极发展海上风电，目前正在建造的唐山曹妃甸海上风电项目，规划建设 20 万 kW，可为京津冀提供大量的清洁可再生能源。同时，中国华电集团积极进行太阳能发电、核电以及分布式能源项目的建设，助力我国电力格局的改变。截至 2018 年年底，中国华电集团清洁能源机组占全部机组的 39.7%，是 2010 年的近两倍，在同类型企业处于领先地位。同时，由于发展新能源技术累计减碳 3.9 亿 t，为碳减排做出了巨大的贡献，推动了企业电源结构的改变。

通过火电技术升级改造、碳排放技术和新能源技术的研究，中国华电集团在绿色技术方面取得了重要成就，牢牢把握住了行业未来的发展方向，推动了企业向着清洁化的电力系统迈进，也更好地践行了国家能源发展战略，充分应对了全面碳市场的到来。

▶ 2. 中国华电集团的协同策略

"开放包容，合作共赢"是中国华电集团一直坚信的理念。中国华电集团不断进行自身协同机制锻造，加强企业内部各区域公司、各层级之间的交流合作，实现了目标协同和数据协同。同时还积极进行多元化交流，与不同发电企业、高校、供应链上下游、海外国家进行合作减排，共同推进世界电力格局的改变。

在企业内部，中国华电集团将企业自身的目标与各区域公司的目标相结合，通过上下交流，建立了科学、系统、全面的碳排放目标体系，合理确定了区域公司碳排放控制目标限制与碳排放强度限制（华电集团项目课题组，2020），这有利于上下目标一致和各区域公司碳排放任务的一致，实现了组织目标与工作的协同。

同时中国华电集团积极进行企业内部数据协同机制锻造，建立碳排放数据的分级协同机制和碳排放信息化管理系统。2016年，中国华电集团建立了自上而下的碳排放数据三级报送系统：基层企业负责进行碳排放月度数据和年度报告的统计报送；二级公司负责数据的审核和汇总；华电电科院负责数据的审核和指导，集团公司创新发展部负责规则制定和总体协调。三级报送制度保证了数据质量，实现了数据核算和报送的规范化管理，健全了中国华电集团碳排放数据统计和核算的工作体系，达到了企业各层级之间的有序协同交流合作。2019年，中国华电集团率先在行业内搭建了以碳排放实时数据为核心的碳排放管理信息系统，实现了各级单位碳排放信息化管理与数字化管理，有效地减少了企业80%以上的数据管理工作量；实现了企业各层次之间碳排放数据的协同统一，最大限度地减少了上下级的信息沟通差异；实现了企业内部的数据协同，便于企业从中发掘规律价值，为企业发展决策提供数据支持。

除了内部协同机制的建立，中国华电集团还积极进行外部合作交流，包括横向、纵向以及与高校和国外公司的合作交流。横向交流一直是中国华电集团学习借鉴其他发电企业经验技术的重要途径。中国华电集团积极对多家能源公司开展调研，学习借鉴先进减碳经验。2019年，公司董事长赴法国多家能源企业进行实地考察，了解了法马通公司核电安全情况和布尚火电厂生产运营情况，学习到了先进的经验，推动了电力合作交流。中国华电集团还积极参加各类电力碳减排会议、论坛，分享碳减排技术与管理经验，寻求煤电低碳发展与新能源发展之路。

与此同时，中国华电集团还积极与产业链上下游开展纵向合作，致力于全产业链的绿色发展，进行产业链协同。中国华电集团积极进军天然气、煤化工行业与油气行业，从源头上进行节能减排，成立了华电清洁能源公司和华电煤业集团，负责能源供给的相关事务，提高能源供给的绿色性。同时，中国华电集团与多家企业集团进行深度合作，签订燃机、采煤机、压缩机、发电机等设施的采购与合作协议，进一步加强企业的产业技术优势。此外为了应对全面碳市场，中国华电集团还积极进军碳资产管理领域，来为企业增收。2014年，中国华电集团就率先成立碳排放管理机构，完善了企业碳排放管理体系。此后，企业积极尝试运用碳交易、碳置换、碳租赁、碳质押、碳抵押、碳回购等多种碳资产交易手段来提升企业的碳交易水平，创造附加价值，实现企业利润最大化。

中国华电集团还积极推动与高校的合作，通过发挥彼此的优势，联合攻关，共同开展行业关键性技术的研究，提高自身软实力，推动碳减排技术与新能源技术的发展。华北电力大学作为中国华电深入合作的高校之一，目前双方已经建立了国家科研平台，在煤电技术、新能源技术与碳减排技术方面开展了相关合作交流。中国华电通过校企合作，发挥了彼此的优势，推动了企业与高校的产学研用的深度结合与成果转化，促进了电力结构的升级改造。

作为央企，中国华电集团深入践行习近平总书记的"人类命运共同体"理念，积极参与"一带一路"的建设，发挥自身能源电力的主业优势，将我国先进的电力技术、标准和设备输送到海外，助力海外清洁项目，推动全世界的节能减排。中国华电集团正在逐渐打破传统的地理空间限制，与世界共享中国机遇，共建互赢平台。例如在巴厘岛项目中，中国华电集团严格遵守环保标准，采用先进的清洁燃煤技术，成效显著，其硫、烟尘、氮氧化物等排放量均优于当地的环保要求。在俄罗斯捷宁斯卡娅项目中，中国华电集团积极践行绿色环保理念，采取高效节能的环保设备，提高了发电效率，减少了大气污染物的排放，造福了当地居民。同时，我国不断推动海外新能源的发展，中国华电集团建设的柬埔寨额勒赛下游水电站是我国企业在海外注册的最大的清洁发展机制项目。截至 2018 年年底，中国华电集团已与越南、俄罗斯、柬埔寨、印度尼西亚等国家地区开展了电力合作，体现了国企的责任和担当，既造福了当地居民，又推动了世界电力结构的优化，是合作共赢的典范。

围绕集团的整体目标，中国华电集团积极应用协同策略，不但强化了企业内部的协同机制，还积极开展外部协同合作，进行优势互补，取得了辉煌的减碳成就，共建起互赢新平台，提高了企业的价值，也更好地应对了全面碳市场。

▶▶ 7.5.4 案例启示

在《巴黎协定》签署的背景下和中国"四个革命、一个合作"⊖能源安全新战略的前提下，中国华电集团牢牢把握住了未来电力行业的发展方向，形成了上下一体的能源战略，积极进行绿色技术研究和协同发展，调整了能源结构，增强了自身的碳排放管理能力，推动了自身的进步和行业的发展，为世界减排贡献了自己的力量。

从目前来看，中国电力行业正处于新旧变革的重要时期。面对全面碳市场的推行，电力企业仅仅靠被动适应是不够的，还必须积极融入电力市场，参与

⊖ "四个革命"是指：推动能源消费革命，抑制不合理能源消费；推动能源供给革命，建立多元供应体系；推动能源技术革命，带动产业升级；推动能源体制革命，打通能源发展快车道。"一个合作"是指：全方位加强国际合作，实现开放条件下能源安全。

碳交易，只有抓住时代发展的脉络，才能把握住时机，在未来获得成功。对于发电企业而言，中国华电集团的例子带给我们以下的发展启示：

第一，电力企业要想实现长久的发展，必须顺应国家战略和时代发展的浪潮，从战略高度明确企业的发展未来，从意识层面正视节能减碳，从内到外、从上到下，积极投入这场革命浪潮中。只有参与碳交易市场，才能实现企业的长远发展，成为中国电力行业的领军企业。

第二，要积极进行碳减排技术研究。从中国的现状来看，火力发电在未来的一段时间内仍然是主要的能源技术，但是在全面碳市场的背景下，世界未来的能源发展一定是趋向清洁化、节能化的。因此对于以火力发电为主的企业，必须加快进行落后产能的淘汰与去碳技术的研究，以不断提高发电效率，降低碳排放。同时，不断推进新能源技术的研究，为中国电力行业的升级改造贡献自己的力量。

第三，要推动高质量的协同发展。发电企业应该积极完善企业内部协同机制，实现组织目标与工作协同，保证企业短期目标与长期战略规划协调一致，区域公司与集团公司的目标一致；并进行企业数据协同机制的研究，建立碳排放信息化管理系统，有利于使企业获得较为准确的碳排放实测数据，从而从中寻找规律价值，为企业的管理、决策与未来发展提供数据支持与理论支持。同时积极进行外部协同合作，与不同集团、组织、高校进行交流分享，学习先进的管理与技术经验，并不断进行纵向延伸，实现产业链上下流的延伸，发挥彼此的优势，共建合作减排新平台。

全面碳市场在电力市场中的全面推行，对于整个电力行业和每个企业的影响都非常大。企业的发展受整个行业趋势的影响，每个企业的发展方向又决定了行业的发展方向。因此，牢牢把握全面碳市场的关键变革期，是实现企业的长远发展与电力行业绿色清洁化的关键手段。未来的绿水青山，需要每个企业的努力奋斗。

7.6 碳交易驱动的供应链下游企业绿色技术升级与协同策略——万科集团案例

7.6.1 万科集团简介

万科集团成立于1984年5月，是我国最大的专业住宅开发企业之一。万科集团于1988年进入房地产业，并于1993年确定开发大众住宅为公司的核心业务。截至 2007 年年底，万科集团在我国的市场占有率为 2.1%，覆盖珠三角、长三角、环渤海三市经济圈的 29 个城市；当年共销售住宅 4.8 万套，销售额居世界前列，跻身全球最大的住宅房地产企业行列。

万科集团的最大特点是以理念为基础，认为道德伦理高于商业利益。万科集团认为，坚持价值底线，拒绝利益诱惑，坚持以专业能力从市场中获得公平回报，是万科集团成功的基石。公司致力于通过规范、透明的企业文化和稳健、专注的发展模式，成为客户、投资者、员工中最受欢迎、最受社会尊重的企业。

多年来，万科集团一直致力于推动我国环保事业的发展，在工业建设体系、垃圾处理、资源能源管理、环境治理、生物多样性保护等方面积极开展环保工作。2019 年，万科集团新开工工业项目占总新开工面积的 85.83%；在全国 52 个城市落地垃圾分类项目，其中住宅小区 378 个、商业办公楼 263 个、零废物办公项目 52 个；万科集团承建运营的北京世界园艺博览会植物馆，累计接待游客 253 万余人次，向社会发出了建设绿色生活、美好家园的号召。

▶ 7.6.2　自愿碳减排交易市场给万科集团带来的机遇和挑战

▶ 1. 自愿碳减排交易的概念

碳交易来自《联合国气候变化框架公约》的附加协议，主要是指把二氧化碳排放权作为商品，促进全球温室气体减排，形成以市场为导向的二氧化碳排放权交易机制。碳交易的基本原则是合同一方通过支付另一方款项获得温室气体减排量，买方可以用购买的减排量抵减其温室气体排放量，从而达到总体减排目标。所谓自愿碳减排，是相对于强制减排而言的；在没有量化碳减排任务约束的情况下，如果碳减排主体自愿并积极开展碳减排行动，就是自愿碳减排。自愿碳减排交易，是指不受《京都议定书》约束的企业、个人或活动自发出资购买减排项目产生的碳减排，用于抵消其碳足迹和缓解温室效应。

▶ 2. 自愿碳减排交易市场发展状况

在国际社会，与强制碳减排交易市场规模相比，自愿碳减排交易市场的市场规模相对较小，但处于不断发展和进步的状态。从历史上看，在《京都议定书》生效之前，一些发达国家将温室气体减排纳入市场轨道，如加拿大的 GERT（Greenhouse Gas Emission Trading）计划、丹麦的二氧化碳交易体系等。2003 年，芝加哥气候交易所成立，这是世界上第一个参与自愿碳减排交易的市场交易平台。此外，还有大量的场外交易，即一些大企业为了彰显社会责任，直接点对点购买碳信用，或者在自己的企业内部建立小规模的碳交易体系（如壳牌的

STEPS 计划）。但总的来说，影响范围和交易规模都不大，对全球碳减排交易市场并没有产生决定性的影响。通过对碳减排交易市场的持续跟踪研究发现，自2001 年以来，自愿碳减排交易市场发展迅速，规模也在不断扩大。根据汉堡研究所的统计，2004 年，18 个主要供应商提供了 9 000 000 t 二氧化碳补偿，其中95% 是自愿减排，只有 5% 是核证的排减量和排减单位（周海兵，2012）。

相比之下，我国政府对建立碳交易体系高度重视，提出要完善碳交易机制，培育和发展碳交易市场。除了发展强制碳减排市场外，自愿碳减排交易机制的作用也不容忽视。但与强制碳交易市场的火热程度相比，我国自愿碳减排交易市场的范围和总体规模都相对较小。2010 年 10 月，我国政府将其纳入未来五年的计划。随后，2011 年，我国政府开放了 7 个碳排放交易试点城市，2013 年设立碳排放交易区。自 2009 年首次自愿碳减排交易以来，我国自愿碳减排交易市场在政策法规、功能设置、监管机制和保障措施等方面逐步完善。2012 年 6 月，国家发展改革委发布了《温室气体自愿减排交易管理暂行办法》。随着碳交易市场的快速发展，我国的自愿减排交易已由 CDM 项目向国家核证自愿减排量（CCER）项目转变。截至 2017 年 3 月，全国共有自愿减排交易项目 2871 个，注册项目 1047 个，实际减排项目约 400 个，注册减排项目约 2871 个，备案减排量约 72 000 000 t 二氧化碳当量，发展势头良好。

》》3. 自愿碳减排交易市场给万科集团发展带来的机遇

（1）积极参与碳减排交易市场建设，占领低碳领域制高点。我国正在探索建立自己的碳市场。2008 年北京环境交易所、上海环境能源交易所、天津排放权交易所相继成立，是向前迈出的重要一步。2010 年，上海环境能源交易所在世博会之际开展了"世博自愿减排"活动。万科集团抓住机遇，积极响应全国碳交易的号召，与上海环境能源交易所、中国质量认证中心签订了意向书，成为"世博自愿减排"活动的首位买单者。根据协议，中国质量认证中心将对万科集团展馆的碳排放进行独立核查。展馆施工过程能耗计算将涵盖从基础土方施工到竣工的全过程，包括其间的施工用水、用电、用气以及运输用油和生产的垃圾等。建成投产后，还将核算万科集团会馆运营过程中产生的能耗。经过碳排放核查确定后，万科集团展馆将通过上海环境能源交易所的世博会资源性减排交流平台，以市场化方式实现减排目标。

（2）通过绿色环保的方式，降低碳排放成本。房地产企业参与碳交易主要涉及四个相关主体：房地产企业、政府监管部门、碳交易平台和买家。其中，房地产企业作为房屋的建设者，负责招投标、运营、销售等环节，连接各级及相关参与者，是碳交易整个运行机制的核心。房地产企业碳排放配额主要由三部分组成：住房建设过程中产生的碳排放配额、政府发放的碳排放配额、碳市场交易的碳排放配额。住房建设过程中产生的碳排放配额，是指房地产企业在实际住房建设过程中，为满足环保要求，减少生产过程中的碳排放，采用绿色新技术进行材料生产和住房建设而产生的碳排放配额过程，可以看作施工过程中产生的碳配额。政府发放的碳排放配额，是政府监管部门采用历史法和行业基准法计算后向企业免费发放的配额。碳市场交易的碳排放配额是指房地产企业在碳市场交易的配额。通过配额交易，调整企业持有的配额数量，确保排放量与配额相等，避免超额排放违约。

（3）增加企业收入，提高买方的福利水平。万科集团前董事长王石认为，一旦碳排放配额作为硬指标分配到各个行业，碳交易市场便潜力巨大。通过实施绿色建筑标准，减排企业可以通过碳交易轻松销售碳减排配额。一些房地产企业由于生产工艺和设备净化水平的提高，将产生大量的碳排放配额。通过参与碳交易，这部分房地产企业的收入不仅包括原来的房屋销售收入，还会包括配额交易收入。与没有碳交易机制相比，房地产企业在实际销售时，可以通过降低房价等方式将增加的收入转移给购房者，使购房者以不高于原价的价格购买环保型住房，从而提高买方的福利水平。

（4）推动绿色经济进一步发展。碳交易的发展促进了万科集团生产工艺和设备净化水平的提高。在碳交易背景下，万科集团积极探索一系列绿色环保技术，率先在行业内兴起"工业住宅""垂直水循环"等技术创新，使城市与环境更加和谐，倡导前瞻性的"绿色城市"理念，成为城市生态发展领域的"隐性耕耘者"。2016 年，成都万科五龙山项目被中国城市科学研究会授予绿色三星运营标识项目，这也是西南地区第一个绿色三星运营标识项目。

▶▶ 4. 自愿碳减排交易市场给万科集团带来的挑战

（1）碳减排交易市场的运行缺乏法律环境和激励机制的支持。从法律环境看，欧盟先后颁布了《欧盟排放交易指令》和《链接指令》，构成了欧盟碳排放交易宪法的法律基础，为欧盟碳排放交易宪法、京都机制和其他国家的碳排放交易搭建了桥梁。2014 年 12 月，我国国家发展改革委发布了《碳排放权交易管理暂行办法》，2020 年 12 月，生态环境部公布《碳排放权交易管理办法（试行）》，为国家碳交易市场提供了基本的制度保障。但是，我国碳排放交易的监管体系和法律有待完善，碳交易中介机构、服务机构和碳交易市场参与者的权利义务较不明确。而且，我国碳交易市场分布在不同的试点城市，缺乏统一的监督管理，导致我国碳交易市场发展不成熟。与发达国家相比，我国碳交易市场的发展落后。碳排放交易准入制度缺乏统一的审批权限和准入标准。市场标准分散，交易效率和市场活力相对较低。以万科集团为例，企业参与碳交易缺乏有效的理论支撑，政策执行滞后，导致企业决策效率低，企业绩效难以提高。

（2）建筑行业碳排放量巨大，减排任务重。当前，我国已进入城镇化快速发展阶段。城镇建筑、交通以及居民消费等方面将成为我国未来能源消耗和碳排放增加的主要的领域。由于城镇化模式对于碳排放有锁定的效应，城市规划布局和基础设施建设、建筑的设计、能源的供应体系等都会显著影响城镇未来二氧化碳的排放。早前有数据显示，到 2020 年，我国建筑耗能将达到 1089 亿 t 标准煤，当年夏季空调高峰负荷将相当于 10 个三峡电站满负荷发电能力。同时，固态森林大量的砍伐也会对碳排放产生消极影响。据统计，我国的木材除了用于生产纸浆之外，70%到了建筑工地，建筑工地又将 70%的木材用于住宅建设，而万科集团作为我国最大的住宅开发企业之一，节能减排，践行企业社会责任刻不容缓。住房和城乡建设部印发的《建筑业发展"十三五"规划》也明确要求，到 2020 年，我国城镇新建民用建筑全部达到节能标准要求。

（3）在一定程度上增加了企业的经济负担。通常，参与碳交易市场的企业主要通过拍卖或自行减排来获得减排权。但企业在改善能源消费结构、提高燃料利用率、购置新设备或改进减排技术等方面需要更多的资金支持，这就增加了企业的财务负担。低碳房地产项目的价格普遍较高，是同一地区非低碳地产项目价格的两三倍。目前，绿色建筑知识在建筑行业的普及程度不高。除了少数绿色建筑从业人员能够真正理解绿色建筑的内涵外，对于很多普通人来说，所谓绿色建筑就是要给建筑增添更多的绿色，因此，在建筑行业中，消费者很难接受绿色建筑，因为其购置成本较高。因此，对于万科集团来说，如何应对绿色建筑发展带来的成本增加也是一大挑战。

7.6.3　万科集团的绿色技术选择与升级策略

王石认为，尽管中国的碳交易市场可能是从电力行业首先发力，但房地产业最终将被纳入指标。一个企业能否始终走在行业发展的前列，很大程度上取决于其能否适应低碳经济的发展并做出相应的调整。在碳交易政策下，万科集团面临重大风险和挑战，因而更需要在新的政策形势下重组价值链，致力于提高资源能源利用效率，继续推进企业绿色发展、循环发展和低碳发展。

1. 技术层面

万科集团实施"住宅产业化"的产业技术改造，实施绿色施工方法，保证住宅质量和功能，实现住宅的绿色性能。同时，企业注重自主研发技术，以技术创新为导向，取得了巨大的减排效果。

住宅产业化是指用工业化生产的方式建造住宅，能够有效降低建造过程中的能耗、物耗，是建筑行业践行绿色发展的重要实践。万科集团始终坚持绿色环保的理念，致力于工业化建造体系研究，在工业化建造体系推广应用领域逐渐探索出成熟的路径。在产品端，万科集团的绿色建筑往往有着行业标杆之意。如万科集团中心采用"标准化设计—工厂生产—交通运输—现场组装"的模式，一方面大量减少木材的使用量，另一方面减少了水、水泥等消耗。在绿色建筑和住宅产业化的道路上，万科集团已结出丰硕的果实。2015年，万科集团绿色建筑认证面积达到1407万 m^2，住宅产业化面积达1482万 m^2，住宅产业化产品在总开工量的占比高达80.9%。按此计算，相当于约减少能耗6.5万t标准煤，减少二氧化碳排放16.3万t，节水1334万 m^3，节约木材19.3万 m^3，减少垃圾排放58.9万t。截至2020年，万科集团新建项目连续第七年全部满足绿色建筑标准，新增绿色建筑面积3702.7万 m^2，其中绿色一、二星项目面积3607.8万 m^2，绿色三星项目面积94.9万 m^2。

在实施碳排放综合交易制度和不断收紧技术节能减排的前提下，万科集团将绿色纳入企业愿景，明确了绿色战略方向。明确碳减排目标，促进企业绿色发展。万科集团在2010年启动了三步战略部署：2010—2012年成为国内同行的"绿色三色先锋"，2012—2014年随着绿色品牌的不断推出成为国内企业的"绿色标杆"，2015—2020年成为世界级绿色企业。2010年以来，万科集团主流住宅实现全装修。住宅全装修的优势在于规范的装修设计，装修质量有保障。在装饰装修、装饰材料工程加工、现场组装、安装、拼接加工等方面选用优质绿色建材。2014年，万科集团80%的主流产品实现产业化，50%的主流产品达到绿色三星标准。同时，万科集团还承诺对同一行业免费开放现有住宅产业化技术专利。万科集团通过明确的长远战略和碳排放目标的确定，积极淘汰落后产能，实施绿色建筑，增强企业的长期竞争力，取得了良好的效果。

此外，万科集团高度重视自主技术研发，致力于推动科技向好的产品和服务发展。万科集团自2010年开始设立博士后研究工作站，截至2020年，培养博士后研究人员超过40人，为行业输出了很多高质量人才。雄安万科绿色研发中心是集科技创新、技术研发、环境治理、绿色建筑研究于一体的创新型研发中心，是雄安新区首个投入使用的绿色技术研发实验室。万科集团联合研发平台依托雄安万科绿色研发中心，致力于产业建设体系、生态环境、智能化、可再生能源等方面的研究，积极推进联合研发，助力万科集团生态联盟圈建设。未来，万科集团将努力把研发平台建设成为更加开放的研发、改造和落地平台，以优质的研发资源共同推动技术创新和落地应用。根据研究中心跟踪记录的数据，与传统项目相比，万科集团采用预制住宅结构项目，节约煤炭 20% 左右，节约用水 63% 左右，节约木材 87% 左右。2020 年，万科集团新获得 17 项专利，专利总数达到 198 项。

万科集团贯彻绿色发展理念，制定并实施节能降耗管理规范，引进智能能源系统、中水及雨水利用、垃圾分类、废弃物回收等绿色环保技术，全面加强能源管理、水资源管理和废弃物管理，促进绿色供应链平稳健康发展，致力于成为伟大时代的绿色企业。为了降低持有物业的能耗，实现绿色运营的真正意义，万科建筑研究中心与印力集团联合开发了一套能源管理系统，旨在收集运营项目的能耗数据，进行实时监测和节能诊断分析，有效促进项目绿色运行。2018 年，万科集团商业地产平台印力集团对 12 个自持商业项目进行了能源调查，以确定可采取的节能措施，并根据调查结果制定各项目 2020 年碳减排具体目标和总体节能目标。佛山印象城和西安印象城作为试点，通过节能改造和精细化运营管理，2018 年总节能约 172 万 kW·h，公共区域总节能率超过 15%。

▶ 2. 企业减排合作

万科集团作为专业住宅开发企业，一直重视和倡导建筑节能减排技术的研究与实践。万科集团积极开展多元化合作与交流，充分发挥自身优势和共同优势，探索建设领域应对气候变化的战略和技术。

万科集团积极推进与各大研究院所的合作，通过发挥彼此的优势，联合攻关，共同开展行业关键技术研究，提高自身软实力，推动碳减排技术和新能源技术的发展。2012 年 3 月 29 日，万科集团北京绿色建筑园区绿色技术联盟签约仪式在北京国家会议中心隆重举行，该技术联盟由万科集团、英国建筑研究院（British Building Research Establishment，BBRE）、中国绿色建筑与节能委员会、德国弗劳恩霍夫建筑物理研究所、法国建筑科学技术中心等 14 家国际国内知名科研机构和企业组成。北京绿色建筑园区由万科集团发起，项目位于北京市房山区，建成后将整合绿色园区、研发基地和产业孵化园，成为全球最大的绿色建筑主题园区。为了引进最先进的绿色建筑理念，在万科集团的积极推动下，该项目聚集了一大批国际、国内一流的科研院所和企业，并在此基础上成立了由万科集团等 14 家企业和科研院所组成的绿色技术联盟。通过北京绿色建筑园区的建设，联盟成员将在可持续发展、创新、商业发展、技术共享与传播等领域开展广泛的合作与交流。

此外，万科集团正积极探索与中央企业合作的新模式，共同建立符合节能与绿色发展理念的区域能源综合利用体系。2017 年 7 月 29 日，万科集团与中国节能环保集团有限公司（以下简称中国节能）在北京签署战略合作协议。在加快生态文明建设、加快新型城镇化建设、建设美丽中国的大背景下，双方同意充分发挥各自品牌优势、技术优势、管理优势、信息优势，探索新思路、新模式，构建绿色生态宜居新城新模式。双方将以先进的理念和模式开展全方位、多层次的深入合作，共同开拓我国新型城镇和特色城镇建设的广阔市场，把传统村镇建设成为美丽独特的绿色城镇，做好生态保护工作，为人们创造更好的生活环境，共同推进我国新型城镇化建设和生态文明建设。万科集团作为城市配套服务商，具有丰富的商业运营经验，作为一家以节能环保为核心的国有企业，中国节能既有高技术又有能力，双方的共同努力，可为深化合作模式做出有益探索。

作为关注气候变化和绿色发展的先锋企业，万科集团已连续多年参加联合国气候变化大会。同时，万科集团与阿拉善 SEE 生态协会（Society of Entrepreneurs & Ecology，SEE）共同推动 1385 家国内企业共同签署《可持续发展北京宣言》，以求通过经营实践促进社会可持续发展。万科集团还积极配合政府推动深圳低碳可持续发展。2015 年 10 月，王石加入中美可持续城市化首席执行官（CEO）第二届理事会，提议理事会在深圳设立示范项目，整合中美企业最新前沿技术，在建筑节能、清洁能源和低碳保护领域提供整体解决方案。在万科集团看来，绿色建筑是面向未来、可持续发展的，通过绿色建筑和住宅产业化，可以在推进企业实现转型的同时，打造自己的核心技术竞争力，带动整个产业向前发展。

7.6.4 案例启示

随着全球进入低碳发展时代，房地产业可能会出现新的格局，引发新的洗牌，既有机遇，又有挑战。为了适应低碳房地产的全过程，房地产相关产业必将做出改变。在此背景下，万科集团积极调整战略方向，升级产业结构，增强自主创新能力，开发绿色技术产品。同时，积极开展减排合作，在供应链中具有低碳领先地位，推动全行业走低碳发展之路。针对碳交易政策带来的风险和机遇，万科集团的成功给企业带来了新的启示。

（1）企业要想发展壮大，必须在意识层面打上正视气候行动的思想钢印，从战略上应对布局，明确减排目标，从而提升品牌价值，抢占行业竞争制高点。只有把握时代发展的大背景，才能抓住机遇，取得成功。万科集团积极将绿色理念写进发展规划，增强了企业的长期竞争力。

（2）在技术方面，企业要不断进行技术创新，增强自主创新能力，以技术进步为核心竞争力，带动整个产业升级。与国外相比，我国绿色建筑起步晚、技术落后。万科集团成立万科建筑研究中心，积极吸收国外先进经验，探索和创新最适合中国国情的绿色技术，不断推动行业绿色技术的创新和突破。在技术探索的同时，万科集团积累了大量的绿色建筑经验，形成了一系列的建筑标准。这些通过万科集团无数人的奉献和艰辛探索而获得的宝贵资料，万科并没有私藏，而是贡献出来，积极参与国家、行业和地方绿色建筑标准的制定，以推动行业的全面发展和技术进步。

（3）积极推进多元化减排合作。通过优质减排合作，与各大研究院所和中央企业共享减排经验，发挥各自优势和共同优势，探索我国应对气候变化的建设战略和技术。企业不仅要有低碳竞争力，还要在供应链上有低碳的领导地位，从而推动整个行业走上低碳发展之路。

如今，随着全球变暖、资源短缺日益严重，不进行低碳发展的企业将得不到资本市场的认可，融资成本将远远高于其他企业；不低碳发展，企业将失去消费者和利益相关者的信任，削弱品牌竞争力和信誉；不低碳发展，企业还将失去订单，丧失供应链竞争力，最终将无法生存。只有把握时代发展的大背景，积极调整自身结构，增强碳排放管理能力，才有利于企业的长远发展。

参 考 文 献

［1］宝富钢铁．河钢：让绿色成为钢铁高质量发展标签［J］．连铸，2018，43（3）：30.

［2］葛鹏浩．欧洲国家碳税政策的实施及中国的选择［D］．大连：东北财经大学，2012.

［3］郭毅，张硕．碳关税：责任督促还是贸易壁垒［J］．WTO 经济导刊，2009（9）：78-79.

［4］韩鼎琪．基于改进杜邦分析体系的河钢股份财务分析［D］．大庆：东北石油大学，2019.

［5］郝媛媛．供给侧改革背景下河钢股份降成本的对策研究［D］．石家庄：河北经贸大学，2018.

［6］华电集团项目课题组．华电集团碳排放管理创新与实践［J］．中国电力企业管理，2020（1）：20-24.

［7］黄薇，黄晨宏，李树青．中国碳市场发展及电力行业参与策略分析［J］．能源与环境，2020（1）：2-3.

［8］李雯，李静．欧盟征收航海碳税对我国航运业的影响与对策［J］．中国航海，2014（1）：146-149.

［9］李钊．我国 CDM 项目发展研究［J］．合作经济与科技，2016（24）：46-48.

[10] 李兆熙. 挪威国有控股公司和股份公司的治理（上）[J]. 世界机电经贸信息，2001（9）：1.

[11] 刘国慧. 河北钢铁集团钢铁主业发展战略规划研究 [D]. 天津：天津大学，2011.

[12] 马鸿雁. 大力发展循环经济　提高资源利用水平 [J]. 中国钢铁业，2009（9）：20-23.

[13] 乔欢欢. 基于企业生命周期的企业技术创新组合战略研究 [D]. 新乡：河南师范大学，2015.

[14] 桑燕. 万科 戴上"绿围巾" [J]. 企业观察家，2012（1）：92-93.

[15] 唐丽敏，张亚楠，孙家庆，等. 欧盟航海碳税对中国班轮业的影响及对策 [J]. 世界海运，2014（8）：11-14.

[16] 王林. 挪威国油正式启用新名"Equinor" [N]. 中国能源报，2018-05-21（6）.

[17] 王美田，丁浩. 我国天然气产业价格规制研究：采用系统思考方法和因果回路图工具的实证分析 [J]. 价格理论与实践，2012（3）：23-24.

[18] 王新东，田京雷，宋程远. 大型钢铁企业绿色制造创新实践与展望 [J]. 钢铁，2018，53（2）：1-9.

[19] 王新东. 构建全方位科技创新体系　践行河钢高质量转型发展 [J]. 中国钢业，2019（2）：42-48.

[20] 王新东. 河钢集团科技创新实践与展望 [J]. 河北冶金，2018（8）：1-11.

[21] 王宇. 绿色助力企业驶上高质量发展路 [J]. 冶金企业文化，2019（3）：59-60.

[22] 王志轩. 中国碳市场建设的几个关键问题（下）[N]. 中国财经报，2019-10-22（2）.

[23] 翁莉翀. 浅析我国碳税制度的构建 [J]. 华北水利水电学院学报（社科版），2013，29（3）：67-69.

[24] 吴淑艳. 生命周期视角下供应链核心企业财务风险评估 [J]. 会计之友，2016（6）：44-47.

[25] 杨洁. 海尔低碳经济的营销风险分析与防范 [J]. 现代商贸工业，2010（11）：146-147.

[26] 张焕波，周京. 中国实施绿色发展的历程和严峻挑战 [M] //中国国际经济交流中心课题组. 中国实施绿色发展的公共政策研究. 北京：中国经济出版社，2013：1-63.

[27] 张继胜. 集成与分享是网络时代平台商业模式的管理核心 [J]. 首都经济贸易大学学报，2015，17（2）：95-101.

[28] 张佩璐. 低碳经济下我国绿色税收制度的思考 [J]. 会计之友，2012（25）：67-69.

[29] 中国节能与万科集团签署战略合作协议 [J]. 工业节能与清洁生产，2017（34）：12-13.

[30] 周海兵. 发展自愿碳减排交易市场的对策研究 [J]. 重庆行政（公共论坛），2012，14（5）：24-26.

[31] 周维良. 碳税政策下供应链企业的经营与减排决策 [D]. 广州：暨南大学，2018.

[32] 朱作鑫. 论国际海运碳减排立法趋势及我国之对策 [J]. 中国海事，2012（10）：

38-39.

［33］ SUMNER J, BIRDL, SMITH H. Carbon taxes： a review of experience and policy ［R］. Golden, Colorado： National Renewable Energy Laboratory, 2009.

［34］ NIKLAS H, MICHEL D E, JOERI R, et al. Emissions： world has four times the work or one-third of the time ［J］. Nature, 2020 (579)： 25-28.

第 8 章

——

结论与展望

在当前碳减排压力日益增加的背景下，我国制造企业短期内将面临政府的行政管制政策约束，中长期将面临政府的碳税政策约束和碳交易政策约束。运用绿色技术进行清洁生产是企业应对这些减排政策的重要手段之一。因此，如何选择合理的绿色技术进行技术升级以实现综合收益最大化的低碳生产，已日益成为企业亟待解决的现实问题。

本章首先对全文的主要研究内容进行了总结。在此基础之上，本章对研究中的主要创新性工作进行了提炼。然后，本章对研究中得到的启示和得出的建议进行了归纳。最后，本章指出了研究中的局限性，并提出了未来可能的研究方向。

8.1 研究的主要结论

本书在借鉴国内外相关研究的基础上，综合运用运筹学理论、多 Agent 系统理论、遗传算法理论等，以工业企业为研究对象，以绿色技术升级为切入点，在不同时期不同减排政策的背景下，围绕"减排政策对企业有何影响——短期内单个企业如何独立减排——中长期单个企业如何独立减排——中长期多个企业如何合作减排"的主线展开研究。本书的主要研究内容和研究结论如下：

（1）针对短期政府行政管制背景下单个企业的独立减排问题，本书将企业的生产技术升级问题和原料供应商选择问题纳入减排模型中，探讨了企业应该如何合理地选择这些因素，使得企业在政府制定的碳排放刚性约束下，生产成本最低。本书构建了 0-1 型整数规划模型用于刻画该问题，并提出了一种改进的"多 Agent 系统-遗传算法"（IMASGA）方法用于该模型的求解。

随机数值算例的应用表明，与原始的 MASGA 方法相比，IMASGA 方法在小型、中型和大型算例上的计算耗时分别仅为前者的 21.23%、31.88% 和 29.62%；MASGA 方法的计算误差随着问题规模的变大而逐渐扩大，而 IMASGA 方法的计算误差随着问题规模的变大而逐渐缩小。这表明 IMASGA 方法的改进是有效的，不仅进一步减少了计算时间，而且在一定程度上提高了计算的准确度。

（2）针对中长期碳税政策背景下单个企业的独立减排问题，本书将碳税成本和技术升级成本纳入减排模型中，分析了企业应该如何在合适的生产环节中选择合适的绿色技术进行技术升级以实现碳减排，使得两者之间取得平衡。本书使用 0-1 型整数规划模型构建了该独立减排模型，并提出了 IMASGA+方法用于独立减排模型的求解。

研究发现，碳税税率增加时，企业需要支付更多的技术升级成本；在企业对期望成本控制更为严格的情景中，企业对碳税税率的变化更为敏感；过高的碳税税率可能会导致企业放弃它的技术升级计划。企业的期望成本增加时，企业将减少技术升级成本的投入；在低碳税税率情景中，企业对期望成本的变化更为敏感；过高的期望成本将使得企业满足于现状，不计划进行技术升级。

（3）针对中长期碳税政策背景下企业间的合作减排问题，本书引入了技术合作模式和资金合作模式这两种合作方式，探讨了在企业地位不对等的供应链中，核心企业应该如何提出合作方案来实现合作减排，并分析了合作减排能否促进减排效率提升。本书构建了独立减排模型，用于分析企业独立减排时的总成本、利润等信息；基于这些基准利益，将企业细分为核心企业和合作企业两类，并通过引入两种合作方式，构建了合作减排模型；通过引入多 Agent 系统，提出了 MASE 方法，用于模拟各企业之间的协商，以实现合作模型的优化求解。

研究发现，合作减排能小幅提升合作企业的利润，较大幅度地提升核心企业的利润，使得所有企业的整体利润大致恢复到征收碳税前的水平；在总减排资金不变的情况下，合作减排能优化减排资金的分配并进一步优化企业间的减排结构，使得所有企业的整体减排量进一步下降。因此，在碳税政策下，企业间合作减排比单个企业的独立减排更具优势。

（4）针对中长期碳交易政策背景下企业间的合作减排问题，本书额外引入了碳交易信息共享机制，在技术合作模式、资金合作模式和碳交易信息共享机制这三种合作方式下，分析了在企业地位不对等的供应链中，核心企业应该如何提出合作方案，使得合作企业和核心企业能够实现共赢。本书通过构建独立减排模型，分析各企业合作减排时的基准利益（包括利润、碳价、交易配额等信息）；通过引入三种合作方式，构建了合作减排模式；通过引入多 Agent 系统，提出了 MASE+方法，用于合作模型的优化求解。

研究发现，合作减排能够提升各企业的利润，并使各企业均有一定额度的碳配额可以出售。在碳税政策下，企业投入的减排资金越多，企业决策时越会选择减排效果更好的绿色技术，使得实际的减排效果越好；但在碳交易政策下，企业的决策将受到减排资金和碳价的双重影响，可能企业投入的减排资金多，但不一定会选择减排效果更好的绿色技术。

8.2 研究的主要创新性工作

本书通过上述研究内容，主要取得了以下创新性工作：

（1）改进了"多 Agent 系统–遗传算法"方法，构建了一套综合考虑生产技术升级和原料供应商选择的优化模型，研究了企业在行政管制政策约束下的绿色技术升级策略。与原始的方法相比，本书改进后的方法首先将原料供应商的选择问题合并到部门 Agent 的决策中，不再单独设立供应商 Agent。因为一般情况下，一个生产环节所需的原料相对较少，使得其问题规模相对较小。而在问题规模较小时，枚举法具有求解速度快、准确度高等的优点。因此，通过合并可以有效地提高多 Agent 系统的计算效率和计算准确度。然后，本书改进后的方法使用成本来代替价格和利润作为控制变量。原方法中使用价格和利润来作为控制变量，而单位产品的成本等于价格减去利润，因此使用成本来进行替代这两者可以减少控制变量的个数，有利于提高遗传算法控制的准确度，使得改进后的方法的整体计算效率有所提高。

（2）基于现有绿色技术利用的角度，构建了一套综合考虑短期技术升级成本和长期碳税成本的优化模型，通过算例求得了企业在碳税政策约束下的绿色技术升级路径的最优解。目前，国内外关于企业碳减排的研究大都是在绿色新技术研发的前提下进行的。虽然这些研究对企业的长远发展很有用，但新技术从研发到投入使用需要一个周期，并且新技术可能面临研发失败等不确定性因素。因此，在这个研发周期内，企业只能使用现有的绿色技术来解决碳税带来的成本问题。本书提出的优化方法有助于企业在这个过渡期内应对碳税政策，弥补现有优化方法体系中的缺失。

（3）将模型的决策单元从企业整体层面细化到企业内部的生产环节，并将参与合作的企业细分为核心企业和合作企业两类，构建了一套综合考虑资金合作和技术合作的优化模型，揭示了碳税政策约束下企业基于绿色技术升级的合作减排策略的优化模式。目前，国内外关于企业合作减排的研究大多只停留在企业的整体层面，没有细化到企业内部（如生产环节）。然而，企业之间涉及技术合作时，一般需要基于企业之间某些相关联的具体的生产环节进行。因此，本书在构建减排模型时，将模型的决策单元细化到企业内部的生产环节，以便讨论企业间的技术合作问题。此外，国内外大部分关于合作减排的研究没有区分企业之间的地位，认为合作各方是相对平等的。然而在部分供应链中，有些企业可能占优势地位。地位的不同使得企业在选择合作对象和合作方案时，会抱有不同的目的，采取不同的策略，如占优势地位的核心企业希望通过合作来进一步巩固自己的优势，实现自己利益的最大化；中小型企业希望通过合作有所收益，以分担减排压力等。因此，本书在构建减排模型时，将企业细分为核心企业和合作企业两类，以便分析不同企业在地位不对等的供应链中的不同合作策略。

（4）将碳价预测和减排决策之间的双向影响机制纳入企业的决策模型中，构建了一套综合考虑资金合作、技术合作和减排信息共享的优化模型，揭示了企业在碳交易政策约束下基于企业间技术合作的绿色技术升级策略。目前，国内外碳交易政策下的减排研究多将碳价设定为一个期望值或情景值，在这个确定值下研究碳价对企业减排决策的影响。然而，企业的减排决策会影响企业碳配额买入或卖出的数量，从而在一定程度上影响碳市场上的均衡碳价，特别是多个企业共同进行决策时，这个反向影响效应会放大。碳价和企业的减排决策之间存在一个互相影响的关系。因此，本书在构建减排模型时，将企业预计交易的碳配额量纳入企业的碳价预测函数中，使得企业预测的碳价和企业的减排决策之间互相影响，从而加强企业决策的合理性。

8.3　研究的启示与建议

围绕核心问题，本书的研究对企业如何选择绿色技术进行技术升级、如何组织合作企业展开合作减排具有一定的启示作用：企业应认真分析减排政策对自身带来的影响，及时转变生产方式，通过技术升级实现低碳化生产；企业应充分利用不同减排政策的特点，合理选择绿色技术，争取转型过程中的竞争优势；企业应整合供应链中上下游企业的减排力量，提高减排效率。

具体的建议包括：

（1）及时关注减排政策前沿，积极收集未来可能实施政策的细节信息。我国现阶段及未来短期内的减排政策主要以"行政管制"为主，以后将逐步建成全国碳市场，并以"碳税"作为补充政策。未来减排政策具体实施时细则有哪些以及会有怎样的变化等，这些问题需要企业重点了解。因为不同减排政策的不同特点，会对企业的生产活动产生不同的影响。企业只有在深入了解政策细节后，才能做出最为合理的减排决策。

（2）及时关注本行业新公布的绿色技术，积极收集相关技术的数据资料。自 2008 年公布首批《国家重点节能技术推广目录》以来，国家发展改革委每年年底都会新增 20~50 项绿色新技术。截至 2016 年年底，已累积有 296 项重点推广绿色技术。这些技术中哪些适合本行业使用，技术升级的成本是多少，减少的碳排放是多少，等等，这些问题是企业需要重点了解的内容。企业只有在深入收集相关数据并建立相应的知识库后，才能从中进行选择，做出最为合理的减排决策。

（3）综合比较各项潜在绿色技术，合理形成技术升级策略。不同的生产环节中，可以应用的绿色技术不尽相同；同一生产环节中，不同绿色技术之间的细节参数也不尽相同，如技术升级成本、减排效果等。企业应根据自身减排资金的多少、减排目标的高低等，通过科学合理的方法（如本书提出的几种优化模式）从中进行选择和决策，得到最为合理的绿色技术升级策略。必要时，可以适当调整减排资金和减排目标，以实现技术升级策略的最优化。

（4）在条件允许的情况下，积极组织或参与合作减排。企业之间进行合作减排后，可以通过技术合作、资金合作、信息共享等方式提高产业链上整体的减排效率，以最小的经济代价实现既定的减排目标。同时，通过合作协议的约定合理地分配合作减排收益，使各个企业均可从中获取期望的利益，在技术转型过程中取得优势地位。

8.4　研究的局限与展望

基于减排政策的背景，本书对企业绿色技术升级的相关问题进行了探讨，但受限于作者的研究能力和研究精力，本书还存在一定的局限性。经整理，本书研究中的局限和对未来的展望总结如下：

（1）受制于数据可获得性的影响，本书未能使用真实数据对本书提出的模型及其求解方法进行实证验证。虽然本书使用了多个随机数值算例，从不同角度验证了模型和求解方法的可行性，但实际案例中的某些参数之间可能存在一些特定联系，使得实证结果中可能出现一些特殊现象值得关注。因此，在未来的研究中，可以考虑与企业建立长期合作关系，使用实证案例代替数值算例。

（2）在本书的研究中，没有分析企业关系相对平等的情况下企业间绿色技术合作策略的优化问题，一方面是因为现有文献中已有一部分学者对该情况下的合作策略进行了探讨；另一方面是因为研究精力有限。在未来的研究中，基于完善本书研究的目的，需要考虑构建供应链中对等企业间的绿色技术合作策略的优化模型。

（3）为了简化模型，使研究主体更清晰，本书未考虑现实生活中各种不确定性因素（如由生产技术变动引起的原料需求变动对原料价格的影响等）。此外，本书使用期望值来代替一些变量的波动性（如原料价格的周期性/非周期性波动、产品销量的周期性/非周期性波动等）。因此，在未来的研究中，可以考虑引入这些不确定性因素，使用模糊数学等理论构建不确定性模型，使模型更贴近现实生活。

附　录

附录 A   第 3 章算例的原始数据和部分计算结果

表 A-1   小型算例的各节点备选方案

节点编号	备选方案	碳排放	成本	节点编号	备选方案	碳排放	成本
P_1	1	25.15	167.77	S_3	1	5.86	223.99
	2	23.75	177.26		2	5.54	248.09
	3	23.42	178.36		3	4.85	263.18
P_2	1	35.15	312.29	S_4	1	78.44	314.84
	2	32.41	318.01	S_5	1	77.82	129.31
	3	29.21	326.77		2	77.59	132.53
	4	28.19	327.64		3	70.13	148.59
P_3	1	55.55	160.80	S_6	1	93.84	242.40
P_4	1	38.72	198.52	S_7	1	29.89	27.42
	2	37.59	212.76	S_8	1	43.47	428.94
	3	31.43	225.99		2	40.02	495.92
P_5	1	81.37	306.99	S_9	1	91.67	344.46
	2	75.79	332.19		2	84.31	352.41
	3	71.40	360.61		3	76.89	393.37
	4	70.81	361.40		4	75.93	404.16
P_6	1	96.30	324.40	S_{10}	1	9.14	444.75
P_7	1	27.86	463.66		2	8.75	446.77
	2	22.86	509.10		3	8.67	456.83
S_1	1	14.99	389.97		4	8.28	531.73
	2	13.41	423.29	S_{11}	1	74.85	151.32
S_2	1	81.15	26.65		2	73.63	163.19
	2	75.18	27.18		3	69.64	165.81

表 A-2　中型算例的各节点备选方案

节点编号	备选方案	碳排放	成本	节点编号	备选方案	碳排放	成本
P_1	1	97.86	453.69	S_1	1	11.69	345.89
	2	89.95	465.52		2	11.46	350.41
	3	89.25	490.85		3	10.42	370.34
	4	82.81	508.90		4	10.13	393.23
	5	80.26	529.68		5	9.98	410.46
P_2	1	87.98	131.40	S_2	1	68.42	154.43
	2	83.44	141.91		2	60.76	182.39
	3	73.35	156.74	S_3	1	10.08	257.42
P_3	1	94.77	444.60		2	8.81	258.48
	2	91.53	486.12		3	8.68	277.03
	3	83.16	519.92		4	8.24	291.14
P_4	1	34.68	14.13	S_4	1	9.56	413.27
P_5	1	91.27	437.55		2	8.76	461.30
	2	75.72	440.16		3	8.58	474.15
P_6	1	77.42	368.28		4	8.13	480.16
P_7	1	83.34	127.22		5	7.94	495.60
	2	82.05	132.67	S_5	1	47.54	169.60
	3	75.23	133.85	S_6	1	61.09	168.03
	4	73.93	134.67		2	52.35	185.75
	5	71.52	145.22	S_7	1	58.04	59.62
P_8	1	36.35	43.52	S_8	1	61.11	470.77
P_9	1	19.27	20.74		2	59.92	542.54
	2	18.41	21.94	S_9	1	43.60	323.62
	3	17.68	23.64		2	43.06	329.85
	4	17.05	23.82		3	42.67	334.85
	5	16.49	24.31		4	40.36	339.77
P_{10}	1	69.30	483.43		5	38.22	352.62
	2	59.46	521.75	S_{10}	1	69.02	172.80

表 A-3 大型算例的各节点备选方案

节点编号	备选方案	碳排放	成本	节点编号	备选方案	碳排放	成本
P_1	1	51.14	324.11	P_{11}	3	14.42	588.69
	2	50.02	332.69	P_{12}	1	57.16	490.22
	3	42.95	333.00	S_1	1	20.04	33.63
	4	41.28	337.13		2	16.71	37.99
P_2	1	67.87	493.18		3	16.08	38.16
	2	62.06	494.12	S_2	1	91.39	162.13
	3	55.22	538.89		2	91.01	191.36
P_3	1	8.38	366.78	S_3	1	65.75	445.84
	2	8.22	422.27		2	59.87	469.07
	3	6.94	435.75		3	54.33	470.58
P_4	1	10.79	43.50		4	53.98	501.26
	2	10.68	46.59	S_4	1	69.01	50.23
P_5	1	88.63	294.86	S_5	1	54.52	423.09
P_6	1	93.11	204.32		2	53.74	494.54
P_7	1	59.84	56.29	S_6	1	28.82	158.31
	2	56.02	58.39	S_7	1	25.01	98.73
	3	55.77	59.77	S_8	1	42.18	369.95
P_8	1	50.29	459.44		2	41.93	371.72
	2	47.43	498.04		3	37.40	386.27
	3	42.70	540.89		4	33.98	409.02
P_9	1	88.14	244.14	S_9	1	68.38	78.09
	2	74.56	266.62	S_{10}	1	37.04	281.11
	3	73.01	271.32	S_{11}	1	51.56	107.10
P_{10}	1	81.94	453.73		2	45.94	110.89
	2	80.08	474.70		3	45.57	114.67
	3	74.87	531.43		4	41.37	126.08
	4	74.82	532.77	S_{12}	1	5.79	343.51
P_{11}	1	15.66	491.39		2	5.50	347.19
	2	15.27	499.97		3	4.78	352.87

表 A-4 小型算例各组计算结果对应的绿色技术策略

节点编号	MASGA 方法										IMASGA 方法									
	1	2	3	4	5	6	7	8	9	10	1	2	3	4	5	6	7	8	9	10
S_1	2	1	2	1	2	1	1	2	2	1	1	2	1	1	2	2	1	2	1	1
S_2	1	2	2	2	2	2	2	1	2	1	1	1	2	1	1	2	2	2	2	1
S_3	2	3	1	1	1	3	1	2	1	2	2	2	1	2	1	1	1	2	1	2
S_4	1	1	1	1	1	1	1	1	1	1	1	1	1	1	1	1	1	1	1	1
S_5	2	2	2	3	2	3	2	2	2	3	2	2	1	2	3	1	2	2	1	3
S_6	1	1	1	1	1	1	1	1	1	1	1	1	1	1	1	1	1	1	1	1
S_7	1	1	1	1	1	1	1	1	1	1	1	1	1	1	1	1	1	1	1	1
S_8	1	1	1	1	1	1	1	1	1	1	1	1	1	1	1	1	2	1	1	1
S_9	1	4	4	2	4	2	1	4	2	2	3	1	4	3	2	2	1	1	4	2
S_{10}	1	1	1	1	2	1	1	1	1	1	2	1	3	1	1	2	3	3	3	1
S_{11}	3	2	2	3	3	2	3	3	2	1	1	3	3	1	2	2	2	3	3	3
P_1	3	3	1	2	3	3	2	3	1	1	2	3	3	2	1	3	3	3	3	2
P_2	1	1	1	2	2	1	2	1	1	4	1	1	3	1	4	3	1	1	3	2
P_3	1	1	1	1	1	1	1	1	1	1	1	1	1	1	1	1	1	1	1	1
P_4	1	2	2	3	1	2	3	1	2	1	1	1	3	1	3	2	2	2	3	1
P_5	3	1	1	4	1	1	4	3	1	3	3	3	1	3	2	4	2	2	1	3
P_6	1	1	1	1	1	1	1	1	1	1	1	1	1	1	1	1	1	1	1	1
P_7	1	1	1	1	2	1	1	1	1	2	1	1	1	1	1	1	1	1	1	1

表 A-5 中型算例各组计算结果对应的绿色技术策略

节点编号	MASGA 方法										IMASGA 方法									
	1	2	3	4	5	6	7	8	9	10	1	2	3	4	5	6	7	8	9	10
S_1	1	2	1	2	2	4	2	3	2	2	2	4	1	3	3	1	1	2	2	1
S_2	1	1	2	1	2	1	1	1	1	1	1	1	1	1	1	1	1	1	1	2
S_3	2	1	1	4	1	4	2	3	3	2	1	1	3	2	3	1	2	2	1	3
S_4	1	2	1	1	1	1	1	1	1	2	1	1	1	1	1	2	1	2	1	1
S_5	1	1	1	1	1	1	1	1	1	1	1	1	1	1	1	1	1	1	1	1
S_6	2	2	1	1	1	1	1	1	1	2	2	1	1	1	2	1	1	1	2	1
S_7	1	1	1	1	1	1	1	1	1	1	1	1	1	1	1	1	1	1	1	1

（续）

节点编号	MASGA 方法										IMASGA 方法									
	1	2	3	4	5	6	7	8	9	10	1	2	3	4	5	6	7	8	9	10
S_8	1	1	1	1	1	1	1	1	1	1	1	1	1	1	1	1	1	1	1	1
S_9	2	1	1	1	2	1	1	2	1	4	3	1	1	1	3	3	3	1	5	3
S_{10}	1	1	1	1	1	1	1	1	1	1	1	1	1	1	1	1	1	1	1	1
P_1	3	1	2	2	2	1	2	1	2	1	1	2	3	2	1	1	2	2	2	2
P_2	3	2	3	1	2	1	2	3	1	1	1	1	1	1	1	2	1	1	2	1
P_3	1	1	1	2	1	1	1	1	1	1	2	1	1	1	1	1	1	1	1	1
P_4	1	1	1	1	1	1	1	1	1	1	1	1	1	1	1	1	1	1	1	1
P_5	2	1	2	2	1	2	2	1	2	1	1	1	2	1	1	2	1	2	1	2
P_6	1	1	1	1	1	1	1	1	1	1	1	1	1	1	1	1	1	1	1	1
P_7	3	4	5	2	2	1	3	4	2	5	1	2	3	1	2	2	1	1	2	4
P_8	1	1	1	1	1	1	1	1	1	1	1	1	1	1	1	1	1	1	1	1
P_9	3	3	4	1	4	4	4	1	1	2	4	4	1	3	4	2	5	1	1	3
P_{10}	1	1	1	1	1	1	2	1	1	1	1	1	1	2	1	1	2	1	1	1

表 A-6 大型算例各组计算结果对应的绿色技术策略

节点编号	MASGA 方法										IMASGA 方法									
	1	2	3	4	5	6	7	8	9	10	1	2	3	4	5	6	7	8	9	10
S_1	3	2	3	3	1	1	2	1	2	1	3	1	1	1	2	3	2	3	3	3
S_2	1	2	1	1	1	2	2	1	1	1	1	2	1	1	1	1	2	2	1	1
S_3	1	1	4	3	2	3	2	1	3	4	4	1	1	1	4	3	3	1	1	4
S_4	1	1	1	1	1	1	1	1	1	1	1	1	1	1	1	1	1	1	1	1
S_5	1	1	1	1	1	1	1	1	1	1	1	1	1	1	1	1	1	1	1	1
S_6	1	1	1	1	1	1	1	1	1	1	1	1	1	1	1	1	1	1	1	1
S_7	1	1	1	1	1	1	1	1	1	1	1	1	1	1	1	1	1	1	1	1
S_8	1	2	1	4	1	3	1	4	2	1	3	3	2	3	1	1	1	1	1	1
S_9	1	1	1	1	1	1	1	1	1	1	1	1	1	1	1	1	1	1	1	1
S_{10}	1	1	1	1	1	1	1	1	1	1	1	1	1	1	1	1	1	1	1	1
S_{11}	1	4	1	2	2	4	1	4	2	1	3	2	3	2	1	1	1	3	4	1
S_{12}	1	3	3	2	3	3	3	2	2	3	2	2	2	2	3	3	3	1	2	

节点编号	MASGA 方法										IMASGA 方法									
	1	2	3	4	5	6	7	8	9	10	1	2	3	4	5	6	7	8	9	10
P_1	1	2	1	2	3	2	3	3	2	1	3	1	3	2	3	3	2	2	2	2
P_2	3	1	1	1	1	1	1	1	1	1	1	1	1	1	1	1	1	1	1	1
P_3	1	1	1	1	1	1	1	1	1	1	1	1	1	1	1	1	1	1	1	1
P_4	1	1	1	1	1	1	1	1	1	1	1	1	1	1	1	1	1	1	1	1
P_5	1	1	1	1	1	1	1	1	1	1	1	1	1	1	1	1	1	1	1	1
P_6	1	1	1	1	1	1	1	1	1	1	1	1	1	1	1	1	1	1	1	1
P_7	2	3	2	2	1	2	1	2	2	3	2	3	1	3	2	1	3	1	1	1
P_8	2	1	2	1	2	1	2	1	2	2	1	2	3	2	1	2	1	2	2	2
P_9	2	3	1	3	1	1	3	3	2		1	1	1	1	1	2	1	3	1	
P_{10}	1	1	4	1	2	1	1	2	1	2	1	1	1	2	2	2	1	1	1	1
P_{11}	2	2	1	1	2	2	1	1	2	1	2	2	1	2	2	2	1	2	2	1
P_{12}	1	1	1	1	1	1	1	1	1	1	1	1	1	1	1	1	1	1	1	1

附录 B　第 5 章和第 6 章算例的原始数据

表 B-1　企业（3,1）的备选绿色技术

生产环节	技术选项	pc	rc	$q_{2,1}$	$q_{2,2}$	$q_{2,3}$	pe	uc
1	1	44. 19	50. 56	—	—	—	13. 22	0
	2	51. 28	45. 25	—	—	—	9. 59	71 157
2	1	12. 24	31. 90	0. 60	0. 54	0. 81	11. 69	0
	2	15. 67	27. 43	0. 59	0. 53	0. 80	9. 64	123 456
3	1	61. 61	52. 06	—	0. 41	0. 21	12. 67	0
	2	68. 95	41. 99	—	0. 40	0. 19	8. 59	147 109
	3^{C_1}	62. 37	43. 77	—	0. 36	0. 20	8. 60	136 802
	4	69. 66	50. 64	—	0. 36	0. 18	7. 99	152 272
4	1	81. 50	61. 72	—	—	—	10. 62	0
	2	77. 09	55. 74	—	—	—	7. 92	182 767

（续）

生产环节	技术选项	pc	rc	$q_{2,1}$	$q_{2,2}$	$q_{2,3}$	pe	uc
5	1	70.32	83.56	—	—	0.27	12.07	0
	2^{C_2}	77.44	67.51	—	—	0.26	9.27	108 328
	3	79.00	74.99	—	—	0.25	9.39	99 654

表 B-2 企业（2,1）的备选绿色技术

生产环节	技术选项	pc	rc	pe	uc	生产环节	技术选项	pc	rc	pe	uc
1	1	91.14	75.32	1.27	0	5	4	94.21	25.62	1.37	55 915
	2	96.22	71.55	0.24	39 843	6	1	66.4	60.97	1.34	0
2	1	8.41	18.62	1.25	0		2	69.81	54	0.32	35 507
3	1	61.45	35.11	3.82	0		3	75.51	53.75	0.33	32 681
	2^{C_1}	63.72	34.69	2.61	91 871	7	1	8.5	82.66	2.52	0
	3	66.75	28.62	2.75	86 669		2	9.05	67.01	1.47	34 378
4	1	41.74	51.78	3.78	0		3	9.73	67.25	1.48	33 243
5	1	88.12	30.35	2.24	0		4	9.05	69.52	1.41	38 017
	2	90.3	25.12	1.22	63 011	8	1	68.2	3.62	4.40	0
	3	92.41	24.31	1.23	60 654		2	66.55	3.12	3.68	96 370

表 B-3 企业（2,2）的备选绿色技术

生产环节	技术选项	pc	rc	$q_{1,1}$	$q_{1,2}$	pe	uc
1	1	45.33	26.96	0.91	—	4.10	0
2	1	31.56	92.90	—	0.68	4.53	0
	2	37.03	81.10	—	0.68	2.82	11 399
	3	38.69	75.99	—	0.67	3.23	10 656
3	1	88.64	48.88	—	—	1.07	0
4	1	56.55	61.42	0.67	—	4.42	0
	2^{C_2}	58.04	58.96	0.65	—	2.97	74 514
	3	64.30	59.21	0.66	—	2.58	77 576
5	1	35.98	36.01	—	—	1.62	0
	2	40.19	30.05	—	—	0.51	50 038

生产环节	技术选项	pc	rc	$q_{1,1}$	$q_{1,2}$	pe	uc
6	1	1.54	67.67	—	—	2.00	0
	2	1.43	65.68	—	—	0.91	2132
7	1	12.32	68.74	—	0.02	4.29	0
	2	13.63	64.58	—	0.02	3.18	27 192
	3^{c_3}	14.75	56.79	—	0.02	2.72	31 933
8	1	43.43	99.75	—	0.41	1.79	0
	2	47.03	96.39	—	0.40	0.77	54 344

表 B-4 企业（2,3）的备选绿色技术

生产环节	技术选项	pc	rc	$q_{1,3}$	pe	uc
1	1	22.84	63.13	—	2.29	0
	2	23.58	57.18	—	1.06	41 015
	3	24.63	57.28	—	1.16	39 608
2	1	36.15	15.32	0.27	1.83	0
	2	38.75	12.80	0.27	0.74	13 284
	3	35.72	12.32	0.26	0.71	15 001
	4	36.71	13.34	0.27	0.76	13 670
3	1	90.99	28.47	—	2.30	0
	2	94.12	26.38	—	1.25	5372
	3^{c_4}	88.27	27.34	—	1.06	5267
	4	89.68	26.38	—	1.09	6068
4	1	0.75	61.33	—	4.60	0
	2	0.66	51.49	—	2.29	46 975
	3	0.64	50.35	—	2.38	44 322
	4	0.73	50.41	—	1.85	48 962
5	1	33.22	38.63	—	3.90	0

表 B-5　企业（1，1）的备选绿色技术

生产环节	技术选项	pc	rc	pe	uc	生产环节	技术选项	pc	rc	pe	uc
1	1	48.25	97.47	0.00	0	5	1	47.46	55.03	1.06	0
	2	39.54	84.38	0.00	59 320		2	49.00	50.08	0.05	91 682
2	1	80.41	56.41	4.24	0	6	1	47.70	1.70	3.75	0
	2	83.76	53.99	2.57	65 621		2	51.51	1.43	2.56	49 028
	3	86.22	51.61	2.83	59 632		3	49.37	1.69	2.51	50 114
3	1	62.07	7.14	3.38	0		4^{c_3}	48.71	1.64	2.43	53 857
	2	59.25	6.67	2.29	98 788	7	1	65.29	78.81	2.15	0
4	1	82.60	90.92	2.84	0		2	68.10	72.60	1.04	10 019
	2	84.64	84.21	1.65	6354		3	70.56	64.19	0.89	12 353

表 B-6　企业（1，2）的备选绿色技术

生产环节	技术选项	pc	rc	pe	uc	生产环节	技术选项	pc	rc	pe	uc
1	1	45.39	66.42	4.60	0	3	2	66.85	78.16	2.03	58 505
	2	52.89	53.86	2.18	13 337	4	1	53.41	50.01	3.31	0
	3	51.48	54.27	2.49	12 549		2	55.85	44.71	1.85	54 833
2	1	16.02	35.21	4.04	0		3	53.20	49.55	2.07	50 963
	2	15.53	29.60	2.65	25 874		4	56.25	44.26	2.31	51 682
	3	17.61	31.38	2.96	24 552	5	1	71.38	49.31	0.06	0
3	1	60.15	87.40	3.73	0	6	1	49.40	79.44	1.72	0

表 B-7　企业（1,3）的备选绿色技术

生产环节	技术选项	pc	rc	pe	uc	生产环节	技术选项	pc	rc	pe	uc
1	1	81.89	7.68	2.50	0	4	2	14.44	61.57	3.31	28 375
	2	84.49	6.58	1.29	25 249	5	1	88.04	56.95	4.58	0
	3	80.43	7.43	1.37	20 899		2	92.01	54.49	3.51	15 938
2	1	57.75	88.41	1.99	0	6	1	94.02	39.43	2.67	0
	2	54.29	83.71	0.90	17 802		2	96.59	35.87	1.29	5307
	3^{C_4}	58.33	78.80	0.66	22 478		3	95.95	37.80	1.65	4531
3	1	0.61	69.19	1.82	0	7	1	12.87	14.54	3.60	0
	2	0.63	58.61	0.68	15 308		2	13.83	13.10	2.12	9854
4	1	16.39	74.72	4.79	0	—	—	—	—	—	—